Bibliographische Information der Deutschen Nationalbibliothek

Die Deutsche Nationalbibliothek verzeichnet diese Publikation in der Deutschen
Nationalbibliographie; detaillierte bibliographische Daten sind im Internet
über http://dnb.d-nb.de abrufbar.

---

oekom verlag, Gesellschaft für ökologische Kommunikation mbH
Waltherstraße 29, 80337 München

Umschlaggestaltung: Torge Stoffers
Umschlagabbildungen: Blitz: photocase.com; Stau: stock.xchng
Satz und Layout: Sarah Müller (oekom verlag)
Lektorat: Anke Oxenfarth (oekom verlag)
Korrektorat: Nina Rehbach

Druck: Kessler Druck + Medien, Bobingen

Dieses Buch wurde auf FSC-zertifiziertem Papier gedruckt.
FSC (Forest Stewardship Council) ist eine nichtstaatliche,
gemeinnützige Organisation, die sich für eine ökologische
und sozialverantwortliche Nutzung der Wälder unserer Erde einsetzt.

ISBN 978-3-86581-121-9

Bernhard Pötter

Tatort Klimawandel

Täter, Opfer und Profiteure einer globalen Revolution

Inhalt

*»Wir müssen den Klimawandel nicht als langfristige Bedrohung
für unsere Umwelt behandeln, sondern als kurzfristige Bedrohung für
unsere Sicherheit und unseren Wohlstand.«*
John Ashton, Klimaberater der britischen Regierung

Die neuen Machtfragen im Treibhaus Erde

Von Heizern und Verheizten

»Der heutige Tag wird in die Geschichtsbücher eingehen«, sagt der
Chef des UN-Umweltprogramms UNEP, Achim Steiner, an einem
grauen, kalten Freitagmorgen in Paris, »als der Tag, an dem wir auf-
hörten, über das Wetter zu reden.« Jetzt sei klar: Es gehe nicht ums
schlechte Wetter, sondern darum, »was in aller Welt wir gegen den Klimawandel unternehmen können«. Gerade hat an diesem 2. Februar
2007 im vollbesetzten Konferenzsaal der UNESCO der Klimarat der
Vereinten Nationen – der offiziell »Zwischenstaatlicher Ausschuss zum
Klimawandel« (Intergovernmental Panel on Climate Change, IPCC)
heißt – seinen lang erwarteten und heiß umkämpften Vierten Sachstandsbericht abgeliefert. Fazit: Die Erderwärmung ist real, sie ist vom
Menschen verursacht und wird gravierende Folgen haben, wenn nicht
schnell und entschlossen gegengesteuert wird. Ein bis zu sechs Grad
wärmerer Planet, Meere, die mehr als einen halben Meter ansteigen,
Dürren, Stürme, sintflutartige Regenfälle – es gibt genügend apoka-
lyptische Szenarien in den Prognosen des IPCC, um die wartenden
Journalisten mit Schlagzeilen zu versorgen. Im allgemeinen Medien-
wirbel gehen einige Bemerkungen fast unter. Die US-Klimawissen-
schaftlerin Susan Solomon, eine der Hauptautorinnen des Berichts,
warnt: »Es ist später, als wir dachten«. Und ihr Kollege Kevin Trenberth
ergänzt: »Viele Wissenschaftler fürchten, dass die Lage dramatischer
ist, als der Bericht sie darstellt.«

Beide sollten Recht behalten. Es mehren sich die Anzeichen, dass sich die globale Umwelt immer schneller verändert: Das Eis in Grönland taut rascher als gedacht, die Methanvorkommen vor der sibirischen Küste werden offenbar instabil und heizen die Atmosphäre weiter auf, die globalen CO_2-Emissionen liegen weit höher als kalkuliert und sprengen bereits jetzt den Rahmen des »worst case scenario« des IPCC. Aber auch in Politik und Wirtschaft hat seit dem »Klimajahr« 2007 heftiges Tauwetter eingesetzt. Der Klimawandel hat sich in der öffentlichen Debatte etabliert und ist aus den Kampagnen-Diskussionen der Umweltverbände in die Debatten des Weltwirtschaftsforums in Davos gelangt. Ehrgeizige Selbstverpflichtungen werden aufgestellt, das IPCC und der ehemalige US-Vizepräsident Al Gore wurden mit dem Friedensnobelpreis geehrt und auf internationalen Klimakonferenzen wird tatsächlich wieder verhandelt.

Der Klimawandel, lange verdrängt oder in seiner Bedeutung unterschätzt, hat sich mit unglaublicher Geschwindigkeit und Wucht zu einem der dominierenden Einflussfaktoren nationaler und internationaler Beziehungen entwickelt. Er erfasst immer mehr Lebensbereiche, er rückt auch uns, den wohlhabenden Menschen in den Industrieländern, auf die Pelle. Und er verwandelt unsere Welt – überall und unaufhaltsam.

Ermittlungen in einem globalen Drama

Dieses Buch will zeigen, was sich verändert, welche Folgen das hat und wer dafür verantwortlich ist. Es ist das Ergebnis von zwei Jahren intensiver Recherche, Hunderten von Interviews, weiten Reisen und einigen Aha-Erlebnissen des Autors. Die Texte sollen helfen, die Dynamik des Klimawandels besser zu verstehen, denn vor Ort sehen viele Dinge oft anders aus als vor dem Fernseher oder im Internet. Die besuchten Orte wurden nicht nach regionalem Proporz ausgewählt, sondern danach, wie gut sie ein bestimmtes größeres Problem repräsentieren. Daher erheben die 26 Berichte aus aller Welt auch nicht den Anspruch, einen flächendeckenden Überblick über die Auswirkungen des Klimawandels zu geben. Sie berichten vielmehr aus Gegenden, wo der Klimawandel keine theoretische Überlegung mehr ist, sondern wo er sich bereits mit den Händen greifen lässt: In Bangladesch versalzen die Felder, an den Stränden vor Sylt machen sich die Austern breit, Investmentbanker in London schichten ihre Gelder in »Clean Tech«-Aktien um, und die Ölscheichs von Abu Dhabi investieren ihre Petrodollars in Klimaschutz-Projekte. So unterschiedlich die Lage der Betroffenen ist – alle sehen im menschengemachten Klimawandel eine Tatsache, auf die man sich besser heute als morgen einstellt.

Diese Berichte von den Tatorten des Klimawandels bilden aber nicht nur ab, was gerade geschieht. Sie teilen die Akteure des Klimawandels bewusst ein in »Täter« und »Opfer«. Denn bisher ist die Sicht auf den Klimawandel seltsam unpolitisch. Die Analysen kreisen um die physikalischen Ursachen und die Frage, was zur Lösung des Problems zu tun sei. Eine politische Debatte darüber, wer welche Verantwortung trägt, findet kaum statt. Allenfalls werden »Gewinner« und »Verlierer« des Wandels benannt. Das aber verstärkt noch den Eindruck, der Klimawandel komme über uns wie ein unausweichliches Schicksal, wie eine Naturkatastrophe. Dass er eine Menschenkatastrophe ist, dass die Gewinner oft die Täter und die Verlierer oft die Opfer einer Umwälzung von globalem Ausmaß sind, bleibt im Dunkeln. Das vorliegende Buch beleuchtet gerade diese Umstände, benutzt aber die Beschreibung »Täter« und »Opfer« nicht in erster Linie als moralische Kategorien, sondern als analytische. Damit wird verständlich, dass zu den Tätern auch die Kleinbauern am Amazonas gehören, denen aus ihrer Sicht kaum eine andere Wahl als die Waldzerstörung bleibt. Und unter den Opfern finden sich etwa die deutschen Autobauer, die mit ihrer Produktpalette und ihrer Lobbypolitik selbst großen Anteil am Problem des Klimawandels haben, der sie nun in die Enge treibt.

Die Begriffe Täter, Opfer, Profiteure, Gewinner und Verlierer umfassen dabei selbstverständlich weibliche und männliche Akteurinnen und Akteure. Der leichteren Lesbarkeit zuliebe wird hier zumeist auf die männliche Form zurückgegriffen – was nicht verbergen soll, dass auch der Klimawandel nicht geschlechterneutral abläuft. Denn Frauen, so zeigen erste Studien, werden vor allem in den armen Ländern deutlich härter von den Folgen des Klimawandels getroffen als Männer.

Auch die Welt im Schwitzkasten teilt sich also nicht in Schwarz und Weiß. Noch detaillierter wird das Bild, wenn man den Blick weitet auf Menschen oder Gruppen, die vom Klimawandel profitieren und auf solche, die wirkliche oder vermeintliche Lösungen anbieten, die also »heißen Spuren« oder »falschen Fährten« folgen. Der genaue Blick am Ort des Geschehens bringt Vorurteile ins Wanken: Profiteuren wie den Waldbauern in Schweden ist kein Vorwurf zu machen, wenn ihre Geschäfte besser laufen. Und obwohl die gleichen Unternehmen, die am Klimaschmutz verdient haben, jetzt mit dem Klimaschutz wieder satte Renditen einfahren, sind sie Lichtblicke, weil sie den Kapitalismus schnell und effektiv auf einen grünen Kurs bringen können. Der Klimawandel verändert eben alles – vielleicht auch unsere eingefahrenen Urteile über Richtig und Falsch.

Der Klimawandel macht kurzen Prozess

Die Erhöhung der Betriebstemperatur des Blauen Planeten bedeutet nicht, dass wir einfach den Thermostat ein bisschen nach oben drehen. Die Aufladung der Atmosphäre mit Treibhausgasen bringt die Chemie und die Biologie des Lebens auf der Erde durcheinander und zerstört unter anderem Nahrungsketten, die seit Jahrtausenden funktionieren. Die Verwerfungen im Klimasystem verändern direkt und indirekt die Chancen auf Ernährung, den Zugang zu Rohstoffen und Energie, die Anfälligkeit für Krankheiten, die Bereitschaft, Kriege zu führen, die Mittelvergabe für die Forschung und die Wettbewerbsfähigkeit von Unternehmen.

Mehr noch: Klimawandel ist der Hintergrund, vor dem sich die Weltgeschichte des 21. Jahrhunderts und darüber hinaus abspielen wird – ein Hintergrund, der selbst immer stärker in den Vordergrund drängt. Noch ist nicht absehbar, wie genau sich veränderte Niederschlagsmuster, stärkere Stürme oder höhere Wasserpegel auf einzelne Regionen auswirken werden. Klar aber ist: Der Klimawandel wird zu einer Konstante, die sehr viele politische und wirtschaftliche Entscheidungen beeinflusst, zu einer Matrix, die immer stärker Teile des öffentlichen und privaten Lebens bestimmt. Ähnlich wie es die Globalisierung oder der Kalte Krieg getan haben, drückt das Thema Klima vielen anderen Bereichen seinen Stempel auf. Doch der Klimawandel ist noch umfassender und gnadenloser als Globalisierung und Kalter Krieg, er wird sich über Jahrhunderte abspielen und ist bereits jetzt kaum noch zu beherrschen. Anders als bei der Globalisierung gibt es keine Nischen, in denen man vor Veränderungen sicher ist. Anders als beim Kalten Krieg sichert Nichtstun nicht das Überleben – ganz im Gegenteil.

Uns steht nicht weniger bevor als eine Revolution: Aufstände und Revolten, das Ende von Regierungen und Systemen, die grundsätzliche Neuordnung von Herrschaftsmustern, neue Konfliktherde und wechselnde politische Allianzen – all das ist keine Science-Fiction von übermorgen, sondern Realität von morgen. Bereits heute wird um den Zugang zu Wasser und Land gekämpft, gibt es Aufstände nach Umweltkatastrophen gegen teure Lebensmittel und unfähige Regierungen. Der

Machtverlust der global herrschenden Klasse (der Industrieländer) ist nirgends so deutlich wie in ihrer Apathie beim Thema Klimawandel. Mit großer Schnelligkeit bilden sich neue Muster regionaler und internationaler Herrschaftsformen, die sich am Zugang zu Energie und Rohstoffen orientieren. Wie plötzlich eine scheinbar stabile Situation umschlagen kann, haben uns die historischen Revolutionen in Frankreich, Amerika oder Russland gelehrt. Auch sie kamen nicht über Nacht, sondern waren die explosiven Höhepunkte eines langen Prozesses. Wie grundlegend eine solche Veränderung sein kann, zeigt die Industrielle Revolution, eine der Wurzeln des Klimaproblems: Schon einige Jahrzehnte nach der Einführung von Maschinen und der Nutzung fossiler Brennstoffe zur Fortbewegung und zur Produktion von Gütern konnte und wollte sich kaum noch jemand ein Leben wie vor dieser Zeitenwende vorstellen. Ähnlich wird es unseren Nachkommen ergehen, die sich eine Welt ohne verschärften Klimawandel genauso wenig werden vorstellen können wie wir uns unseren Planeten im Hitzestau.

Die Klimarevolution vollzieht sich ähnlich abrupt wie der Sturm auf die Bastille: Wissenschaftler haben Bedenken, dass sich das Klima jenseits von befürchteten »Kipppunkten« nicht mehr kontinuierlich, sondern sprunghaft verändert. Und die Erderwärmung infolge der fossil befeuerten Wirtschaftherrschaft geschieht – gemessen an den geologischen Maßstäben, in denen sich das natürliche Klimageschehen abspielt – im Zeitraffer. Schließlich dauert das, was wir als menschengemachten Klimawandel begreifen, bisher erst einige Jahrzehnte an – bei ihrem letzten Fieberschub nahm sich die Erde für eine vergleichbar kritische Erwärmung ein ganzes Jahrtausend Zeit.

Die Anklage: größtes Politikversagen der Geschichte

Vor dem Klimawandel gibt es kein Entkommen. Umso wichtiger ist die Frage, wie man ihm politisch begegnen kann, um »das Unbeherrschbare zu vermeiden und das Unvermeidbare zu beherrschen«, wie Hans Joachim Schellnhuber, Direktor des Potsdam-Instituts für Klimafolgenforschung sagt. Und umso fragwürdiger ist die Debatte, die um das Klimathema geführt wird. Al Gore nennt es eine »Gewissensfrage«, der deutsche Umweltminister Sigmar Gabriel eine »technologische Herausforderung«. Das mag alles stimmen. Aber es verdeckt die Sicht darauf, dass der Kampf gegen den Klimawandel zuerst eine politische Frage ist. So wird er aber kaum diskutiert, obwohl das zentrale Expertengremium IPCC eigentlich ein politisches Gremium ist: Neben den tausenden von Forschern, die für die wissenschaftlichen Aussagen verantwortlich sind, müssen die Vertreter von über hundert Staaten im Konsens alle IPCC-Berichte absegnen. Die politische Debatte um Täter, Opfer und Profiteure des Klimawandels müsste also in diesem Gremium angesiedelt sein – dass sie nicht geführt wird, ist der Machtlosigkeit der Wissenschaft und der Skrupellosigkeit der Politik zu verdanken.

Die Klimadebatte leidet unter zwei gravierenden Fehldeutungen: Die eine besagt, das Problem sei von allen – und daher von niemandem – zu verantworten und deshalb müssten wir alle an einem Strang ziehen. Doch wenn es ernst wird mit den Fragen nach der Zukunft der Energiewirtschaft, der Verantwortung der Industrieländer und ihrer Konzerne und der Debatte über milliardenschwere Hilfsprogramme für die armen Staaten der Welt, dann helfen weder das Gewissen noch die Technik. Dann muss die Politik entscheiden, wie knappe Ressourcen verteilt werden, wer wie viel zahlen muss und wer wie viel bekommt. Die zweite Fehleinschätzung lautet, der Kampf gegen den Klimawandel sei mit »Win-win-Optionen« zu bestreiten. Doch eine angemessene Politik darf die Frontlinien zwischen Tätern und Opfern nicht mit Konsenssoße zukleistern und die Hoffnung wecken, mit ein bisschen mehr Effizienz werde schon alles gut. Im Treibhaus Erde sind eben nicht alle gleich. Manche sterben am Hitzschlag, während andere einfach die Klimaanlage höher drehen. Der Klimawandel sei »das größte Marktversagen, das die Welt je gesehen hat«, schreibt der britische Ökonom Sir Nicholas Stern in seinem berühmten Report. Er vergisst zu erwähnen, dass auf diesem heißen Pflaster das Politikversagen mindestens ebenso groß ist.

Der Klimawandel wird erst dann – und nur dann – zu bewältigen sein, wenn er diskutiert und behandelt wird wie andere politische Fragen auch. Ist es etwa vorstellbar, dass wir über die Probleme im Gesundheitssystem nur aus dem Blickwinkel der Geschädigten reden und die Verantwortlichkeiten nicht erwähnen? Dass uns nur interessiert, wie der Konkurs einer Krankenkasse mit öffentlichen Mitteln zu verhindern ist, dass wir aber nicht über die Praktiken der Pharmaindustrie sprechen, nicht über den Einfluss der Lobbyverbände und die Verschreibungspraxis der Ärzte – und wie man diese Fehlentwicklungen eindämmen kann? So politisch wie wir über diese Fragen sprechen, müssen wir auch die Erderwärmung diskutieren – schon um uns klar zu werden, wer die Rechnung für den bereits angerichteten Schaden zahlen soll. Wenn nämlich eines sicher ist bei all der Unsicherheit über den genauen Verlauf des Klimawandels, dann dies: Es wird viel Geld kosten, ihn zu bekämpfen oder sich mit ihm so gut wie möglich zu arrangieren – sehr viel Geld. Was liegt da näher, als erst einmal zu trennen zwischen denen, die den Schaden angerichtet haben und denen, die ihn ausbaden müssen? Zwischen den Heizern und den Verheizten?

Ein Plädoyer für mehr Gerechtigkeit

Die Texte dieses Buches wollen die Diskussion über die »Gerechtigkeit im Treibhaus« vorantreiben. Haben alle Menschen das gleiche Recht, die Atmosphäre zu verschmutzen? Und wenn ja: Wie lässt sich das umsetzen, ohne die globale Umwelt wie bisher zu überlasten und ohne die Wirtschaft zu ruinieren, deren Wachstum weltweit noch immer von Öl, Gas und Kohle befeuert wird? Einer der interessantesten Vorschläge für eine gerechtere Verteilung der Lasten kommt vom Stockholm Environment Institute und von EcoEquity, die im Auftrag der Heinrich-Böll-Stiftung einen Indikator für »Verantwortung und Kapazität« (Responsibility-Capacity-Index, RCI) für alle Staaten entwickelt haben. In ihn fließen unter anderem die bisherigen kumulierten Treibhausgasemissionen eines Landes ein, sein Wohlstand und seine ökonomischen Möglichkeiten, zur Lösung der Klimakrise beizutragen. Der so erstellte RCI-Faktor ist deshalb auch Teil der Rubrik »Verantwortung für den Klimaschutz« in den Klima-Steckbriefen.

Diese Debatte hat noch eine andere Sprengkraft: Das Versprechen, der Klimawandel könne zu einer gerechteren Welt führen. Das klingt absurd, denn erst einmal verursacht er größere Ungerechtigkeit, bessere Chancen für die Täter und schlechtere Lebensbedingungen für die Opfer. Doch der Klimawandel führt allen Verantwortlichen vor Augen, dass sie in diesem Fall zusammenarbeiten müssen. Einerseits steigt in einer heißeren Welt das Potenzial für Konflikte zwischen Staaten und Gruppen. Andererseits ist Kooperation statt Konflikt oft der einfachere und nicht zuletzt der billigere Weg. Dann aber geht es in der internationalen Arena nicht mehr weiter nach dem alten Muster, wonach die Industrieländer bestimmen und alle anderen zähneknirschend mitziehen. Längst müssen für echte Fortschritte beim Klimaschutz die Schwellenländer wie China und Indien mit ins Boot geholt werden. Die aber werden sich nur bewegen, wenn sie sich vor allem von Europa und den USA gerecht behandelt fühlen – etwa auch in Handelsfragen. Nach dem Ende der Ost-West-Konfrontation mischt der Klimawandel die Karten in den internationalen Beziehungen neu. Dabei besteht zumindest die Chance, dass das Ergebnis fairer ist als die momentane Weltunordung.

Unsere Kinder und Enkel werden in einer radikal anderen Welt leben als wir. Entweder das Klima verfängt sich in einem Teufelskreis aus kaum gebremsten CO_2-Emissionen und Rückkopplungseffekten wie verstärkter Eisschmelze oder dem Verlust des Amazonaswaldes. Dann werden unsere Nachkommen eine zunehmend instabile Umwelt und massive ökologische, wirtschaftliche und soziale Umwälzungen erleben. Oder wir schaffen die Wende hin zu einer ressourcenschonenden, kohlenstoffarmen Wirtschaftsweise. Auch dann wird sich das Leben unserer Kinder und Enkel von unserem stark unterscheiden. Wir wissen nicht, welche Art von Zukunft uns erwartet. Aber wir können sie sehr wohl mitbestimmen, denn die Zukunft wird heute gemacht. Sie ist eine Folge von Entscheidungen, die hier und jetzt, jeden Tag, fallen – und dieses Buch soll eine Entscheidungshilfe sein.

Sicher aber ist auf jeden Fall: So wie es ist, wird es nicht bleiben. Wenn in dieser globalen Revolution mit dem Namen Klimawandel etwas zum Untergang verurteilt ist, dann der Status quo. Das haben wir – spätestens – seit dem 2. Februar 2007 schriftlich.

Paris, im Juni 2008

Täter

>> Ein ›perfektes Verbrechen‹ zeichnet sich normalerweise
dadurch aus, dass die Leiche beseitigt wird,
keine Zeugen existieren und kein Motiv erkennbar ist.
Der menschengemachte globale Klimawandel hat
das Potenzial, das perfekte Verbrechen neu zu definieren.
Die Toten sind sichtbar, wir alle sind Zeuge. Die Täter,
ihre Emissionen und Motive sind bekannt. Und dennoch:
Als Täter kann niemand zur Verantwortung gezogen werden. <<

Christopher Flavin, Worldwatch Institute

 TÄTER

Die Supermacht vom Ölfeld

ExxonMobil ist das reichste und mächtigste Privatunternehmen der Welt. Gleichzeitig ist der Konzern der größte Feind des Klimaschutzes, weil er Gewinne macht, ohne Rücksicht auf Verluste. Selbst in der Ölindustrie gelten die Texaner als skrupellos. Ihrem Einfluss sind weder Konkurrenten noch Medien oder Staaten gewachsen.

Die riesige Werbetafel rechts neben dem Highway 330 ist nicht zu übersehen: »We buy ugly houses!«. Fünf Minuten später biegt die Erhart Road rechts ab, eine holperige Seitenstraße. Jetzt versteht man das Geschäftsmodell. Unter breiten Bäumen ducken sich an der linken Seite armselige Holzhäuser und ausgeschlachtete Autos. »Als ich hier aufgewachsen bin, war das ein ganz normales Dorf«, sagt Cynthia Brum und blickt nach links auf die Hütten. Dann nach rechts, wo sich hinter einem Maschendrahtzaun die silbernen Türme der Raffinerie »Baytown« erheben. »Dann kam Exxon und hat sie alle aufgekauft und abgerissen. Sie wollten da niemanden haben.«

Baytown ist eine Ansammlung von verschlafenen Dörfern, 30 Kilometer östlich der texanischen Metropole Houston. Hier wohnen 88.000 Menschen, direkt am Houston Ship Channel, der Meeresbucht, die die Großstadt mit dem Golf von Mexiko verbindet. Was Baytown, Texas, bekannt gemacht hat, ist die größte Erdölraffinerie der Welt. Zwölf Quadratkilometer voller Türme, Pipelines, Kessel und Silos. Dutzende von weißen Tanks in Turnhallenformat lagern Rohöl, Benzin, Plastik oder Kunststoffe, Schlote stoßen dicken weißen Qualm in die tiefhängenden grauen Wolken. Am Eingangstor hängt ein riesiges Plakat: »Glückwunsch Baytown! 180 Tage ohne Unfall.« Am Tor ist dann aber auch

Schluss mit der Besichtigungstour: kein Einlass, keine Antwort auf Fragen. ExxonMobil macht dicht.

In Baytown nimmt seinen Anfang, was ExxonMobil zum größten, profitabelsten und mächtigsten Privatunternehmen der Welt macht. Hier liegt der Grundstein für ein Unternehmen, das gemessen an seinem Budget auf Platz 19 der Liste der reichsten Länder stehen könnte. Der Ölkonzern ist eine Klasse für sich: Er besitzt direkte Pipelines in die politischen Machtzentralen der USA und bremst im Alleingang den internationalen Klimaschutz. Wenn die USA »abhängig vom Öl« sind, wie US-Präsident Bush sagt, dann ist ExxonMobil der größte Dealer. Die Firma ist das Hassobjekt von Umweltschützern auf der ganzen Welt. Kritik prallt am texanischen Ölgiganten einfach ab. ExxonMobil ist mehr als ein normaler Global Player, sie ist eine ökonomische, ökologische und politische Supermacht und für die »New York Times« sogar ein »Feind des Planeten«.

Feind des Planeten, Freund der Proleten

Cliff Clements kennt ein ganz anderes ExxonMobil: Einen ausgezeichneten »corporate citizen«, ein Unternehmen mit Verantwortung für seine Mitarbeiter, von denen manche Malocher als Millionäre in Rente gehen. Clements ist Herausgeber der Lokalzeitung »The Baytown Sun« und er ist extra ins lokale Starbucks-Cafe gekommen, um das ExxonMobil zu verteidigen, das er kennt und mit dessen Pressesprecher er Golf spielt. 70 Millionen US-Dollar zahlt der Weltkonzern der Gemeinde jedes Jahr an Steuern, »unsere Junior High School gehört zu den besten im Staat«, und die Leiterin der Schulbehörde bekommt ein Traumgehalt. »Baytown hat den höchsten Sicherheitsstandard der Raffinerien und Chemiewerke hier. Wenn die ein Problem haben, wird das sofort abgestellt.« Bei anderen Firmen in der Gegend knalle und stinke es deutlich häufiger, sagt Clements. Klimawandel? »Das interessiert die Leute hier nicht. Hier geht es um Luftverschmutzung, die man riechen kann. Alles andere ist Sache der Konzernleitung in Dallas.«

Was dort entschieden wird, stellt oft alles in den Schatten, was man aus der TV-Serie »Dallas« kennt. ExxonMobil ist das reichste Privatunternehmen der Welt. Die weltweit 85.000 Mitarbeiter erwirtschafteten 2007 mit einem Umsatz von 404 Milliarden US-Dollar einen Rekord-Profit von 40 Milliarden – jeden Tag mehr als 100 Millionen US-Dollar. Exxons Wurzeln gehen zurück auf den ersten Ölkonzern der Welt: Standard Oil, gegründet 1870, den sein Gründer John Rockefeller durch

Tricks und Täuschung so reich und gefährlich machte, dass die US-Regierung den Konzern 1911 zerschlug. Aus »S-O« wurde Esso und später Exxon, als das Unternehmen 1998 mit der ehemals abgespaltenen Tochter Mobil wieder zu ExxonMobil fusionierte. ExxonMobil ist also praktisch wieder Standard Oil, dieses Symbol für Raubtierkapitalismus ohne Rücksicht auf Mensch und Umwelt, und es ist unangreifbarer als jemals zuvor. Die Tricks und Täuschungen richten sich jetzt nicht mehr gegen die Konkurrenz, sondern gegen die Politik, die Öffentlichkeit und die Umwelt.

»Exxon ist einfach anders als die anderen«, sagt Kenneth Medlock, Wirtschaftsprofessor und Energieexperte an der Rice University in Houston, »immer der Big Guy, der erste und älteste Ölkonzern und der Klassenbeste«. Als Venezuela 2007 die Ölquellen im Land verstaatlichte, hätten die anderen Konzerne klein beigegeben – nicht so ExxonMobil, das vor den internationalen Gerichtshof zog, um Venezuelas Auslandskonten einzufrieren. »So verhält sich kein Unternehmen, auch kein globaler Konzern«, sagt Medlock, »so verhält sich ein Staat. Und die Leute von Exxon sind in diesem Sinne sehr nationalistisch.«

Umweltschutz nach der Art von ExxonMobil sieht so aus, dass der Konzern Programme zur Rettung des Tigers, seines Maskottchens, unterstützt. Ansonsten aber hat sich die Firma das Image des Umweltkillers hart erarbeitet: 1989 havarierte die »Exxon Valdez« vor Alaska und verseuchte 4.000 Kilometer praktisch unberührter Wildnis. Exxon kämpft noch heute gegen die 2,5 Milliarden US-Dollar Strafe, die sie dafür zahlen soll, dass sie einen Kapitän mit bekannten Alkoholproblemen ans Ruder ließ.

Vor allem in der Klimadebatte fungierten die Texaner lange Zeit als Speerspitze der Leugner und Gegner jeder CO_2-Reduzierung. 16 Millionen US-Dollar zahlte das Unternehmen über die Jahre an diverse Schein-Institute, um die Öffentlichkeit der USA mit Tarnungen und Fälschungen gegen wirksamen Klimaschutz aufzubringen. ExxonMobil entwarf und finanzierte eine Strategie, die reputierte Wissenschaftler in die Defensive drängte und eigene »Spezialisten« in die Welt setzte. Der Ölgigant regierte bis in die Personalpolitik des Weißen Hauses unter George W. Bush hinein. All das ist nachzulesen in dem Bericht »Smoke, Mirrors and Hot Air« der US-Organisation Union of Concerned Scientists, der im Frühjahr 2007 veröffentlicht wurde und sich auf interne Papiere, Memos und E-Mails stützt, die die Bush-Regierung auf Gerichtsbeschluss freigeben musste. Sie zeigen eine konzertierte Aktion der Öl- und Autowirtschaft gegen jede Form von Regulierung in der Klimapolitik. »ExxonMobil hat die ausgeklügeltste und erfolgreichste Desinformationskampagne betrieben, seit die Tabakindustrie die Öffentlichkeit über die Verbindung zwischen Rauchen und Lungenkrebs und Herzkrankheiten getäuscht hat«, lautet das Fazit.

Die Arroganz der Macht

Was sagt ExxonMobil zu diesen Vorwürfen? Nichts – obwohl der Konzern auf seiner Homepage verspricht, die »Transparenz gegenüber Unternehmen und Kunden zu maximieren«. Fragt man in der Zentrale in Irving bei Dallas nach einem Interview- und Besuchstermin, verläuft das so: Zuerst wird die Anfrage nicht beantwortet. Nach vielen Telefonaten und E-Mails heißt es, die E-Mail sei nicht angekommen. Dann soll man bitteschön die Anfrage noch einmal stellen, sie dann noch mal konkretisieren und dann herrscht Funkstille. Auf beharrliches Nachhaken im Sekretariat der Pressestelle, das aber nie bis zu einem Telefonat mit dem Pressesprecher führt, lautet das Urteil nach wochenlanger Prüfung: »Sorry, leider ist niemand für ein Gespräch verfügbar.« Der Besuch in Baytown, den der Pressesprecher der Raffinerie organisieren wollte, wird aus der Zentrale verhindert. Das gleiche Vorgehen beim American Petroleum Institute in Washington, der Lobbyorganisation der Ölindustrie, laut Selbstverständnis eigentlich angelegt als »Forum für die Diskussion von Energiefragen«: »Ich kann Ihnen keinen Ansprechpartner nennen«. Und selbst in Buchhandlungen sucht man vergeblich nach einem umfassenden und unabhängigen Buch über das reichste und einflussreichste Unternehmen der Welt. Was bleibt, ist das Werk der investigativen Journalistin Ida Tarbell über »The History of Standard Oil« – aus dem Jahre 1904.

Von Diplomatie hält ExxonMobil in breitbeiniger texanischer Tradition nicht viel: »Sie sind der 800-Pfund-Gorilla, die anderen Ölfirmen nur 500-Pfund-Exemplare. Im Zweifel richten sich alle nach Exxons Wünschen«, sagt Medlock. »Die anderen Ölfirmen hassen sie«, sagt ein anderer Experte, »weil sie wenig Risiko eingehen und unglaublich erfolgreich sind«. Die Exxon-Manager seien so stromlinienförmig, dass sie manchmal den Eindruck erweckten, »sie seien einer Gehirnwäsche unterzogen worden«, heißt es von anderer Seite. Andere erzählen, das Unternehmen sei nicht nur streng hierarchisch gegliedert, sondern fordere von Managern auch gegenseitige Bewertungen, was die Arbeitsdisziplin stark erhöhe. Und für einen Journalisten, der das Ölbusiness in Houston lange begleitet hat, ist Exxon »wie die katholische Kirche«: Autoritär, hierarchisch, aber auch voller Menschen, die nur versuchen, einen guten Job zu machen. Mit der römischen Kirche teilt das texanische Unternehmen offenbar auch die Homophobie: Nach der Fusion von Exxon und Mobil strichen die Exxon-Manager die Gesundheitsversorgung für homosexuelle Partner, die Mobil gewährt hatte.

Selbst die schärfsten Kritiker preisen allerdings die Sicherheitskultur und wirtschaftliche Effizienz im Unternehmen: Weniger Unfälle und Störfälle als der Durchschnitt der Öl-Industrie, effektives Krisenmanagement, exzellente Forschungsarbeit und sehr vorsichtige Investitionsentscheidungen garantieren den Erfolg. »Sie haben ihren Laden vollständig im Griff«, lobt Clements von der »Baytown Sun«. Und selbst der Greenpeace-Experte Kert Davies gesteht ExxonMobil »intellektuelle Ehrlichkeit« zu: »Sie sagen: ›Wir sind eine Öl-Gesellschaft, und das ist es, was wir machen‹. Sie würden niemals mit einem Marketing-Konzept wie ›Jenseits des Öls‹ kommen, wie BP es versucht hat.«

Macht und Ohnmacht liegen eng beieinander

Auch in Houston hat ExxonMobil eine Sonderposition: Baytown sitzt auf der Ostseite der Bucht, auf der anderen Seite qualmen die petrochemischen Werke der anderen: DuPont, Shell, Valero, Lyondale, Chemiewerke, Raffinerien, Zementwerke, sogar eine Budweiser-Brauerei mitten darunter. Bis zum Horizont, an dem die Hochhaustürme von Houston im schwülen Dunst zerfließen, drängen sich riesige Schornsteine neben Kugelsilos von den Ausmaßen einer mittleren Kathedrale. Diese Herzkammer der US-Energieversorgung pumpt ein Drittel des amerikanischen Öls in die Tankstellen und Heizkessel der Nation. Unter der Dunstglocke der Chemiewerke liegt auch das Dorf Manchester, berüchtigt als »Cancer Alley«, weil die Menschen hier häufig an Krebs leiden. »Ob es häufiger als anderswo ist, wissen wir nicht«, sagt Matthew Tejada, Direktor der Umweltschutzgruppe GHASP, »es hat ja noch keiner wirklich danach geforscht.« Und mitten durch das ausgedehnte Chemiequartier führt der Highway 225, inoffiziell »Refinery Row« genannt, offiziell Texas Independence Highway. Er zeigt das genaue Gegenteil: Die Abhängigkeit des US-Staates vom Öl. Und seine Verwundbarkeit für den Klimawandel.

»Eine große Flutwelle im Houston Ship Channel könnte das Chemiequartier verwüsten und eine massive Umweltkatastrophe auslösen«, warnt Robert Harriss. Er ist der Präsident des Houston Advanced Research Center (HARC) und zitiert eine Studie des texanischen Emergency Operations Center. Neben stärkeren Hurrikans sei das südliche Texas vor allem durch Trockenheit und Sturzregen gefährdet: »Houston ist sehr anfällig für Regen, weil die Kanalisation nicht dafür angelegt ist. Bei der letzten Überschwemmung 1996 hatten wir hier Milliardenschäden.« Bei einem ähnlichen Hurrikan wie »Katrina«, der 2005 das benachbarte New Orleans verwüstete, »wären die Schäden hier viel größer, weil es mehr Werte hier gibt und die Ölversorgung der gesamten USA betroffen wäre«. Haben die Texaner also Respekt vor dem Klimawandel? Harriss schüttelt den Kopf. Zwar hat Houston einen demokratischen Bürgermeister, der den Ölfirmen schon mal an den Kopf wirft, sie müssten »ihre Emissionen drosseln oder aus der Stadt verschwinden« – aber das gelte hauptsächlich für den Smog über der Stadt. Die Ölbarone seien zwar nicht mehr so laut wie in der Vergangenheit, aber immer noch mächtig, sagt Harriss. »Die eine Hälfte der Menschen in Houston ist zu arm, um sich um den Klimawandel zu kümmern, die andere Hälfte ist zu reich dafür – sie leben vom Öl.« Auch Harriss übrigens: HARC wurde vom Millionär George Mitchell gegründet, der seinen Reichtum auf den texanischen Ölfeldern gemacht hat.

Abwarten, Öl pumpen und weiter Geld scheffeln

80 Kilometer südlich von Houston am Golf von Mexiko liegt Galveston. Die Hafenstadt hat vor gut hundert Jahren erfahren, welche Wucht ein Hurrikan entfalten kann: Der Sturm von 1900 spülte die Stadt ins Meer, 8.000 Menschen ertranken in der größten Naturkatastrophe, die die USA je gesehen hat. Heute dümpelt am Hafen von Galveston die ausgemusterte Ölbohrinsel »Sea Star«, um sie herum kreischen Möwen und flattern müde Pelikane mit braungrauen Flügeln durch die Mittagshitze. Die »Sea Star« ist ein Museum: Auf dem Deck ragt der 40 Meter hohe Bohrturm in den Himmel, überall liegen Bohrgestänge, Rettungsinseln, alte Rohrleitungen, aus denen der Rost bröckelt. Die Plattform gehört zum alten Eisen, aber ihre Technik noch lange nicht: Gegenüber im Hafen liegen drei Bohrinseln im Dock und werden für den nächsten Einsatz vorbereitet. Und auch die Ausstellung im Inneren der »Sea Star« vermittelt nicht den Eindruck, als gäbe es für die Ölindustrie irgendwelche Probleme: Schließlich wartet in dieser Lesart das Öl unter dem Meer nur darauf, dass der Mensch es ausbeutet. Ölbohrungen sind selbstverständlich eine saubere Sache, schließlich tritt das meiste Öl aus natürlichen Quellen ins Meer, schließlich siedeln an

den Plattformen Muscheln, Krebse und Fische, schließlich wird auf den Ölbohrinseln streng der Müll getrennt. Eine Vitrine zeigt Kindern Barbiepuppen, Windeln, Zahnpasta und T-Shirts und mahnt: »Wenn wir nicht nach Öl bohren, kannst du all das nicht haben.« Unter den Helden der Ölförderung hängt auch George Bush senior in der Ahnengalerie.

Zweifel an der Ölindustrie gibt es in Houston, Baytown und Galveston praktisch nicht. Das lokale Footballteam hieß bis 1996 »Houston Oilers«, ehe es nach Tennessee verkauft wurde. Die Ölregion hat weder beim Bersten der Internetblase noch in der aktuellen Hypothekenkrise groß verloren – zu dick sind die Schecks, die die Ölfirmen schreiben. Im Universitätsgebäude neben Kenneth Medlocks Institut werden die Vorlesungen im »Shell Oil Foundation Auditorium« gehalten. Keine Angst vor dem Ende des Ölbooms? Medlock muss lachen: »Bei Preisen von 100 US-Dollar für das Fass Öl lohnt sich doch die Ausbeutung noch der letzten Reserven.« Noch vor ein paar Jahren verfolgten die Ölkonzerne ganz unterschiedliche Strategien zum Klimawandel: Manche, wie BP, investierten in Erneuerbare Energien, andere wie ExxonMobil kämpften gegen Gesetze, und andere warteten einfach mal ab. »Inzwischen haben sich alle mehr oder weniger fürs Abwarten entschieden«, hat Medlock beobachtet. Alle wüssten, es werde auch in den USA zu einer gesetzlichen Regelung kommen – doch bevor nicht klar sei, wie sie aussehe, werde kaum einer im großen Maßstab investieren. Die Milliarde US-Dollar von Shell für die erneuerbaren Energien, die acht Milliarden von BP für die nächsten zehn Jahre zur Forschung nach Alternativen, das Programm für Geothermie von Chevron? »Hauptsächlich Marketing«, winkt Medlock ab. »Im Energiegeschäft lohnt es sich, konservativ zu sein.«

Gegen diese Überzeugung kämpft Tracy Rembert seit 2000 auf den Hauptversammlungen von ExxonMobil. Sie will, dass der Ölkonzern endlich aktiv etwas für den Klimaschutz tut, dass er seine Expertise nutzt, um sich für die Zeit nach dem Öl zu positionieren und dass sich die Macho-Kultur im Unternehmen ändert. Rembert ist keine Umweltschützerin, sondern managt den Pensionsfonds der Dienstleistungsgewerkschaft SEIU, die fast zwei Millionen Angestellte vertritt. »Exxon-Aktien sind unser größter Einzelposten und sehr wertvoll«, sagt Rembert. Das Unternehmen sei in vielen Bereichen besser als seine Konkurrenten und erwirtschafte eine sehr gute Rendite. Doch die Supermacht ExxonMobil ist nicht einmal ihren Eigentümern gegenüber zuvorkommend, klagt Rembert – was vielleicht daran liegt, dass der Besitz weit gestreut ist und kein Aktionär wirklich Einfluss nehmen kann. »Seit Jahren versuchen wir, mit dem Vorstand über eine andere Zukunftsstrategie zu reden, aber wir bekommen keinen Termin.« So nerven Rembert und andere kritische Aktionäre die Konzernleitung mit Anträgen zu mehr Verantwortung im Klimabereich und zur Entflechtung der Personalunion von Vorstand und Aufsichtsrat. »Exxon soll sich bewegen, aber wir wollen, dass das Unternehmen Erfolg hat«, sagt Tracy Rembert.

Enttäuschte Hoffnung auf einen Kurswechsel

2006 schien die Zeit reif für einen Ölwechsel an der Spitze: Lee Raymond, der ExxonMobil 16 Jahre lang mit eiserner Hand geführt hatte, übergab den Chefsessel an den konzilianteren Rex Tillerson. Der Ölkonzern gestand nun öffentlich ein, dass es wohl so etwas wie Klimawandel gebe und dass er ein Problem darstellen könne. Kenneth Cohen, der Vizechef für Öffentlichkeitsarbeit, behauptete plötzlich, ExxonMobil habe den Klimawandel »niemals bestritten. Die Frage ist nicht, ob sich das Klima ändert, sondern was wir deswegen tun sollten«. Heimlich trafen sich Cohen und andere hochrangige Manager mit ausgewählten Umweltgruppen. Auf einen offenen Brief der britischen Royal Society, die sich gegen »irreführende Äußerungen« des Konzerns wehrte, reagierte ExxonMobil mit der Überraschung, man habe die Finanzierung von Instituten wie dem Competitive Enterprise Institute in Washington eingestellt, die gegen den Konsens der Wissenschaftler zum Klimawandel zu Felde gezogen waren. Hatte ExxonMobil seine Rolle als böser Bube in der Klimapolitik und Blitzableiter für die Branche satt?

Die Papiere, die Kert Davis in seinem fensterlosen Büro in Washington, D.C. auf den Tisch wuchtet, legen einen anderen Schluss nahe. Davies recherchiert seit Jahren für die Website von Greenpeace USA »exxonsecrets.org« die Hintergründe des Klimakriegs von ExxonMobil. Die internen Memos, E-Mails, Presseerklärungen und Zeitungsartikel zeigen nichts von einer Kursänderung, sondern ein Unternehmen, das sich alle Optionen offen hält. Dazu gehört, dass Exxon die finanzielle Unterstützung fast aller Klimaskeptiker einstellt – aber genauso, dass eine von Exxon finanzierte PR-Firma mit einer Anzeige dem Greenpeace-Büro die Steuerfahndung ins Haus schickt oder Wissenschaftler für Gutachten bezahlt, dass der Eisbär keineswegs durch den Klimawandel gefährdet sei. »Sie geben sich zahm, weil sie wissen, dass mit dem nächsten Präsidenten ein Klimagesetz kommen wird«, ist Davies' Analyse. »Und wenn das geschrieben wird, wollen sie unbedingt am Tisch sitzen. Aber dafür brauchen sie Glaubwürdigkeit.«

Im Hauptquartier von Greenpeace USA in Washington geht es geschäftig zu. An den Wänden hängen Poster gegen Bush und Cheney, die »Fossil Fools«. In den Gängen im zweiten Stock des roten Backsteinhauses parken die Fahrräder. Und unter den vielen gerahmten Fotos der Aktionen sieht man immer wieder die Exxon-Tiger: Aktivisten, verkleidet als Exxon-Maskottchen, die Wachschützer, Polizisten und Medien ablenken, während andere Greenpeacer sich an Zapfsäulen ketten oder sich, wie 2003, ins ExxonMobil-Hauptquartier in Irving schmuggeln und es lahm legen. Ein Image-Gewinn für die Umweltschützer, eine herbe Niederlage für ihre Arbeit: ExxonMobil klagte und Greenpeace einigte sich außergerichtlich aus Angst vor schweren Strafen für seine Aktivisten darauf, bis 2011 nicht mehr an Tankstellen oder Gebäuden des Konzerns zu demonstrieren. Der 2001 ausgerufene Exxon-Boykott verlief im Sand. »Unser Ziel war es ja nicht, Exxon zu schädigen, sondern sie zu isolieren«, sagt Davies. Wenn sie jetzt den Skeptikern die Unterstützung entzögen, sei doch viel erreicht. Das klingt defensiv und intern hört man bei Greenpeace auch: Die Aktion war kein Erfolg und »wir haben einen Weg gefunden, das Ende als eine Art von Sieg zu verkaufen«. Diese Erklärung war wohl nötig. Denn anders als Shell bei der »Brent Spar«-Aktion hat die globale Öko-Großmacht Greenpeace gegen die Supermacht ExxonMobil den Kürzeren gezogen.

»Alternative Energien«, die das Klima noch mehr belasten

Auf dem Feld, das ExxonMobil wichtig ist, machen sie offenbar alles richtig: Die hohen Ölpreise garantieren ihnen für lange Zeit Rekordeinnahmen. Damit können sie es sich sogar leisten, nicht in die teure Forschung und Entwicklung von Energien der Zukunft zu investieren – sondern einfach auf einen technischen Durchbruch zu warten und dann die entsprechenden Firmen zu übernehmen. »Probleme bekommen sie nur, wenn dieser Durchbruch BP gelingt«, sagt Medlock. »Die kann selbst ExxonMobil nicht einfach schlucken.«

In ein paar Jahrzehnten wird aber auch für die Supermacht aus Texas die Zeit »beyond oil« kommen, ist sich der Experte sicher. Denn die größten Öl- und Gasreserven liegen in Arabien und Russland, wo die Staatskonzerne die privaten Unternehmen nicht zum Zuge kommen lassen. Die Folge: Alle großen privaten Ölfirmen werden früher oder später nach alternativen Brennstoffen suchen. Die stolzen texanischen Ölbarone also doch auf der Suche nach Energie aus Wind, Sonne oder Biomasse, was die Konzernleitung nach einem fehlgeschlagenen Investment in den Achtzigerjahren vehement ablehnte? »Alternativ heißt nicht regenerativ«, bremst Medlock die Erwartungen. Seine Prognose ist deshalb auch keine gute Nachricht für das Weltklima. ExxonMobil werde sich auf die heimischen fossilen Brennstoffe konzentrieren: In Utah und Kanada lagerten riesige Bestände an Ölsänden. Schwer zu gewinnen und extrem dreckig zu verbrennen.

Klimazeuge

»Der Klimawandel erinnert mich an eine furchtbare Dürre in Texas in den Fünfzigerjahren. Alle Hilfsarbeiter auf unserer Farm konnten ihre Familien nicht mehr ernähren, weil das Getreide so schlecht wuchs und Wasser knapp war. Die Dürre war so schrecklich, dass die Farm aufgegeben wurde und die Familie mit allen Tieren und Menschen nach Florida umzog. Mein Vater, der ein richtiger Cowboy war, musste dann als Immobilienmakler arbeiten und war nie wieder glücklich.«

Robert Harriss, Präsident HARC,
Texas, USA

Kohle – Das Klimaproblem Nummer eins

Schwarz ist die Zukunft

Der wichtigste Brennstoff, aber leider auch der dreckigste.
Trotzdem wird überall auf der Welt immer mehr Kohle verheizt.
Wenn das so weitergeht, gerät das Klimasystem gänzlich aus
den Fugen. Und schnelle Lösungen sind nicht in Sicht.

»Viele sagen ›was habt ihr für eine Dreckschleuder hier‹«, ruft Günther
Schmitz empört und tritt in 162 Meter Höhe ins Freie. »Jetzt atmen Sie
mal. Das ist doch kein Dreck!« Auf dem Dach des Kesselhauses im
Braunkohlekraftwerk Niederaußem ist die Luft klar und feucht – das
liegt am dichten Nebel, der den turmhohen Heizkessel umweht. Der
Nebel kommt aus dem Kühlturm gleich nebenan – mit 200 Metern dem
höchsten der Welt. Schmitz ist Ingenieur und beim deutschen Energie-
riesen RWE zuständig für die Braunkohlekraftwerke. Zu seinen Füßen
liegen gigantische Maschinenhallen und Kesselhäuser, Förderbänder,
Schlote und Kühltürme, aus denen sich der weiße Dampf kilometer-
weit über das platte Land zwischen Köln und Aachen wälzt. Niederaußem ist mit einer Leistung von 3.900 Megawatt nicht nur das größte
deutsche Kraftwerk, sondern auch das klimaschädlichste. Denn verfeuert wird hier der dreckigste aller Brennstoffe: Braunkohle. Das Kraftwerk entlässt mehr CO_2 in den Himmel als der ganze Staat Peru.

Und Niederaußem ist nicht allein. Wenn sich Schmitz nach Osten
dreht, sieht er in fünf Kilometer Entfernung riesige Kräne und ein ko-
lossales Stahlgerüst in den Himmel ragen: Das Kraftwerk Neurath, wie
Niederaußem im Besitz von RWE, rüstet sich für die Zukunft. Zusammen mit den Werken in Frimmersdorf und Weisweiler verfeuern sie,
was die gigantischen Abraumbagger im westfälischen Braunkohle-
revier aus dem Boden reißen. Insgesamt werden hier zwölf Prozent des

deutschen Stroms erzeugt, erklärt RWE stolz. Und etwa zehn Prozent des deutschen Kohlendioxids. Das sagt RWE aber nicht.

Wenn Schmitz vom Dach des Kesselhauses nach Westen blickt, gähnt ihm am Horizont die riesige Grube eines leer gebaggerten Tagebaus entgegen, die wieder aufgefüllt wird. Davor taucht im Kühlturmnebel immer wieder der Ort Niederaußem auf: 6.000 Bewohner, vier Schulen und zwei katholische Kirchen. Eine davon, Sankt Paulus, hat einen Kirchturm, der aussieht wie der Schacht einer Kohlegrube, und ein Kirchenschiff, das einer Maschinenhalle ähnelt. Himmlischer Tribut an das schwarze Gold.

König Kohle kommt zu neuen Ehren

»Kohle ist der Feind«, sagt dagegen Roel Hammerschlag. Der Energieanalyst vom Institute for Lifecycle Environmental Assessment in Seattle fürchtet vor allem die Mengen von Kohle, die für die nächsten 150 bis 300 Jahre auf der ganzen Welt verfügbar sind. »Das Öl wird uns im nächsten Jahrhundert ausgehen«, prognostiziert Hammerschlag, »und wir werden es durch Treibstoffe aus Kohle ersetzen. Aber die Kohle reicht aus, um die CO_2-Konzentration der Atmosphäre auf völlig verrückte Werte zu treiben – zehnmal so hoch wie vor dem Industriezeitalter.« Die Braunkohle im deutschen Westen bestätigt seine Befürchtungen. Fünf Milliarden Tonnen sind bisher verbrannt. Weitere vier Milliarden sind genehmigt. Und 46 Milliarden liegen noch in der Erde zwischen Köln und Aachen.

Weltweit erlebt das schwarze Gold eine Renaissance. Galt die Energieerzeugung aus Kohle lange als rußiger Beweis der Rückständigkeit, hat sich der Wind nun gedreht. Vor allem China und Indien lechzen nach Energie, die USA setzen auf den heimischen »King Coal« und die EU ist bei der Alternative Gas vorsichtig geworden, seit Russland seine Lieferungen nach Westen als politische Waffe einsetzt. Zwischen 1995 und 2005 ist der globale Kohleverbrauch nach Angaben der Internationalen Energie Agentur (IEA) um 36 Prozent gestiegen, in Asien sogar um über 70 Prozent. Dieser Kohleboom im 21. Jahrhundert lässt sich sogar bereits in der Atmosphäre ablesen: Stiegen die globalen Emissionen in den Neunzigerjahren um ein Prozent jährlich an, waren es seit 2000 jeweils drei Prozent. Der Preis für Kohle am Weltmarkt ist in den letzten Jahren so in die Höhe geschossen, dass selbst Länder wie Deutschland und Frankreich darüber nachdenken, ob sie längst geschlossene Kohlegruben wieder öffnen sollen.

Bis 2030 wird laut IEA-Prognosen der Kohleverbrauch noch einmal um 73 Prozent zulegen und Kohle dann 28 Prozent des globalen Energiebedarfs decken. Selbst bei großen Investitionen in die Energieeffizienz lägen demnach die CO_2-Emissionen »2030 noch um ein Viertel höher als heute«. Den IEA-Experten in Paris wird bei ihren eigenen Analysen schwarz vor Augen: »Resolute, sofortige und konzertierte Maßnahmen sämtlicher Regierungen sind unerlässlich, um die Welt auf einen nachhaltigeren Energiepfad zu lenken.« Der geplante Neubau von knapp 850 Kohlekraftwerken, die allein in den USA, China und Indien derzeit projektiert werden, würde fünfmal so viele Klimagase in die Luft blasen, wie laut Kyoto-Protokoll global vermieden werden sollen. »Wenn wir dieses Zeug auf traditionelle Weise verbrennen«, schreibt die US-Zeitschrift »onearth«, »rösten wir den Planeten.«

Der Beste und der Schlimmste

Dabei ist der Klimakiller Nummer eins auf den ersten Blick ein Musterschüler. Denn Kohle ist eigentlich der ideale Brennstoff: Eine erprobte Energiequelle, leicht zu bergen, einfach zu behandeln, ohne Gefahren zu lagern und ohne Angst zu transportieren. Kohle braucht keine streng bewachten Pipelines und Terminals wie Gas, keine abgeschirmten Endlager wie Uran, sie ist auf der ganzen Welt verteilt, nicht wie Öl in einer politisch sensiblen Region konzentriert und muss nicht in zerbrechlichen Tankern über die Weltmeere geschifft werden. »Kohle ist seit langem eine der sichersten Energieformen der Gesellschaft mit vielen Vorteilen, und das wird auch so bleiben«, erklärt stolz das World Coal Institute aus London, eine Lobbygruppe der weltweiten Kohleindustrie. Der Brennstoff sei »eine strategische Ressource, unentbehrlich für Energiesicherheit, moderne Lebensqualität und nachhaltige Entwicklung«.

»Kohle ist eben der beste aller Brennstoffe«, schreibt der amerikanische Geologe Kenneth Deffeyes in seinem Buch »Beyond Oil«, »und gleichzeitig der schlimmste aller Brennstoffe«. Denn Energie aus Kohle, das bedeute eben auch sauren Regen, Smog, Verseuchung durch Quecksilber und Säuren an den Minen, gefährliche Arbeit in der Tiefe – allein in China sterben jedes Jahr etwa 5.000 Bergleute bei Unfällen – oder im Tagebau, der ganze Landschaften frisst. Und Kohle produziert von allen Brennstoffen am meisten Kohlendioxid. Derzeit verbrennt die Welt insgesamt etwa fünf Milliarden Tonnen Kohle im Jahr, erzeugt damit 40 Prozent des weltweiten Stroms und zwei Drittel allen Stahls – und bläst dadurch etwa elf Milliarden Tonnen CO_2 in die Abraumhalde Atmosphäre. Kohlekraftwerke sind damit die größte menschengemachte Quelle von Treibhausgasen. 25 bis 30 Prozent des anthropogenen Klimawandels kommen aus ihren Schloten. »Wenn wir die Kohle nicht unter Kontrolle bekommen«, sagt Sir Nicolas Stern, der für die britische Regierung den Preis des Klimaschutzes berechnet hat, »werden wir das Klimaproblem nicht lösen.«

Effizient und doch ineffizient

Der Generator ist knallgelb und hat die Ausmaße eines Reisebusses. Trotzdem ist er leicht zu übersehen in den gigantischen Proportionen des Kraftwerks Niederaußem. Hier sind die Kesselhallen 600 Meter lang, die Kohleöfen bis zu 45.000 Tonnen schwer und bis zu 45 Stockwerke hoch und sie verschlingen pro Stunde über 4.000 Tonnen Kohle. Doch der Generator ist das Herz der Anlage, für den Strom, den er erzeugt, wird der ganze Aufwand getrieben. In einer Halle so groß wie ein Flugzeughangar ist die Maschine aufgebockt, um sie herum vibriert der massive Betonboden. Und auf die Leistung des Generators ist Jürgen Schmitz besonders stolz.

Denn Niederaußem hat nicht nur den höchsten CO_2-Ausstoß Deutschlands und den höchsten Kühlturm der Welt – Niederaußem ist auch das weltweit effizienteste Braunkohlekraftwerk. Der neueste Teil der Anlage, »BoA« genannt (Braunkohlekraftwerk mit optimierter Anlagentechnik) kann über 43 Prozent der eingesetzten Energie hier am Generator in Strom umwandeln. »Der Emissionshandel hat unsere Brennstoffkosten durch den Preis für das CO_2 praktisch verdoppelt«, ruft Schmitz gegen den Wind, der um die Ecken der Kesselhäuser pfeift. Seitdem wird an allen Ecken und Enden an der Effizienz gefeilt. Besucher führt Schmitz gern von Ost nach West durch sein Kraftwerk, wo sonst die Arbeiter die weiten Wege mit den werkseigenen Fahrrädern zurücklegen. Der Rundgang beginnt bei den zwei Kraftwerksblöcken mit 150 Megawatt Leistung, die in den Fünfzigerjahren gebaut wurden und damals wegen ihrer Größe als unbeherrschbar galten. Über weitere Öfen mit Leistungen von 300 und 600 Megawatt aus den Siebzigern landet der Besucher dann beim »BoA«-Kraftprotz mit 1.000 Megawatt. Die Effizienz steigt beim Rundgang von 31 über 37 bis über 43 Prozent. Und außerhalb der Mauern wird schon wieder angebaut: Eine Trockenanlage für die Kohle soll bei voller Leistung noch einmal vier Prozentpunkte mehr Effizienz bringen.

Deswegen hat Schmitz auch kein schlechtes Klimagewissen. »Die Braunkohle ist nicht der Buhmann«, sagt der Ingenieur. Er holt Grafiken, auf denen die CO_2-Bilanz der Braunkohle kaum schlechter ist als die von Steinkohle oder sogar Erdgas, wenn man den Transport des Brennstoffs einrechnet. Er erzählt von den 30.000 Jobs, die die westfälische Braunkohle direkt und indirekt in Deutschland sichert, und von den 800 Millionen Euro, die jährlich in die Region fließen. Und das soll noch lange so weitergehen. Bis 2045 mindestens sollen zwischen Köln und Aachen die Bagger laufen.

Ein zweifelhafter Titel

Auch am anderen Ende der Welt ist die Kohle der König. In einem Wald von rauchenden Schornsteinen unter einem Himmel, der ewig grau ist, liegt Wuhai, die offiziell dreckigste Stadt Chinas in der inneren Mongolei. Der Regen hier hat die Farbe von Brühe. Vor zehn Jahren gab es vier Fabriken, jetzt sind es 400 – angelockt vom Wasser des Gelben Flusses und der billigen Kohle der Umgebung. Auch Linfen, die Kohlestadt 500 Kilometer südlich, ist immer wieder Kandidat für den Titel »dreckigste Stadt«: Täglich geht eine Giftsuppe aus den Kohle- und Stahlfabriken auf die Einwohner nieder. Aus den Wasserhähnen ihrer Wohnung rinnt braunes Wasser, niemand geht ohne Mundschutz aus dem Haus. »Trotzdem ist das Taschentuch schwarz, wenn ich mir die Nase putze«, sagt eine leidgeplagte Stadtbewohnerin dem ARD-Fernsehen. Der trockene Husten plagt nicht nur sie, zwei Drittel aller Kinder in Linfen leiden unter Erkrankungen der Atemwege. Wuhai und Linfen sind in China überall. 400.000 Chinesen sterben jedes Jahr an Luftverschmutzung in einem Land, das allein die Hälfte der jährlichen weltweiten Kohleproduktion fördert.

2007 hat das Reich der Mitte die USA als weltweit größter Verschmutzer mit Kohlendioxid abgelöst. Der Grund ist das rasante Energiewachstum, das auf Kohle basiert. Die Zahlen aus China sind wie so häufig imposant: 2006 gingen Kraftwerke mit einer Leistung von 90 Gigawatt ans Netz – das sind drei Viertel der gesamten Kapazität Deutschlands. Im Schnitt entstehen in China jede Woche zwei neue Kohlekraftwerke, fast 80 Prozent allen Stroms in China wird aus Kohle gewonnen. Der durchschnittliche Wirkungsgrad der Kraftwerke liegt bei 30 Prozent – nur ein Drittel der Energie wird also in Strom umgesetzt, der Rest verpufft. Hermann Ott vom Wuppertal Institut für Klima, Umwelt, Energie bringt es auf eine einfache Formel: »China, Indien und Brasilien müssen überhaupt nichts Zusätzliches tun, um die Welt an den Rand der Katastrophe zu manövrieren – es reicht, wenn sie mit ihrer jetzigen Politik fortfahren, den Norden in seiner Entwicklung nachzuahmen.«

Der CO_2-Bumerang

Heizt also vor allem China mit seiner Kohle das Klima auf? Ganz so einfach ist die Rechnung nicht. Die Emissionen pro Kopf liegen nach Angaben des US-amerikanischen Pew Center for Global Climate Change immer noch bei einem Fünftel des US-Ausstoßes. Und berechnet man über die letzten Jahrzehnte den kumulierten CO_2-Ausstoß, ist der US-Beitrag immer noch viermal so hoch wie der von China. Schließlich geht immerhin ein Drittel der chinesischen Produktion in den Export von Produkten wie Stahl, die vor allem die Industrieländer abnehmen. Mindestens dieser Anteil der chinesischen Klimaschuld müsse daher eigentlich den Industriestaaten zugerechnet werden, fordern chinesische Experten. Das zeigt, wie eng wirtschaftliche und ökologische Globalisierung zusammenhängen: Auslagerung der Produktion in Entwicklungsländer bedeutet auch Verlagerung der Emissionen. Und die wachsen in China offenbar noch deutlich schneller als bisher angenommen: Eine US-Studie vom Mai 2008 hat die chinesischen Voraussagen kritisch bewertet – und kommt auf einen CO_2-Ausstoß, der doppelt bis viermal so hoch liegt, wie vom UN-Klimarat IPCC bisher angenommen.

China selbst merkt, wie der Raubbau an den natürlichen Ressourcen an seinem wachsenden Wohlstand nagt. Die gesamtgesellschaftlichen Kosten durch Umweltschäden beziffert Pan Yue, Vize-Umweltminister in Peking, auf acht bis 13 Prozent des jährlichen Wachstums am Bruttoinlandsprodukt – »das heißt, dass China fast alles, was es seit den späten Siebzigerjahren gewonnen hat, durch die Umweltverschmutzung verloren hat«, sagt der »grüne Kommunist«. Neben Umweltschäden durch Wüstenbildung oder Vergiftung von Flüssen durch Industrieanlagen ist das Land auch verwundbar durch den Klimawandel. Das Land verliert pro Jahr durch Stürme und Dürren etwa 100 Milliarden US-Dollar; die Küstenlinie mit ihren Millionenstädten ist vom Meeresanstieg bedroht. Die Gletscher im Himalaya schmelzen, und die Chinesische Akademie der Wissenschaften befürchtet, dass deshalb im Jahr 2050 insgesamt 300 Millionen Menschen von ihrer Wasserversorgung abgeschnitten werden. Experten sehen die Agrarproduktion durch den Klimawandel bedroht: In der zweiten Hälfte des Jahrhunderts könnten die Erträge bei Weizen, Mais und Reis um bis zu 37 Prozent zurückgehen, warnten sechs Behörden Anfang 2007. »Erst reich werden und dann saubermachen – China mit seinen 1,3 Milliarden Menschen kann sich das nicht leisten«, warnt Pan Yue.

Reich werden und gleichzeitig halbwegs sauber bleiben – diese Quadratur des Kreises versucht die Kommunistische Partei mit rigiden Vorgaben. Und wieder sind die Zahlen beeindruckend. So soll der Energieverbrauch pro Einheit massiv sinken. Während die gesamte chinesische Volkswirtschaft sich laut Planung von 2000 bis 2020 vervierfachen soll, darf sich der Energieeinsatz nur verdoppeln. Allerdings steigt die Effizienz derzeit langsamer als verordnet. Der Neubau von Kraftwerken geht ungebremst weiter: In den nächsten 20 Jahren sollen 1.300 Gigawatt entstehen – so viel wie die gesamte Kapazität der USA. Darunter sind gigantische Projekte für Windenergie, Biomasse und Wasserkraft (alle zwei Jahre ein Staudamm von der Größe des umstrittenen Drei-Schluchten-Projekts), doch die Hauptlast wird die Kohle tragen. Die neuen Kraftwerke können sich international durchaus sehen lassen. Das Kraftwerk Wangqu in der Provinz Shanxi mit einem Wirkungsgrad von 41 Prozent wird von der IEA als Vorzeigeprojekt für effektive Kohletechnologie gelobt, ein Beispiel, wie »China große Anstrengungen unternimmt, um Effizienz und Emissionen zu verbessern«.

Saubere Kohle – ein Widerspruch in sich?

Trotzdem wird China das Treibhaus Erde weiter kräftig anheizen – wenn es nicht auf »Clean Coal« setzt. Die große Hoffnung der Kohleindustrie heißt CCS – »Carbon Capture and Storage«, also die Abtrennung und Lagerung des Kohlendioxids. Auch hier ist die chinesische Kohleindustrie mit im Boot. Huaneng, der größte chinesische Kohlekonzern, hat sich dem ehrgeizigen »GreenGen«-Projekt verschrieben: Bis 2020 will der schwarze Riese ein 400-Megawatt-Kraftwerk mit »null Emission« ganz aus heimischer Technologie bauen. Vor allem aber setzte Huaneng als einer von zehn internationalen Partnern der US-Regierung auf deren »FutureGen«-Projekt: Dem weltweit ersten Kohlekraftwerk, das gleichzeitig Wasserstoff erzeugen und das entstehende Kohlendioxid unterirdisch einlagern soll. Aus dem Projekt im US-Bundesstaat Illinois zog sich allerdings die US-Regierung gleich wieder zurück: Der Konstruktionspreis hat sich verdoppelt. Jetzt ist ungewiss, ob »FutureGen« eine Zukunft hat.

Wie sensibel die »Clean Coal«-Technik bei Preisschwankungen ist, zeigt auch ein anderes Beispiel in den USA: Mitten im Nirgendwo des US-Bundesstaats North Dakota liegt die Braunkohlemine»Freedom Mine«. Hier in Beulah, 150 Kilometer nordwestlich der Bundeshauptstadt Bismarck, zerwühlen riesige Bagger und Bulldozer das flache Prärieland. Die Braunkohle, die sie abbauen, ist so wässrig, dass sich der Transport nicht lohnt. An Ort und Stelle wurde deshalb in der Ölkrise Anfang der Siebzigerjahre das »Great Planes Synfuel Plant« aus dem Boden gestampft. Es macht aus Braunkohle synthetisches Erdgas. Kaum lief die Produktion, war das Werk auch schon eine Investitionsruine: Das Öl war billig und die befürchtete Knappheit von Gas nicht eingetreten. Die Anlage hielt sich vor allem mit Beiprodukten wie Ammonium über Wasser. Und bis Ende der Neunzigerjahre schickte das Kraftwerk die vier Millionen Tonnen Kohlendioxid, die bei der Kohlevergasung pro Jahr anfielen, durch den Schornstein.

Dann fanden die Manager des »Great Planes Synfuel Plant« dafür einen Kunden: 27 Millionen US-Dollar im Jahr zahlt EnCana, die Ölfirma, die das Weyburn-Ölfeld ausbeutet, um das Kohlendioxid in seine alternden Felder zu pressen und die Förderung hochzuhalten. Und deshalb wird der Abfallstoff und Klimakiller CO_2 nun durch eine Pipeline 300 Kilometer nach Nordwesten gepumpt. Kohlendioxid nicht in die Luft zu blasen, sondern in der Erde zu versenken, damit noch effektiver Öl zu fördern und Geld zu machen: Das »Beulah-Weyburn«-Projekt zeigt, wie Kohle- und Ölindustrie sich den Klimaschutz am liebsten vorstellen.

Mehr Fragen als Antworten

Denn mit »Clean Coal« begründet nicht nur das World Coal Institute seinen Feldzug für den angeblichen Klimaretter Kohle. Die Allianz für eine Anwendung dieser Technik im globalen Maßstab reicht von der Kohlelobby über ernsthafte Klimawissenschaftler, Bergbauingenieure und Ölfirmen bis zu Regierungen, die viel Geld investieren, um das Treibhausgas aus den Augen und aus dem Sinn zu schaffen. Weltweit gibt es inzwischen Dutzende von Testprojekten, eine Handvoll funktionierende Unternehmungen (vgl. S. 208 ff.) und eine Menge Enthusiasmus. Kein Wunder: Könnten die Treibhausgase sicher und kostengünstig auf diese Weise unter den Teppich gekehrt werden, wären die Sorgen um Energiesicherheit und Klimawandel deutlich kleiner.

Doch CCS wirft mehr Fragen auf, als es beantwortet. Das Verfahren verschlingt bislang nach den Erfahrungen des schwedischen Stromkonzerns Vattenfall ein Viertel der Energie, die das Kraftwerk erzeugt, für die CO_2-Abscheidung. Außerdem ist unklar, ob die Technik wirklich hält, was sie verspricht. Bisher werden jährlich etwa drei Millionen Tonnen CO_2 eingelagert – aber aus der Kohleverbrennung elf Milliarden Tonnen emittiert. Für den Sachverständigenrat der Bundesregierung jedenfalls wurde »praktisch kein Element in dieser Kette im großtechnischen Maßstab ökologisch und ökonomisch überpüft«. Das Büro für Technikfolgenabschätzung des Bundestags wiederum moniert: »Die derzeitige Wissensbasis reicht für eine belastbare Einschätzung der technischen und ökonomischen Machbarkeit von CCS und eine Bewertung, welchen Beitrag CCS zum Erreichen der Klimaschutzziele leisten kann, bei Weitem nicht aus.«

Die Zeit wird knapp und der Widerstand lauter

Vor allem starten CCS-Anlagen derzeit als Pilotprojekte, flächendeckend einsatzfähig ist die Technik nicht vor 2020, eher später – doch die Entscheidungen über neue Kohlekraftwerke in China, Deutschland und den USA fallen hier und heute. Nimmt man den vierten IPCC-Bericht ernst, dann müssen die Emissionen gegen 2020 ihren Höhepunkt erreichen und dann dramatisch sinken. CCS kommt, wenn es denn bezahlbar und technisch machbar ist, möglicherweise ein Jahrzehnt zu spät. »Was auf unserem Planeten am knappsten ist«, schreibt denn auch die IEA in ihrem »Global Energy Outlook« von 2007, »sind nicht etwa natürliche Ressourcen oder Geld, sondern es ist Zeit.«

Genau die will aber die Kohlelobby in Deutschland. »Geben Sie uns bis 2020 Zeit, dann werden wir wissen, ob es funktioniert oder nicht«, sagt Michael Donnermeyer vom Informationszentrum Klimafreundliches Kohlekraftwerk. Die Hoffnung auf CCS ist das Argument der Industrie, mit dem in Deutschland etwa 30 neue Kohlekraftwerke geplant werden. Denn Deutschland will gern Weltmeister beim Klimaschutz sein und hat den Ausstieg aus der Atomkraft beschlossen – und irgendwie muss der Strom ja in die Steckdose kommen, lautet das Argument. Gleichzeitig aus Kohle und Atom auszusteigen, »das ist doch Unsinn«, sagt Stephan Kohler, Chef der Deutschen Energieagentur dena. Von Plänen und Szenarien, den Anteil der erneuerbaren Energien schnell und massiv zu steigern, hält die Kohleindustrie selbstverständlich wenig.

»Saubere Kohle« ist das Zauberwort, mit dem die Energiekonzerne gegen die steigende Flut von Bürgerinitiativen und Klagen gegen ihre Ausbaupläne kämpfen wollen. Sie fürchten, dass es nach »Atomkraft nein danke« nun »Kohle nein danke« heißt – und sie haben allen Grund dazu. Denn wegen des Widerstands in der Bevölkerung stoppte RWE den Bau eines Kraftwerks im Saarland, Evonik legte ein Projekt in Herne auf Eis. Während 2007 Kraftwerke von insgesamt 2.400 Megawatt gebaut wurden, wurden gleichzeitig Pläne für 6.500 Megawatt aufgegeben, hat das Marktforschungsunternehmen Trendresearch ermittelt. Und eine Studie des Heidelberger ifeu-Instituts zeigt, dass neue Kohlekraftwerke nicht rentabel sind – wenn denn Emissionsrechte ab 2013 nicht mehr kostenlos verteilt, sondern versteigert werden, wie es die EU plant. Das bestätigt auch RWE. Und sieht dadurch auch gleich den Industriestandort Deutschland bedroht.

Ein weltweites »Kohleprotokoll« für den Ausstieg?

»Wir müssen uns so verhalten, als ob CCS nicht funktioniert«, sagt Hermann Ott vom Wuppertal Institut für Klima, Umwelt, Energie. »Wenn es klappt, umso besser. Wenn nicht, brauchen wir eine Alternative.« Er setzt trotz aller Bedenken auf Gas als Übergangslösung, um von der Kohle wegzukommen. Mittelfristig bräuchte die Welt ein internationales »Kohleprotokoll«, schlägt Ott vor. So wie 1987 das Montreal-Protokoll den Gebrauch von ozonschädigenden Stoffen beschränkt hat, könnte ein internationales Abkommen dafür sorgen, dass die Kohle in der Erde bleibt – möglicherweise um den Preis, dass Öl und Gas vollständig verfeuert werden. Und sicher für den Preis, dass die reichen Nationen den armen Ländern den Sprung in eine Zukunft mit regenerativen Energien finanzieren. »Da führt dann kein Weg daran vorbei, Länder wie China massiv dafür zu entschädigen, dass sie ihre natürlichen Ressourcen nicht antasten«, sagt Ott. »Stellen Sie sich das wie bei unseren Bauern vor: Denen kann man manches verbieten, aber ansonsten muss man Anreize dafür schaffen, dass sie bestimmte Dinge tun und andere unterlassen.«

»Eine Zukunft ohne Kohle? Wenn Sie das denken, leben Sie im Märchenland«, entgegnet vehement Brian Ricketts. Der schlaksige Mann hastet aus der Cafeteria der Internationalen Energie Agentur IEA in Paris in sein Büro. »Wir reden über ein Viertel der Weltenergiereserven.« Ricketts ist der Spezialist für Kohle bei der IEA. Die Energieagentur hat sich am Ufer der Seine in einem Betonkasten verschanzt. Gleich nebenan ragt der Eiffelturm in den Himmel. Ricketts kennt die Zahlen und

Daten, sie sprudeln aus ihm heraus, und vielleicht hat er deshalb nicht viel Hoffnung: »Kohle und Klima, das ist eine unglückliche Geschichte«, sagt er. Aber »die Schuld der Kohleindustrie zu geben, das ist unglaublich naiv. Es sind doch die Verbraucher, die den Strom wollen«.

Ricketts hat in der Kohleindustrie gearbeitet, ehe er zur IEA wechselte. Er schimpft auf die Politiker, die heute so reden und morgen so. Er merkt süffisant an, dass es in Deutschland so viele Subventionen für die Kohle gebe wie kaum anderswo und er meint, die Idee von einer Zukunft mit Gas habe sich mit dem absehbaren Ende des billigen Öls und Gases in der Nordsee erledigt. Effizienz? Ricketts lacht bitter und zeigt auf die Lampen im Gebäude: »Kennen Sie ein Land, das mit Energie wirklich sparsam umgeht? Naja, vielleicht ändern jetzt die hohen Preise was daran.« Brian Ricketts macht dem Besucher keine Illusionen, dass die unglückliche Geschichte von Kohle und Klima ein gutes Ende finden wird. Vielleicht ist man so zerrissen, wenn man alle Fakten kennt. Oder wenn man, wie er, in einem Haus arbeitet, das man sich mit der Botschaft von Australien teilt, dem weltweit größten Kohleexporteur – und gleich vor der Tür die »Place de Kyoto« liegt.

Klima-Steckbrief Kohle

Beschäftigte weltweit (2006):
7 Mio., davon 90 Prozent in Entwicklungsländern

Umsatz der Branche (2007, geschätzt):
400 Mrd. US-Dollar

CO_2-Ausstoß pro Beschäftigtem:
1.570 Tonnen

Staatliche Subventionen:
98 Mrd. US-Dollar zwischen 1965 und 1995, allein für die Kohleindustrie in Westeuropa

Besondere Kennzeichen:
Einzige Energieform mit tief verwurzeltem positivem Image bei der Bevölkerung (»Kohlekumpel-Kultur«), trotz hoher Kosten, Luftverschmutzung und Gefahr bei der Arbeit

Quellen: World Coal Institute, Greenpeace

Entwaldung am Amazonas

Der Klimakiller der Armen

*Der tropische Regenwald ist nicht nur eine Schatzkammer der Arten-
vielfalt, sondern auch eine gigantische Klimaanlage für den Blauen
Planeten. Seine Vernichtung heizt das Weltklima fast so stark auf
wie die Verbrennung von Kohle und Öl. Dabei ließe sich nirgendwo
sonst so billig so viel für Klimaschutz und sozialen Fortschritt tun
wie am Amazonas.*

Zwanzig Schritte in den Wald, und die Welt da draußen ist verschwunden. Dicht schließt sich der Wald um den Trampelpfad. Nach den
schwülen 40 Grad Celsius im Sonnenlicht der Autostraße ist es hier
schattig und angenehm kühl. Im Dämmerlicht am Boden des Regenwaldes versperrt immer wieder Unterholz den Blick. Ein dichter Teppich aus Blättern dämpft den Schritt. Alvelino Barbosa de Amorin zeigt
mit seiner armlangen Machete auf die Bäume am Weg: Itaúba und Ma-
caranduba, Zedern, Palmbäume und der Paranussbaum: Riesige Türme,
die sich von Würgfeigen umrankt bis in 40 Meter Höhe aus dem Wald-
dach recken. Zusammen bilden sie eines der wertvollsten Biotope der
Welt: Den Regenwald im Amazonastiefland.

Jeder dieser ausgewachsenen Bäume ist ein kleines Vermögen wert.
»Dieser Itaúba wird zum Bau von Schiffsrümpfen geschätzt«, sagt Barbosa und blickt den rissigen Stamm empor. »Auf dem Schwarzmarkt
brächte der vielleicht 1.000 Euro.« Viel Geld für einen Wildhüter wie
Barbosa, der im Monat umgerechnet etwa 130 Euro verdient. Dafür
wohnt er in einer Holzhütte neben der Autostraße von Manaus nach
Manacapuru und hütet einen der letzten Flecken zusammenhängen-
den Regenwalds in der Region: Die »Reserva Florestal da Vida«. 10.000
Hektar Urwald wie aus dem Bilderbuch.

Der Wildhüter führt Besucher durch seinen Regenwald, wie andere Gartenbesitzer stolz ihre Rosen vorzeigen: Hier Kratzspuren vom Jaguar, dort ein Erdloch, wo das Gürteltier wohnt, da die Hirschspuren im Schlamm. Kein Bach in der Nähe? Barbosa macht ein paar Schritte abseits des Weges und schlägt mit seiner Machete eine Liane vom Baum, hält sie am gestreckten Arm über sich und trinkt das Wasser, das wie aus einem Gartenschlauch herausläuft.

Die immer gleichen Zyklen der Zerstörung

Die Welt da draußen sieht anders aus. Entlang der Autostraße ist vom Wald nichts mehr zu sehen. Rechts und links der geteerten Rennbahn für Busse und Lastwagen grasen Rinder, erstrecken sich Palmenhaine und Mangogärten. Ab und zu tauchen in der feuchten Hitze ein paar Hütten mit einer Bar auf. Müllhaufen voller Plastik qualmen im Straßengraben. Regenwald wie in der »Reserva« ist hier nur noch eine blasse Erinnerung. Und der Krieg gegen den Wald geht weiter. Acht Kilometer hinter dem Schutzgebiet zweigt die Straße nach Bellavista ab. Links von der frisch geteerten Piste erstreckt sich ein neuer Zaun, dahinter vielleicht 20 Hektar, die bis vor kurzem noch Wald waren. Jetzt ragen nur noch verkohlte Baumstümpfe in die Luft, Buschwerk hat sich breit gemacht. Von der Weide glotzen Rinder auf die Straße. Nur rechts und links von einem kleinen Bach haben die Sägen ein kümmerliches Wäldchen stehen lassen.

»Drei Viertel der Entwaldung geht auf die Rinder zurück«, sagt Arnaldo Carneiro Filho, Geograf und Landschaftsplaner am Institut zur Erforschung des Amazonas (INPA) in Manaus. Filho sitzt in einem kleinen Kellerbüro, wo die Klimaanlage brummt, und zaubert Grafiken und Statistiken aus seinem Computer auf den Bildschirm. Draußen hat das INPA mitten in der Millionenstadt Manaus einen Rest Regenwald konserviert. Im »Forschungswald« tummeln sich auf elf Hektar Papageien, Kaimane, Seekühe, Affen und Otter. Ein Balkenweg führt durch die Wipfel der Bäume, die hier hinter einer hohen Mauer vor den wuchernden Straßen, Wohnblocks und Favelas sicher sind.

Seit Jahren streitet Filho für den Erhalt des Amazonaswaldes auch außerhalb des INPA-Streichelzoos für Regenwaldfans. Er kennt die Zyklen der Zerstörung: Erst kommen die illegalen Holzfäller mit den Bulldozern, um wertvolle Stämme zu ernten. In ihren Schneisen folgen die Rinderzüchter, die den Wald niederbrennen, um ihre Tiere grasen zu lassen. Und auf die Rinder folgen mancherorts die Sojabauern, die dann

Tabula rasa machen und den vormaligen Regenwald in eine grüne Agrar-wüste verwandeln. Inzwischen sind etwa 17 Prozent des ursprünglichen Amazonaswaldes vernichtet worden. Weitere 20 Prozent sind durch die Störung des Wasserhaushalts und durch kleinere Eingriffe geschwächt – ein schwerer Verlust für die artenreichste Region der Erde, wo auf einer Fläche so groß wie Europa zehn Prozent aller Säugetiere weltweit und 15 Prozent aller Pflanzen gedeihen. Und wo sich manchmal 300 Arten von Bäumen auf einem einzelnen Hektar Regenwald drängeln.

Die Vernichtung der Tropenwälder gefährdet die Artenvielfalt. Vor allem aber ist sie ein Klimaproblem. Denn ähnlich wie die Industrie-staaten mit ihren Emissionen aus Kohle und Öl die globale Atmosphä-re belasten, tragen Länder wie Brasilien, Indonesien, Malaysia oder das kleine Myanmar durch ihre Waldvernichtung massiv zum Klimawan-del bei. Und das viel stärker als bislang gedacht. Etwa 25 Prozent der weltweiten Treibhausgase stammen aus der Entwaldung, hat das IPCC errechnet – also etwa so viel wie der größte Treibhaussünder, die USA, ausstößt. Rechnet man die Wald-Emissionen ein, die sich in den offi-ziellen Statistiken hinter dem bizarren Kürzel LULUCF (»Land Use, Land Use Change and Forestry«) verstecken, sieht die Hitliste der gro-ßen Klimasünder plötzlich anders aus, wie das World Ressource Insti-tute in Washington errechnet hat. Nach den üblichen Verdächtigen USA, EU und China steht an Platz vier bereits Indonesien, auf Rang fünf Brasilien und auf zehn Malaysia: Waldvernichtung ist der Klima-killer der Armen.

Wer den Regenwald schützt, wird nicht belohnt

Vor allem der Tropenwald ist enorm wichtig für das Weltklima. Denn die Waldflächen am Äquator speichern deutlich mehr Kohlenstoff als gedacht, haben Forscher des National Center for Atmospheric Research im US-Bundesstaat Colorado herausgefunden, nämlich fast ein Viertel der acht Milliarden Tonnen Kohlenstoff, die der Mensch jährlich in die Atmosphäre bläst. Die tropischen Wälder sind als internationale Klima-anlage auch ungleich wichtiger als die Bäume in den gemäßigten oder kalten Zonen: Während diese nämlich unterm Strich die Erde erwär-men, kühlen tropische Regenwälder das Klima herunter: Zwar binden alle Bäume CO_2, aber vor allem in Kanada, Skandinavien und Russland speichern die dunklen Wälder mehr Sonnenenergie, als es im Winter das schneebedeckte offene Land täte. Die Regenwälder dagegen erzeugen Wolken, die die Strahlung reflektieren, und haben daher insgesamt eine kühlende Funktion. »Verstärkte Aufforstung in den Tropen würde den Klimawandel bremsen«, schrieb im Dezember 2006 eine Forschungsgruppe um Govindasamy Bala vom Lawrence Livermore National Laboratory in Kalifornien und Ken Caldeira von der Carnegie Institution in Stanford. Solche Projekte in gemäßigten Breiten hätten aber »geringe oder keine Effekte und wären in den Breiten oberhalb 50 Grad (etwa die Höhe von Berlin, Anmerk. d. Autors) kontraproduktiv«.

Doch die Entwicklung läuft in die Gegenrichtung: Global nehmen derzeit die tropischen Wälder mit rasanter Geschwindigkeit ab – während der Wald in Europa und den USA wächst. Grund dafür ist auch die Regelung im Kyoto-Protokoll, die »vermiedene Entwaldung« nicht als Klimaschutzmaßnahme vorsieht, wohl aber die Aufforstung von Wäldern – egal, auf welchem Breitengrad. Wer also den bestehenden Regenwald schützt und damit das globale Klima kühlt, bekommt keine Zertifikate, die er international zu Geld machen kann. Wer in Europa Bäume pflanzt, kann sich dies als Klimaschutzmaßnahme anrechnen lassen – obwohl er damit die globale Temperatur nicht nach unten regelt. Dabei weiß die Fachwelt spätestens seit 2002, dass frisch gepflanzte Bäume außerhalb der Tropen mindestens zehn Jahre lang mehr CO_2 emittieren als binden. Diese Regelung »hätten die Politiker in Kyoto nicht getroffen, wenn sie über unsere Daten verfügt hätten«, sagt Han Dolman vom Projekt CarboEurope, das diese Daten vorgelegt hat. »Jedenfalls hoffe ich das.«

Noch ist der Regenwald eine gigantische Kohlenstoffdeponie. Und trotz aller Entwaldung speichert er etwa so viel Kohlenstoff, wie er abgibt. Doch wenn die gegenwärtigen Trends von Entwaldung und Erderwärmung weitergehen, wird das Gleichgewicht zerstört, warnen Forscher – und der Regenwald wird zu einer ebenso gigantischen Quelle von Treibhausgasen. Bereits jetzt emittieren die Tropenwälder nach einer Hochrechnung in »schlechten« Jahren, in denen sich das Klimaphänomen »El Niño« vor der Westküste Südamerikas stark zeigt, so viel CO_2, wie die weltweite Verbrennung von Kohle, Öl und Gas entlässt. Sollte das zum Normalfall werden, verschwindet der Regenwald und es würde nach Berechnungen des US-Forschungsinstituts in Woods Hole in diesem Jahrhundert noch einmal halb so viel Kohlenstoff freigesetzt, wie insgesamt seit der industriellen Revolution in die Luft gepustet wurden. Der Weg dahin ist längst beschritten. Die Frage, die unter den Forschern zunehmend mit Sorge diskutiert wird, heißt nur: Wie weit ist diese Entwicklung schon? Und gibt es noch ein Zurück?

Ein Zurück zum Regenwald gibt es um die Stadt Santarem nicht mehr. Hier, 500 Kilometer östlich von Manaus am Amazonas, ragt mitten auf einem Feld ein einsamer Paranussbaum in den Himmel. Um ihn herum: Soja, soweit das Auge reicht. Grüne Felder, über die Traktoren rattern, statt Regenwald. Nur der Paranussbaum bleibt stehen, weil es in Brasilien streng verboten ist, ihn zu fällen. Doch ohne schützenden Wald in seiner Umgebung geht auch er ein. Santarem ist ein Beispiel für die jüngste Entwaldungswelle am Amazonas: Seit der US-Sojakonzern Cargill hier ohne Rücksicht auf die Natur und das brasilianische Recht einen Hafen für Sojaexport gebaut hat, ist die Wildnis des Waldes unwiderruflich in einen Acker der Agrarindustrie verwandelt worden.

BSE entwaldet den Amazonas

Aber Santarem ist auch ein Beispiel für die Mitverantwortung der Europäer bei der Waldvernichtung. Die Sojaindustrie ist hier deshalb so gewachsen, weil sie billiges Futter für die Massentierhaltung in Europa produziert: Nach der BSE-Krise und dem Verbot des Tiermehls 2001 suchten die Europäer händeringend nach billigem Kraftfutter für die Millionen von Rindern in ihren Massenställen – und fanden es in Brasilien. In der Statistik der Entwaldung ist dieser Prozess genau zu sehen: Ab 2001 steigt die Waldvernichtung rapide an.

Ohnehin treiben Fleischhunger und Milchdurst vor allem der Industrieländer den Klimawandel voran: Auf 18 Prozent, mehr als der Beitrag des internationalen Verkehrs, taxiert der Bericht »Der lange Schatten der Viehzucht« der UN-Ernährungsorganisation FAO (Food and Agriculture Organisation) den Beitrag der globalen Viehhaltung zum Klimawandel. Dabei sind die Rinder die größten Umweltschweine: Für ihre Weiden stirbt der Regenwald, und sie rülpsen große Mengen Methan aus – ein Treibhausgas, das zwanzigmal so wirksam wie CO_2 die Erde erwärmt. Allein die globale Rinderherde belastet die Ökologie der Erde so stark wie alle Menschen aus Deutschland, Japan und Indien zusammen, bilanziert der FAO-Bericht.

»Wer sind eigentlich die Weltmeister bei der Waldzerstörung?«, fragt der Direktor des brasilianischen Satelliten-Überwachungscenters Embrapa, Evaristo E. Miranda. Seine Antwort: Historisch gesehen die Europäer: »99,7 Prozent der europäischen Urwälder sind von Städten und Feldern ersetzt worden.« Auch in Afrika gebe es nur noch 7,8 Prozent der ursprünglichen Wälder, in Asien nur noch 5,6 Prozent und in Zentralamerika 9,7 Prozent. In Südamerika dagegen seien noch 54,8 Prozent der Urwälder intakt. »Brasilien ist eines der Länder, das seine Wälder am wenigsten zerstört hat«, so Miranda, »es wird aber von den Weltmeistern der Entwaldung, die ihre eigene Geschichte verdrängen, schwer kritisiert.« Mirandas Argumente stehen auf der Homepage von ABIOVE – des brasilianischen Verbands der Sojalobby, die für ihre Regenwaldvernichtung am Pranger steht.

So drastische Worte nimmt Marina Silva nicht in den Mund. Aber wenn die schmächtige Umweltministerin von Brasilien gefragt wird, wann denn wohl ihr Land Obergrenzen für den Ausstoß von Treibhausgasen anerkennt, wird auch sie sehr deutlich: »Wir haben allein in den letzten Jahren 500 Millionen Tonnen CO_2 vermieden, indem wir die Entwaldung bekämpft haben. Das ist ein Fünftel dessen, wozu sich die Industrieländer an Reduzierung in Kyoto verpflichtet haben. Unseren Strom machen wir zu 45 Prozent aus erneuerbaren Energien, die Industriestaaten zu sechs Prozent.«

Silva ist eine Symbolfigur der internationalen Umweltbewegung. Geboren als eines von acht Kindern eines armen Kautschukzapfers, lernte sie erst mit 14 Jahren rechnen und schreiben, dann begann sie ihren Aufstieg. Sie half bei der Gründung der brasilianischen Arbeiterpartei PT, kämpfte dann als Senatorin in Brasilia gegen die Biopiraten, die illegal den Reichtum des Amazonasgebiets ausbeuten. Als Umweltministerin weist sie auch beim Waldschutz eine Erfolgsbilanz vor: Seit dem Höchststand von 2004 ist die gerodete Fläche in Brasilien konstant zurückgegangen – von 27.000 auf »nur noch« knapp 10.000 Quadratkilometer 2007. Das ist immer noch halb so groß wie Sachsen, aber für Brasilien ein Erfolg. Und auch der kann sehr kurzfristig bleiben. Ende 2007 stieg die Entwaldungsrate am Amazonas wieder steil an.

Wem gehört die internationale Klimaanlage Amazonas?

Silva sitzt in ihrem Büro in Brasilia, fünfter Stock, ganz am Ende eines 100 Meter langen Korridors. Sie wirkt erschöpft. Ihr Berater für internationale Angelegenheiten, die Frauen von der Pressestelle, der Journalist, alle blicken sie an und erwarten von ihr Antworten, die sie nicht geben kann. Silva schaut aus dem Fenster ihres großen Büros, das mit Schnitzereien, Tierpostern, mit Modellen von Schiffchen und Urwaldhütten daran erinnert, dass es bei ihrer Arbeit vor allem darum geht, den Amazonas zu retten. Aber die Antworten werden nicht in ihrem Haus gegeben, sondern ein paar Häuser weiter an der »Esplanada dos

Minstérios« im Regierungsviertel der Hauptstadt, wo die Plattenbauten der Ministerien wie Dominosteine nebeneinander in den Himmel ragen. In den anderen Häusern jenseits der fünfspurigen Straßen und riesigen menschenleeren Grasflächen sitzen die Minister für Wissenschaft, Außenpolitik und Verteidigung. Dort wird die Politik formuliert, auf die Staatspräsident Lula im Zweifel hört – und die Marina Silva ihr Leben als Umweltministerin so schwer macht. Ein halbes Jahr nach diesem Gespräch wird sie deshalb entnervt zurücktreten.

Die offizielle Politik des Landes hat mit internationaler Kooperation beim Waldschutz wenig am Hut. Brasilien sträubt sich gegen Vorschriften und Verpflichtungen, was den Klimaschutz im Wald angeht. Zu oft haben die »Gringos« den Brasilianern vorgeschrieben, was mit ihrem Land zu tun sei, zu oft haben Umweltschützer davon geredet, der Amazonas sei eigentlich zu wichtig für die Welt, um ihn den Brasilianern zu überlassen. »Der Amazonas gehört uns« ist ein Slogan, der von der Agrarindustrie benutzt wird, um gegen die »Internationalisierung« des Amazonas durch Verträge oder Umweltschützer wie Greenpeace Stimmung zu machen. Ein Slogan, der Arnaldo Filho in Manaus bitter lachen lässt: »Wer hat denn momentan hier das Sagen?«, fragt er. »Die US-Sojakonzerne ADM, Bunge und Cargill. Das nenne ich Internationalisierung.«

Bei ihrem internationalen Kampf für den Regenwald hat Ministerin Silva zwei Verbündete: Den guten Willen und das schlechte Gewissen der Industriestaaten. Brasilien hat vorgeschlagen, die Industrieländer sollten freiwillig in einen Fonds einzahlen, aus dem die Waldländer dann Maßnahmen zum Waldschutz bezahlen könnten. Zertifikate dafür, mit denen sich die Industrieländer von eigenen Klimaschutzbemühungen freikaufen könnten, soll es nicht geben. Warum sollen sie also zahlen? »Wenn ich in der Welt unterwegs bin, sehe ich überall große Betroffenheit über den Waldverlust«, sagt Silva. »Jetzt haben die reichen Länder die Gelegenheit, ihre Betroffenheit in finanzielle Hilfe umzusetzen.«

Die Umweltministerin weiß aber auch: Den Regenwald vor der Säge zu retten, ist eine Aufgabe der Brasilianer. Und viele von ihnen sehen dafür auch eine gute Chance: »Null Entwaldung« ist das Ziel einer Kampagne, die sieben internationale und nationale Umweltschutzgruppen im Oktober 2007 gemeinsam mit dem Umweltministerium starteten – Silva spricht vorsichtiger von »Null illegaler Entwaldung«, und die Umweltschützer geben zu, dass »Null« bedeutet:

Nicht mehr als 3.000 Quadratkilometer pro Jahr. Bis 2015 soll das Ziel erreicht sein. Aber funktionieren wird das nur, wenn viele Faktoren zusammen spielen, die nicht alle etwas mit Umwelt- oder Klimaschutz zu tun haben. »Der größte Umweltschützer hier im Land in den letzten Jahren war die Zentralbank«, lacht Arnaldo Filho. Durch den starken brasilianischen Real und den Verfall des internationalen Sojapreises wurde die Expansion der Agrarflächen gebremst. Umweltgruppen erreichten durch Druck auf die europäischen Konsumenten ein Moratorium für den Sojaanbau im Regenwald. Und die Regierung hat die Kontrollen verschärft und massiv Schutzgebiete ausgewiesen. Doch inzwischen haben die Sojapreise wieder angezogen und mit ihnen die Entwaldung.

Für einen dauerhaften Schutz des Waldes müssten aber auch »die zwei größten Tabus der brasilianischen Gesellschaft« angesprochen werden, sagt Filho: »Der Landbesitz und die Justiz«. Nur wenn der Amazonas nicht mehr der gesetzlose Wilde Westen Brasiliens ist, wird sich am Raubbau vielleicht etwas ändern. Silva verweist auf ihre Erfolge: »Wir haben viel getan: 665 Menschen verhaftet, 1.500 Firmen aufgelöst und fast 1,5 Milliarden Real (600 Millionen Euro) Strafen verhängt.« Zum ersten Mal hat die Regierung Lula 2007 Holzkonzessionen für den Wald vergeben. Damit soll der rechtlose Zustand beendet werden. Umweltverbände haben in den letzten Jahren Karten erstellt, wem welcher Wald überhaupt gehört. Denn bisher gilt bei der Landfrage oft noch das Gesetz des Dschungels: Kleine Farmer werden von großen verjagt, die im Zweifel ihre bewaffneten Killer losschicken. Seit den Achtzigerjahren sind allein im Bundesstaat Pará nach den Zahlen der katholischen Landpastoral-Bewegung 772 Menschen ermordet worden, weil sie nicht vom Land weichen wollten. Erst 2005 sorgte der Fall der amerikanischen Nonne Dorothy Stang für Aufregung, die von Killern getötet wurde, weil sie für die Landrechte der Eingeborenen kämpfte.

Umweltschützer brauchen schusssichere Westen

In Manaus, der Hauptstadt des Bundesstaats Amazonas, ist die Lage eigentlich entspannter. Die Stadt ist eine wilde Mischung aus restaurierten Kolonialbauten, bröckelnden Betonhochhäusern und Elendsvierteln. Eine riesige Freihandelszone am Ufer des Rio Negro, wo Handys und Radios für Südamerika produziert werden, gibt den Menschen Arbeit und ein Auskommen. Das Verkehrsgewühl innerhalb der

Stadt ist beängstigend, aber noch gibt es keine Straßen, die die Stadt von einenhalb Millionen Menschen mit dem Rest Brasiliens verbinden und die illegalen Siedler anlocken. Großflächige Entwaldung ist deshalb auch noch kein Problem im Staat Amazonas.

Doch selbst hier in Manaus fühlen sich die Regenwaldschützer von Greenpeace nicht sicher. Nach Morddrohungen haben sie ihr Hauptquartier in der Avenida Joaquim Nabuco 2367 zur Festung ausgebaut: Hinter einer zweieinhalb Metern hohen Mauer liegt das Gebäude, Einlass nur durch eine vergitterte Pforte nach Sicherheitscheck durch einen Wachdienst. Die Umweltschützer bewegen sich nur mit schusssicheren Westen und gepanzerten Pickup-Trucks durch den Wald. Immer wieder kommt es bei Aktionen zu Konfrontationen mit Waldarbeitern, bei denen die Umweltschützer Polizeischutz anfordern müssen.

Wer Gerechtigkeit sucht, hat es am Amazonas nicht leicht. Das zeigt ausgerechnet die Göttin Justitia auf dem Dach des Justizpalastes im alten Zentrum von Manaus. Normalerweise steht das Symbol für Gerechtigkeit mit Waage und Schwert in der Hand aufrecht vor den Gerichtshäusern und wacht mit verbundenen Augen darüber, dass unparteiisch Recht gesprochen wird. Hier allerdings, direkt gegenüber des weltberühmten Opernhauses »Teatro Amazonica«, sitzt Justitia bequem im Sessel, das Schwert lässig aufgestützt, die Waage übers Knie gelegt, die Augen nicht verbunden. Die Göttin der Gerechtigkeit gönnt sich eine Pause.

Verglichen mit der Rechtlosigkeit in weiten Teilen des Amazonasgebiets ist die »Reserva Florestal da Vida« von Alvelino Barbosa eine Oase der Sicherheit. Hier wird nicht gerodet, gebrannt oder gewildert, jedenfalls nicht im großen Stil, hier ist klar, wem das Land gehört. Die 10.000 Hektar intakten Regenwaldes kaufte der polnischstämmige Filmproduzent Zygmunt Sulistrowsky Ende der Siebzigerjahre, um sich an der unberührten Natur zu erfreuen und als Kulisse für seine esoterisch angehauchten Filme voller nackter Menschen. Sulistrowsky ist vor kurzem gestorben, und Barbosa hütet nun sein Erbe, um nichts anbrennen zu lassen.

Er horcht in den Wald: Aus großer Entfernung dröhnen Schläge durch die Baumkronen: »Ein Kapuzineraffe, der eine Paranuss auf einem Ast aufschlägt«, sagt er. Dann zeigt er mit der Machete auf einen seltsamen Baum, der von Lianen überwuchert ist. Das ist nicht irgendein Urwaldriese, sondern ein Hartholz, das für Brasilien eine ganz besondere Bedeutung hat. Dem Laubbaum verdankt das riesige Land mit den brennenden Wäldern seinen Namen, und offenbar hat er ihm auch sein Schicksal vorhergesagt. Er heißt »pau-brasil« – zu deutsch »glühendes Holz«.

Klimazeuge

»Ich kämpfe gegen die Abholzung der Wälder und dagegen, dass aus den Regenwäldern am Amazonas Steppen werden. Aber persönlich fühle ich mich in der Savanne wohler (lacht). Der Mensch ist ein Wesen aus der Savanne, er braucht den Überblick und einen Horizont, an dem er sich orientieren kann. Im dichten Wald fühle ich mich immer ein bisschen eingesperrt.«

Arnaldo Carneiro, Geologe und Waldforscher am INPA, Manaus, Brasilien

TÄTER

Alptraum Auto in Los Angeles

Optimistisch in die Katastrophe

Die Stadt am Pazifik hat die höchste Autodichte der Welt und die schlechteste Luft der USA. Trotzdem hat sich die 15-Millionen-Metropole mit dem täglichen Wahnsinn auf den verstopften Freeways fröhlich arrangiert. Ein Thema aber ist tabu: Wie der Straßenverkehr alle Klimaschutz-Bemühungen gegen die Wand fährt.

Plötzlich kommen die Bremslichter des weißen Honda da vorne viel zu schnell näher. Stopp! Ein scharfer Tritt auf die Bremse. Die Tasche kippt vom Beifahrersitz. Links rollen mannsgroße Reifen eines Schwerlasters bedrohlich nahe am Seitenfenster vorüber. Rechts saust ein roter Sportwagen am Spiegel vorbei. Aber in wenigen Augenblicken werden auch auf den anderen fünf Spuren des »Interstate 5« die Autos, Busse, Lastwagen und Pick-ups von Fahrzeugen zu Stehzeugen.

Donnerstag, 17.23 Uhr, Interstate Highway 5 bei Burbank, 20 Kilometer nördlich vom Stadtzentrum von Los Angeles. Nach den lokalen Maßstäben ist das hier kein Stau, sondern nur eine kleine Verstopfung. Die Klimaanlage pustet gegen die heiße Aprilsonne an. Das Navigationssystem im Auto versteht auch nicht, warum es nicht vorangeht: »Keep left to I 405« sagt die aufdringlich freundliche Stimme immer wieder. Irgendwann ruckt das Feld langsam wieder an. Die Schlange aus Hunderten von Blechkisten glänzt in der tief stehenden Sonne, als sie sich über die Hügel Richtung Westen schiebt. Alles fließt. Bis zum nächsten Stillstand.

Wer in Los Angeles lebt, verbringt im Auto pro Jahr so viel Zeit wie im Urlaub: zusammengerechnet zwei Wochen. Die Megacity am Pazifik hat die schlechteste Luft der USA. Hier gibt es weltweit die meisten Autos auf einem Fleck, pro Haushalt sind 1,4 Fahrzeuge registriert. Die etwa 15 Millionen Menschen des Ballungsraums ächzen unter dem Verkehr. Und wenn in der Rushhour irgendetwas wirklich schiefgeht, ein Feuer, eine unangemeldete Demonstration oder ein großer Unfall, dann wird aus dem amerikanischen Traum der unbegrenzten Freiheit der kalifornische Alptraum: »Gridlock«, der Megastau, in den sich Tausende von Autos verkeilen und nichts mehr vor oder zurück geht. Wer wissen will, was der Welt im Falle der totalen Automobilmachung droht, der schaut sich in Los Angeles um. Hier zeigt sich, dass man gegen den Verkehrsinfarkt mit allen technischen Mitteln relativ erfolgreich kämpfen kann. Aber auch die Schlacht gegen den Klimakiller Straßenverkehr wird hier geschlagen. Und die geht verloren.

Bewusst und unbewusst vom Auto abhängig

»Klimawandel?« Paul Ong überlegt kurz. »Nein, wir diskutieren hier vor allem über die Schadstoffe in der Luft. Dass der Verkehr in L.A. zum Klimawandel beiträgt, verschwindet dahinter fast völlig.« Ong ist Professor für Stadtplanung an der University of California (UCLA). In seinem Büro steht eine Puppe von Meister Yoda, dem schlauen und strubbeligen kleinen Yedi-Ritter aus dem Filmepos »Krieg der Sterne«. Eine entfernte Ähnlichkeit zwischen Ong und Yoda ist nicht ganz zu leugnen. Ong fordert schon lange, den Autoverkehr mit der Brieftasche zu bekämpfen: »Congestion charging« nennt er das: Höhere Gebühren für den Verkehr auf besonders überfüllten Strecken, private Mautstraßen, höhere Benzinpreise, alles, was die externen Kosten des Verkehrs beim Autofahrer ansiedelt, ist ihm recht. »Der Verkehr in Los Angeles hat so wie bisher einfach keine Zukunft.«

Für Ong ist die Alternative klar: Entweder höhere Steuern für die Straßennutzung – »oder wir zahlen die Steuern eben in Form der Staus«. Bereits jetzt koste der Stillstand auf den Straßen die USA jedes Jahr 70 Milliarden US-Dollar an nutzlos verbranntem Sprit und nutzlos vertaner Zeit. Verkehrspolitik sei wirklich ein Testfall für die Demokratie, weil man unpopuläre Maßnahmen ergreifen müsse und die Angelenos »bewusst und unbewusst vom Auto abhängig sind.« Ong seufzt und schaut in seinen Kaffee. »Wir brauchen ein radikal neues Denken, wir müssen weniger auf die Freiheit und mehr auf die Verantwortung setzen. Eine Benzinsteuer wie in Europa vielleicht, aber dazu hat in diesem Land niemand den Mut.« Dann wieder lässt er sich seinen amerikanischen Optimismus nicht ausreden. Der Klimakurs des konservativen Gouverneurs Arnold Schwarzenegger, die Umweltdebatten im ganzen Land – »es gibt die Chance, die politische Kultur anhand dieses Themas zu verändern«, hofft Stadtplaner Ong. Auf die Ratschläge von Meister Yoda hört schließlich auch keiner. Und trotzdem glaubt er an die Macht des Guten.

Globaler Trend geht in die falsche Richtung

Optimismus fällt allerdings schwer, wenn man die globale Wirkung des Verkehrssektors auf den beschleunigten Klimawandel betrachtet. Etwa 18 Prozent des menschengemachten CO_2 quillt nach den Berechnungen des IPCC aus den Auspufftöpfen von weltweit 800 Millionen Autos, aus den Motoren von Bussen und Lkw. Das Auto wird in den USA für 90 Prozent aller Wege eingesetzt. Auch in Europa bevorzugt man seine eigenen vier Räder: Die Hälfte aller kurzen Wege bis fünf Kilometer legt man mit dem Wagen zurück. Und die Motorisierung in Ländern mit stark wachsender Wirtschaft und Bevölkerung wie China und Indien hat gerade erst begonnen – »die Aussichten auf eine breite Ausweitung der Motorisierung, auf einen Anstieg bei Spritverbrauch und Ausstoß von Treibhausgasen ist sehr real«, warnt das IPCC in seinem vierten Bericht.

Trotz aller Forschung an Sparautos und »grünen« Antrieben, trotz aller Selbstverpflichtungen der Industrie geht der Trend mit Vollgas in die falsche Richtung: Immer größere, stärkere, schnellere Autos. In den USA hätte sich der Verbrauch der Pkw-Flotte zwischen 1987 und 2005 um 24 Prozent reduzieren können, hat die Umweltschutzbehörde EPA errechnet – wenn die Autos denn so groß, schwer und schnell geblieben wären. Das Gegenteil war der Fall: Die Autos wurden 27 Prozent schwerer, 30 Prozent schneller und schlucken nun fünf Prozent mehr Sprit als 1987. Wie sehr das Wachstum auf der Straße jeden Klimaschutz ausbremst, zeigen auch die Zahlen aus Deutschland. Hier wurden bei den CO_2-Emissionen »ganz achtbare Reduktionen erzielt, besonders in der Industrie«, heißt es in einem umfangreichen Gutachten des Wuppertal Instituts für Klima, Umwelt, Energie zu »klimawirksamen Emissionen des Pkw-Verkehrs«, aber der Verkehr habe »einen Teil der Erfolge wieder kompensiert«. Die Wissenschaftler sehen eine »dramatisch steigende Differenz zwischen den Klimazielen und den realen Entwicklungen«: Statt 60 Prozent weniger Klimagase aus Pkw-Motoren, Lkw-Auspuffen und Flugzeugturbinen bis 2030, wie es die Klima-Enquete-Kommission des Bundestags gefordert hat, sagen sie im Gegenteil etwa 60 Prozent mehr Treibhausgase voraus.

Der Moloch L.A. ist besser als sein Ruf

Los Angeles und das Auto haben ein ähnliches Problem: Beide leiden an ihrem überwältigenden Erfolg. Das Auto hat den einzelnen Menschen eine nie gekannte Freiheit und Mobilität ermöglicht »und es hat die Lebenserwartung der Menschen massiv verlängert«, sagt Martin Wachs, Direktor der Abteilung »Transportation, Space and Technology« bei der RAND Corporation in Santa Monica. »Wir reden immer nur über gesundheitliche Risiken des Verkehrs, aber wir sollten auch seine Erfolge sehen.« Wachs sitzt in einem kleinen Büro in einem großartigen Gebäude, mit runder Fassade wie ein Schiff, errichtet nach bestem Öko-Standard. Von so einem Arbeitsplatz träumen viele: Der Strand von Santa Monica ist fünf Minuten Fußweg entfernt. In den Toiletten des Instituts trocknen Surfer-Anzüge aus Neopren. Morgens um neun pilgern Beachboys mit Surfboards unterm Arm zum Meer.

Den kalifornischen Optimismus kann man hier mit Händen greifen. Auch Wachs ist davon infiziert. Die Stadt, sagt er, werde nicht weiter wachsen. 12.500 Quadratkilometer, die Fläche von fünf US-Großstädten, sind anscheinend genug. Die Berge und Wüsten ringsum verhinderten weiteren »Sprawl«, also das weitere Ausufern der Besiedlung. Auch die demografische Entwicklung spiele mit: »Wir werden älter, es gibt mehr Singles und weniger Familien, die sich den Traum vom Haus im Grünen noch leisten können. Die Leute haben den Verkehr satt. Die nächste Welle heißt ›Re-Urbanisierung‹, die Menschen ziehen wieder in die Innenstadt.« Wenn allerdings Professor Ong die Menschen befragt, ob sie sich ein Leben in der Nähe von dichteren Quartieren vorstellen können, sagt immer noch eine solide Mehrheit: »no way«.

Einig sind sich Ong und Wachs aber über eines: Der Verkehr von L.A. ist besser als sein Ruf. 29 Minuten täglich sitzt man hier durchschnittlich in Auto, Zug oder Bus – in New York sind es zehn Minuten mehr. »Ländliche Gegenden wie in Wyoming sind viel mehr vom Auto abhängig als wir«, sagt Wachs. Auch der extreme »Sprawl« in L.A. sei ein Mythos, fügt Ong hinzu: Die Stadt habe eine dichtere Bebauung als Houston, Chicago und New York, in Houston gebe es mehr Autos pro Kopf als hier. Sie verteidigen ihre Stadt gegen den Vorwurf, sie sei ein lebensfeindlicher Moloch. Die Abstimmung mit den Reifen gibt ihnen recht: Seit 1980 ist allein der Zentralbezirk Los Angeles County um 2,5 Millionen Menschen gewachsen. Und die Mischung aus guten Jobs, sonnigem Wetter, cooler Stimmung und sonnengebräunter Zuversicht ist noch immer attraktiv: Bis 2030 erwarten die Stadtplaner noch einmal 2,4 Millionen Menschen mehr in der Stadt der Engel.

Ratlosigkeit in der Verkehrsleitstelle

Wie diese Menschen sich dann alle noch bewegen sollen, ist Benjamin Chang ein Rätsel. Dabei ist es eigentlich sein Job als »Transportation Engineer«, darauf eine Antwort zu finden. Chang sitzt im großen Kontrollraum des »Automated Traffic Surveillance and Control Program« (ATSAC). Tief im Boden vergraben, drei Stockwerke unter dem strahlend weißen Rathaus von L.A., liegt die Leitzentrale für den Straßenverkehr. Früher war das hier der Atombunker, der das Überleben der Megastadt nach einem Nuklearangriff sicherstellen sollte. Heute sorgt die Zentrale mit elektronisch gesichertem Zugang dafür, dass nicht schon in Friedenszeiten das Chaos ausbricht. An der Stirnwand des großen Saals sind die Bilder von Dutzenden von Kreuzungen und Straßenecken projiziert. Auf Computermonitoren haben die Planer Zugang zu allen Ampelanlagen der Stadt. An der Seite hängt eine große elektronische Tafel, die akute Staus und Stillstände meldet – »aber nur, wenn es ungewöhnlich ist«, sagt Chang. Von den alltäglichen Hotspots der Verstopfung kommen schon lange keine Meldungen mehr.

Chang und seine Kollegen sind stolz auf ihre Rechner und die Software, die sie hier seit den Olympischen Spielen 1984 entwickelt haben. Von hier können sie bei Problemen die Ampelphasen verändern, den Bussen grüne Welle geben und das Allerschlimmste verhüten. Das Allerschlimmste? »Demonstrationen, die die Innenstadt lahm legen«, sagt Chang. Oder Erdbeben. Schließlich ist das hier Los Angeles, die Stadt, die immer auf den Big Bang wartet. 1994, beim letzten großen Beben, klappte der zweistöckige Santa-Monica-Freeway zusammen wie ein Kartenhaus. Großes Glück, dass ATSAC gerade die Parallelstraßen per Computernetz unter Kontrolle bekommen hatte und den Verkehr umleiten konnte. Aber wie diese Stadt noch mal ein paar Millionen mehr Einwohner ertragen soll, deren Menschen bereits jetzt jeden Tag 260 Millionen Personenkilometer zurücklegen und die schon heute ein großes Rechenzentrum, spezielle Software und Hunderte von Kameras braucht, um den Verkehr erträglich zu halten, das weiß auch Chang nicht. Er ist der Erste, der hier nicht optimistisch ist, wenn man mit ihm über den Verkehr redet. »Vielleicht helfen uns die hohen Ölpreise«, sagt er. In diesem April 2008 debattiert das Land aufgeregt, ob 3,50 US-Dollar für die Gallone Benzin ein nationaler Notfall sind oder nicht.

Das ist immer noch die Hälfte dessen, was man an europäischen Zapf-säulen zahlt. Aber eine Zumutung für ein Land, das es für ein »Staats-bürgerrecht« hält, »20 Liter fossile Brennstoffe auf 100 Kilometer raus-zuhauen, ohne das im Geldbeutel zu spüren«, wie der Journalist Peter Unfried in seinem Buch »Öko« schreibt.

»Vielleicht hilft auch der öffentliche Verkehr«, sagt Chang in seinem unterirdischen Kommandobunker. »Ganz sicher hilft der öffentliche Verkehr«, sagt Dave Sotero im 19. Stock des Hochhauses über der Union Station. Sotero ist Pressesprecher der Metropolitan Transportation Au-thority (MTA), die ebenfalls hart daran arbeitet, den Verkehr der Me-gastadt in den Griff zu bekommen. MTA serviert große Zahlen: 1,5 Mil-lionen Fahrgäste täglich in über 200 Buslinien, vier U- und Straßen-bahn-Linien, 300 Kilometer für Carpools, wo Autos mit mehr als einem Fahrer Vorfahrt haben, jeden Tag 950 Einsätze der Pannenhilfe, um die Freeways frei zu halten. Aus dem Fenster von Soteros Büro blickt man auf staubige Brachgrundstücke rund um die Union Station, auf schmie-rige Autowerkstätten und die gigantische Betonwanne, die den Los An-geles River kanalisiert. Anders als in europäischen Städten spielt sich hier das urbane Leben nicht um den Hauptbahnhof herum ab.

Es bewegt sich was – sogar beim Verkehr

Dabei ist es ja nicht so, als ginge nichts voran. Wer sich im Straßenver-kehr von Los Angeles aufmerksam umblickt, bemerkt die vielen Hy-brid-Autos, in denen inzwischen nicht nur die Filmstars herumfahren. Andererseits parken am besten Platz des größten Gebrauchtwagenhänd-lers der Region, bei »CarMax« in Burbank, die Mercedes-Limousinen, Ford Mustang und Porsche Carrera – bereits ab 29.599 US-Dollar, bei 72.000 Meilen Leistung. Hybrid- und Kleinfahrzeuge sucht man hier vergeblich, aber auch die dicken Geländewagen parken ganz am Rand – ihr Umsatz ist in den letzten Monaten massiv gefallen. »CarMax« ver-sorgt seine Kunden mit Informationen über Polsterfarben und Power-windows, aber nirgendwo ein Wort darüber, wie viel Sprit die Autos schlucken. Bürgermeister Antonio Villaraigosa hat erklärt, er werde die Stadt zur »grünsten Stadt Amerikas« machen – aber auf dem La Cie-nega Boulevard findet man sich plötzlich mitten in einem Ölfeld wie-der, wo Dutzende altertümlicher auf- und niedernickender Pumpen den Rohstoff aus dem Boden saugen. Dann wieder bemerkt man bei einem Besuch auf dem UCLA-Campus, dass die Stadtplaner von Los Angeles nicht immer nur die autogerechte Stadt im Blick hatten. Hier in Westwood im Westen der Stadt breiten sich grüne Rasenflächen aus, hohe Bäume werfen kühlen Schatten, Vögel zwitschern und das Brausen des Verkehrs ist weit entfernt. Von vielen Teilen des Geländes sind Autos verbannt, überall sind Fußgänger unterwegs, die auf dem Weg zur Arbeit, zum Café oder zu einer Kulturveranstaltung sind. Leise kurven Müllabfuhr und elektrische Versorgerkarren über die Wege: Lebensqualität für das akademische Milieu.

Mit den Bussen und Bahnen der MTA fahren dagegen vor allem Arme, die sich die 700 US-Dollar nicht leisten können, die alles in allem ein Auto im Monat kostet. Die Verkehrsbehörde hat für deren Mobilität große Ziele: Bis 2030 soll der »Long Range Transportation Plan« weitere 50 Kilometer Straßenbahn bauen und noch mal etwa 30 Kilometer für Carpools reservieren, die Straßen so optimieren, dass die Durchschnittsgeschwindigkeit nicht von rund 50 auf gut 20 Stundenkilometer sinkt. Im Plan der kalifornischen Regierung, die Treibhausgase bis 2020 um 25 Prozent zu reduzieren, werde MTA »immer wichtiger«. Das Transportunternehmen will dafür viel Geld ausgeben: 152 Milliarden US-Dollar. »Davon fehlen uns noch 60 Milliarden«, gibt Sotero gleich zu. Gerade hat die MTA den Vorschlag gemacht, die Mehrwertsteuer um einen halben Cent anzuheben und das Geld in den öffentlichen Verkehr zu investieren – keine sehr populäre Idee in einem Moment, in dem das Benzin teurer wird und das Land in eine Rezession rutscht.

Das Klimaziel kommt unter die Räder

Sotero argumentiert völlig unkalifornisch – aus der Defensive. Sein nur gebremster Optimismus wird verständlich, wenn man all die schönen Zahlen von MTA näher unter die Lupe nimmt: Denn gerade mal vier Prozent der täglichen Pendler im Großraum L.A. nutzen Busse und Bahnen für den Weg zur Arbeit. Und wenn MTA all die 152 Milliarden US-Dollar, die sie gar nicht hat, verbauen kann, wird dieser Anteil bis 2030 bestenfalls »konstant bleiben«. Was das für die Klimawirkung des Verkehrs bedeutet, steht in einer der MTA-Broschüren. Im besten Fall sinken demnach die CO_2-Emissionen um etwa ein Prozent in 2030. 152 Milliarden US-Dollar für ein Prozent. Dabei macht der Verkehr in Kalifornien 41 Prozent der Treibhausgasemissionen aus. Und selbst mit einem gigantischen Investitionsprogramm können die CO_2-Emissionen im wichtigsten Verkehrsraum des Sonnenstaats gerade mal stabilisiert werden. Wo also sollen die Reduktionen für das Klimaziel Kaliforniens herkommen? Darauf hat in Los Angeles niemand eine Antwort.

Und auch der Öko-Käfer kann nicht mehr helfen. Nah am Internationalen Flughafen Los Angeles drängeln sich die Besucher vor den Autovermietungen von Hertz oder Budget schon in langen Warteschlangen, noch ehe sie überhaupt ein Auto haben, um am allgemeinen Gestaue teilzunehmen. »Bio Beetle Eco Rental Cars« war da eine echte Alternative: VW-Käfer, die Pflanzenfett aus Fastfood-Restaurants fuhren und Abgase der Duftnoten Doughnuts und Popcorn verbreiteten. Das Unternehmen sollte im »Umweltstaat Kalifornien und der Autohauptstadt der Welt«, erfolgreich sein, erklärte Gründer Shaun Stenshol 2006 bei der Einweihung. Zwei Jahre später waren die Bio Beetles sang- und klanglos wieder verschwunden.

Klima-Steckbrief USA

Bevölkerung:
304 Mio.

Pro-Kopf-Einkommen:
46.000 US-Dollar

Pro-Kopf-CO_2-Ausstoß:
20 Tonnen (Rang 7)

Verantwortung für den Klimaschutz (RCI-Faktor):
32 Prozent

Kosten für effektiven Klimaschutz pro Kopf und Jahr:
733 US-Dollar

Besondere Kennzeichen:
wichtigster Klima-Akteur weltweit;
Siedlungsstrukturen, Größe des Landes und Konsummuster verlangen
billige Energie

Quellen: CIA/EcoEquity/Böll, WRI, eigene Berechnung

Airlines und Flugzeugbauer

Blindflug in die Zukunft

Die Flugindustrie wird von der Politik gehätschelt und von den Kunden verehrt. Doch ihr Beitrag zum Klimawandel ist viel höher, als sie zugibt. Und er wird immer wichtiger, weil die Branche boomt. Technische Lösungen oder gar Kursänderungen zeichnen sich nicht ab.

Sattes, leuchtendes Grün umschmeichelt den Rumpf des Flugzeugmodells, das von der Decke der abgedunkelten Halle hängt. Dynamische Musik dröhnt aus den Boxen. Hinter dem Flugzeug leuchten in schneller Folge Bilder auf: Grüne Wälder, blaue Seen, unberührter Regenwald, glückliche Kinder. Das Wort »Cleaner« leuchtet von der Leinwand, dann »Greener«, »Quieter« und »Smarter«. Präsentiert wird »a new generation, a new experience« – der neue Riesen-Airbus A 380. Glaubt man seinen Erbauern, ist dieses Flugzeug die Zukunft der zivilen Luftfahrt.

Es ist der 15. Oktober 2007 im südfranzösischen Toulouse. Ein ungemein wichtiger Tag für Airbus. Ein Jahr voller Pech und Pannen liegt hinter dem deutsch-französischen Konzern, in dem die Medien beim Thema Airbus nur von Verzögerungen, Machtkämpfen, Entlassungen und Skandalen berichteten. Jetzt endlich kann Airbus sein erstes Riesenflugzeug A 380 an den Käufer Singapore Airlines übergeben. Und macht aus der schlichten Lieferung einer bestellten Ware vor der versammelten Weltpresse eine Werbeshow für das größte und nobelste Passagierflugzeug, das je gebaut wurde – und das nach dem Willen seiner Konstrukteure und Käufer noch einen anderen Superlativ tragen soll: Das umweltfreundlichste Flugzeug der Welt.

Dieser Begriff galt lange als Widerspruch in sich. Doch der Wettbewerb über den Wolken ist hart. Und Airbus hat erkannt, dass es den

US-Konzern Boeing, seinen Konkurrenten im Kampf um die globale Lufthoheit beim Bau von Passagier- und Frachtflugzeugen, auch auf der Öko-Schiene überholen kann. Ein grünes Image ist ein Marketingvorteil in einer Öffentlichkeit, die den Klimawandel gerade heiß debattiert, als Airbus seinen Riesenvogel vorstellt. Die Vorteile werden deshalb auch immer wieder betont: Der A 380 befördert im Durchschnitt 550 Passagiere, mit insgesamt geringerem Verbrauch als seine Konkurrenten. Die Reduktion um 20 Prozent beim Pro-Kopf-Verbrauch macht ihn laut Singapore Airlines zum »Flugzeug mit der niedrigsten CO_2-Emission pro Passagier«. Er ist deutlich leiser nach außen und innen, er braucht weniger Platz für Start und Landung und hat bessere Kabinenluft als der Jumbo-Jet von Boeing. Neu, schick und effizient: Der A 380 trägt einen großen Anteil daran, dass 2007 insgesamt 1.280 Airbusse bestellt wurden – so viel wie nie zuvor. Und dass der Konzern 160 Milliarden US-Dollar einnahm.

Der CO_2-Schatten fliegt mit

Eine Erfolgsgeschichte, wie die Journalisten und Manager sie lieben, die an diesem 15. Oktober 2007 ins »Henri Ziegler Delivery Centre« nach Toulouse gekommen sind. Nach der Multimediashow und den Dank- und Lobreden von Airbus-Chef Tom Enders und Singapore Airlines-Chef Chew Choon Seng teilt sich der nachtblaue Vorhang an der Stirnseite des Saals. Aus einer Glasfront blicken die Zuschauer gespannt aufs Rollfeld des Airbus-Werks. Dort wird der A 380 mit dem Schriftzug der Singapore Airlines langsam herangerollt. Die Flügel blitzen in der Sonne, das Flugzeug mit den Ausmaßen eines Ozeandampfers kommt näher und näher, bis die Nase des Cockpits direkt vor den Fenstern zum Halten kommt und die Pilotenkanzel zum Greifen nahe ist. Die 500 handverlesenen Gäste erheben sich zu begeisterten Standing Ovations. Der A 380 ist am Ziel.

Man kann das Multimediaspektakel von Toulouse aber auch anders deuten. Denn auf den Bildern von unzerstörten Regenwäldern, intakter Natur und glücklichen Menschen liegt immer ein Schatten: Der A 380. Er steht dafür, dass der Flugverkehr zum Fluchverkehr wird. Denn der Beitrag der Fliegerei zum Klimawandel, den Flugzeugbauer und Airlines mit allen Mitteln klein reden, ist gewichtig und wird immer gewichtiger. »Der Anteil des Luftverkehrs an den vom Menschen verursachten reinen CO_2-Emissionen wird zurzeit mit circa 2,2 Prozent bemessen«, erklärt etwa die Lufthansa. Das aber ist höchstens ein Drittel der Wahrheit. Denn neben CO_2 emittieren die Düsen der Jets andere Schadstoffe wie Stickoxide, die effektiv die Atmosphäre aufheizen, ebenso wie die Abgaswolken der Jets dies tun. Schon 1999 errechnete das IPCC in einer eigenen umfangreichen Studie »Luftfahrt und die globale Atmosphäre«, dass die Klimawirkung der Jet-Abgase (RFI-Faktor) 2,7-mal stärker als der reine CO_2-Ausstoß war. Rechnet man wie das deutsche Umweltbundesamt mit dem Faktor 3, liegt die Mitschuld des Flugverkehrs bereits bei 6,6 Prozent – mehr als doppelt so viel, wie ganz Deutschland zum Klimawandel beiträgt. Andere Studien taxieren den Anteil auf das Doppelte.

Wachstum bremst Klimaschutz aus

Hinzu kommt: Der globale Flugverkehr wächst in rasantem Tempo. Staatliche Subventionen für den Bau von Flugzeugen und Flughäfen, die Reiselust der globalen Konsumenten und die wirtschaftliche Globalisierung haben eine Boom-Branche geschaffen, die unersättlich neue Märkte sucht und schafft. Privatisierung, Deregulierung und Steuerfreiheit für Tickets und Kerosin haben Billigflieger an den Himmel gebracht, die »Sizilien für 99 Cents« möglich machen. Airbus selbst rechnet mit einer Verdopplung des weltweiten Flugaufkommens in den nächsten 15 Jahren: Zwischen 2019 und 2020 wird nach diesen Zahlen allein der Zuwachs im Flugverkehr größer sein als der gesamte weltweite Flugverkehr von 1969. Das britische Tyndall-Center hat errechnet, was das für Großbritannien bedeuten würde: Wenn die Regierung ihre Klimaschutzpolitik auf den anderen Sektoren durchsetze, aber den Flugverkehr wie bisher außen vor ließe, machten 2050 die Abgase aus den Jets 50 Prozent des gesamten britischen CO_2-Budgets aus – die Klimawirkung eingerechnet sogar 134 Prozent. Kein Wunder, dass die EU-Kommission anhand solcher Prognosen befürchtet, allein der Flugverkehr könne alle europäischen Erfolge beim Klimaschutz zunichte machen.

Brüssel will deshalb den Flugverkehr so behandeln wie andere Großverschmutzer auch: Ab 2012 sollen auch Fluggesellschaften in den Emissionshandel einbezogen werden und die Emissionen aller ihrer Flüge entweder reduzieren oder dafür bezahlen. Eine Maßnahme, gegen die die Airlines Sturm fliegen. Anders als die »Treibstoffzuschläge«, die sie ohne größere Proteste bei steigenden Spritpreisen erheben, meinen sie die Kosten für den Emissionshandel nicht an die Passagiere weitergeben zu können. Und erst recht erscheinen ihnen etwa die

82 Euro zusätzlich für den Flug Frankfurt–New York und zurück nicht akzeptabel – so hoch ist der Preis, den der seriöse Emissionsrechner atmosfair angibt, um pro Kopf den Klimaschaden einer solchen Reise zu kompensieren.

Angriff als beste Verteidigung alter Privilegien

Die Strategie der Luftfahrtindustrie heißt Gegenangriff. Vor allem der Chef der deutschen Lufthansa, Wolfgang Mayrhuber, macht mit markigen Sprüchen von sich reden: »Der Umwelt zuliebe müsste man jede Strecke ab 350 Kilometer fliegen«, tönte der Oberflieger – konnte aber auf Nachfrage nicht belegen, warum die Flugzeuge so ökofreundlich sein sollen. Immerhin wirbt die Lufthansa damit, ein voll besetztes Flugzeug verbrauche pro Passagier nur 4,4 Liter auf 100 Kilometern. Auch Airbus wirbt damit, der A 380 sei ein »Dreiliter-Flugzeug«. Nimmt man den Lufthansa-Vergleich ernst, könnte jeder Autohersteller damit werben, sein fünfsitziger Pkw schlucke nur 22 Liter auf 100 Kilometern – ganz zu schweigen von der höheren Klimaintensität der Flugzeugabgase. Und schließlich erinnert das »Greenpeace Magazin« daran, dass Fliegen global betrachtet einer zwar wachsenden, aber immer noch sehr kleinen Gruppe von Privilegierten möglich ist: »95 Prozent der Weltbevölkerung hat noch nie ein Flugzeug von innen gesehen.«

Rückblende: Juni 2007, die Vorpremiere des Supervogels: Zehntausende von Menschen sind auf das Flugfeld von Le Bourget im Norden von Paris gepilgert, um einen Blick auf den ersten A 380 zu werfen. Auf dem ehrwürdigen Boden, wo am 21. Mai 1927 der amerikanische Flugpionier Charles Lindbergh nach seiner historischen Überquerung des Atlantiks im Alleinflug landete, will auch Airbus ein neues Kapitel im Luftverkehr schreiben. Nach der Landung taufen die Wasserspritzen der Flughafenfeuerwehr den Riesenflieger, das Bodenpersonal winkt begeistert und die Zuschauer beim »Flugsalon Le Bourget« stürmen die Maschine: Geräumige Sitze auch in der Economy-Klasse, Schlafkabinen (allerdings mit Sex-Verbot) für die kaufkräftige Kundschaft und erstklassiges Design machen den Monstervogel zum Kultobjekt. Das ist Klimaschutz, wie ihn Airbus liebt.

Schließlich ist in diesem Jahr 2007 Klima auch ein großes Thema bei der Flugzeugschau in Le Bourget. Und die Luftfahrtindustrie präsentiert ihre Ideen für Lösungen: Eine einheitliche europäische Flugkontrolle, die überflüssige Warteschleifen verhindert; Bio-Treibstoffe der nächsten Generation – Boeing experimentiert mit Algen als Basis für Kerosin – oder die Vision des »Zero Emission Airplane«, dessen Brennstoffzelle allerdings bislang gerade mal genug Schub entwickelt, um einen einzigen Menschen in die Luft zu bringen. Die Flugzeugbauer selbst haben einen genialen Plan, wie man dem Klimakiller Luftverkehr auf den Leib rücken sollte: »Die alten Flugzeuge müssen vom Markt«, sagt Rainer Ohler in der VIP-Lounge von Airbus. »Die fliegen zu lange, wenn sie in Europa und den USA ausgemustert werden und im Rest der Welt noch weiterfliegen«, sagt der Marketingverantwortliche von Airbus. »Die Flotte zu ersetzen, das bringt sofort was« – vor allem Umsatz für die Flugzeugbauer.

Ohler sitzt in der Baracke, der Airbus mit neuer Farbe und gestärkten Tischdecken den Anstrich eines Edelrestaurants gegeben hat. Am Buffet gibt es Rindfleischbraten mit Sojasprossen, auf den Tischen wartet offener Rotwein »Chateau Sainte Marie 2005« und Badoit-Wasser auf die handverlesenen Gäste. Auf der Terrasse sonnen sich einträchtig Journalisten und Geschäftsleute. In Rufweite parkt der Airbus »August Euler« von der Flugbereitschaft der Bundesluftwaffe. »Die reiche Großindustrie ist natürlich immer ein leichtes Ziel der Kritik«, beschwert sich Ohler, »aber niemand traut sich, der Oma zu sagen, sie soll ihre Heizung auswechseln.«

Rainer Ohler weiß aber auch: Es gibt eine Frage, »auf die hat keiner eine Antwort, keiner: ›Was ist mit dem Wachstum?‹« Denn selbst wenn alle Blütenträume von effizienteren Flugzeugen und neuem Sprit wahr werden – die Zunahme im Flugverkehr frisst alles wieder auf. Und wenn die anderen Sektoren ihren CO_2-Ausstoß drastisch reduzieren, steigt der relative Anteil des Fliegens immer mehr. »Es wird nicht reichen, auf dem technologischen Stand zu bleiben«, sinniert Ohler, »das Wachstum ist Realität.« Wie groß das Problem ist, haben die Flugzeuge bereits bewiesen: So hat sich zwischen 1970 und 2000 der Kerosinverbrauch pro Kopf etwa halbiert. Doch der schöne Effizienzerfolg hat der Umwelt nicht geholfen – denn gleichzeitig wurden fünfmal mehr Kilometer geflogen.

Das CO_2 auf internationalen Flügen ist vogelfrei

Ohlers nachdenkliche Stimme geht im Geheul eines Militärjets unter, der über das Ausstellungsgelände fegt. In Le Bourget treffen sich die Geschäftemacher, nicht die Bedenkenträger. Und auch Airbus und sein neuestes Produkt haben hier viele mächtige Fans. Die Politik liebt als

Symbol eine eigene nationale Airline, Air France und Airbus genießen etwa in Frankreich den Sonderstatus einer strategischen Branche, wo man politische Liaisons schmiedet und nicht jeden investieren lässt. Die Förderung des Luftverkehrs, der Ausbau der Flugkapazität steht nach wie vor in allen staatlichen und zwischenstaatlichen Grundsatzpapieren. Die Flugindustrie ist so wichtig, dass die Staaten im Kyoto-Protokoll schlicht eine Regel »vergessen« haben, welchen Staaten die Emissionen von internationalen Flügen zuzurechnen sind. Statt der einleuchtenden Lösung – Halbe-Halbe zwischen Start- und Landestaat – diskutiert die Flugindustrie seit zehn Jahren die Frage der bequemerweise staatenlosen Emissionen in ihrem eigenen Gremium ICAO. Ohne Resultat.

Schließlich päppelt die Politik die Luft- und Raumfahrtindustrie, weil sich nur hier die milliardenschweren militärischen Entwicklungen neuer Kampfjets oder Hubschrauber realisieren lassen. Auch in Le Bourget sind gleich neben Airbus die F-16 Kampfjets der US-Firmen General Dynamics und Lockheed Martin zu sehen, ein Hubschrauber der französischen »Armee de l'air« breitet stolz alle seine Waffen vor sich auf dem Boden aus und die Zuschauer klettern auf einem Jagdflugzeug Marke »Rafale« herum. Und auch die vierte Gewalt hat bereits eingecheckt: Die Journalisten der Fachpresse fachsimpeln an den Tischen mit Airbus-Managern, die wiederum deren Lebens- und Karrierelauf genau verfolgen. »Netter Kerl«, heißt es über einen amerikanischen Journalisten »immer fair geblieben, auch als wir Probleme hatten«. Die Journalisten danken es auf ihre Weise und stricken mit an der Geschichte der grünen Flieger: »Die Luftfahrtindustrie tut sehr viel, um die Emissionen zu reduzieren«, sagt ein Redakteur vom führenden Branchenblatt »Flugrevue«, »sie wird zu Unrecht an den Pranger gestellt.« Doch gerade beim Flugzeugbau legen die Entscheidungen von heute die Emissionen für morgen und übermorgen fest. Die neue Flotte von CO_2-Bombern, der A 380 und sein Boeing-Gegenstück »Dreamliner«, sollen 60 Jahre lang fliegen. Und somit ihre Klimawirkung etwa so lange zementieren wie ein Kohlekraftwerk.

Auf dem Boden bleiben heißt die Lösung

Es könnten die »Love Miles« sein, die unser Klima irreparabel schädigen, schreibt der britische Umweltschützer George Monbiot in seinem Buch »Heat«: Die Flüge zu Freunden und Bekannten rund um den Globus, die die globalisierte Konsumentenklasse als ihr gutes Recht betrachtet. In weniger als einer Generation ist der Ferienflug auf die Kanarischen Inseln, zur Hochzeit in die USA und die Recherchereise nach Indien zum Alltag geworden. Während der internationale Schiffsverkehr zur Frachtabteilung des Welthandels herangereift ist, wurde das globale Flugnetz zur Passagierklasse der Globalisierung – eine Belastung, für die es keine Lösung zu geben scheint. Monbiot etwa findet nach akribischer Recherche für alle anderen Klimabelastungen (Energie, Bodenverkehr, Wärmebedarf von Häusern etc.) Lösungen, die den jetzigen Lebensstandard ohne Verzicht zu weitaus geringeren oder gar ohne Klimabelastungen ermöglichen. Nur für den Flugverkehr hat er »keinen Trost anzubieten«. Eine notwendige Reduzierung der Klimagase um 90 Prozent in den Industriestaaten bedeutet für ihn »das Ende für Shopping Trips nach New York, Partys in Ibiza, Zweithäuser in der Toskana und politische Versammlungen in Porto Allegre«.

Ein Gedanke, der wachstumsorientierten Airlines den Schweiß auf die Stirn treibt. Sie verlassen sich bei ihrem klimapolitischen Blindflug lieber auf ihre eigene Sicht der Dinge. Ihren Kunden präsentieren Unternehmen wie Lufthansa oder Swiss inzwischen auch die Chance, ihre Flüge angeblich klimaneutral zu gestalten (vgl. S. 234 ff.). Auch der Billigflieger easyjet argumentiert, dass die Airline mit modernen Maschinen und direkten Verbindungen etwas Gutes für die Umwelt tue und ihre Passagiere mit »27 Prozent weniger CO_2-Emissionen pro Passagierkilometer als traditionelle Fluggesellschaften« transportiere. Und so gibt easyjet in seinem Passagiermagazin den Reisenden auch Ökotipps für den Skiurlaub: Der orange Billigflieger empfiehlt die Skiorte Lech und Neustift in Österreich für ihr grünes Profil: Das zeige sich im Biomasse-Kraftwerk, in den Solarpaneelen auf den Dächern, den Pistenraupen mit Biodiesel und dem Mehrweg-Geschirr. Und easyjet hat auch einen Tipp für alle schneebegeisterten Umweltschützer, wie man am besten in diese Öko-Oasen reist: »Fly to Innsbruck«.

Klima-Steckbrief Flugzeugbranche

Passagiere weltweit (2007):
2,25 Mrd.

Nettogewinn der Airlines (2007):
485 Mrd. US-Dollar

Klimawirkung pro Passagier/Flug:
440 Kilogramm CO_2

Staatliche Subventionen:
bis zu 20 Prozent des Nettogewinns einzelner Airlines,
11–13 Prozent des Umsatzes bei Airbus

Besondere Kennzeichen:
Nur ein Viertel aller Flugpassagiere sind Geschäftsreisende. Der Rest ist aus
privaten Gründen in der Luft.

Quellen: IATA, UBA, atmosfair

Das Konsumparadies Dubai plant die Öko-Revolution

Den Klimaschutz in die Wüste geschickt

*Das Einkaufsparadies am Persischen Golf zieht Shoppingfans aus der
ganzen Welt an und beutet seine Öl- und Gasreserven rücksichtslos aus.
Seit kurzem aber haben die Scheichs begonnen, ihre Petrodollars
zukunftssicher anzulegen. Sie planen gigantische Klimaschutz-Projekte.*

Der Schnee ist ideal: Griffig, nicht zu nass, sauber von der Pistenraupe
geglättet. Die Carving-Ski können auf der breiten Piste gut kurven, der
Hang ist angenehm schnell, aber nicht halsbrecherisch. Nach ein paar
Schwüngen nähert sich schon die Mittelstation: Laute Rockmusik be-
schallt die Piste. Vorbei an den Anfängern, die vorsichtig im Schnee-
pflug ihre Bogen fahren. Durch die Sperre und zum Schlepplift; keine
Warteschlange und eine freundliche Bedienung. Schon geht es wieder
nach oben, vorbei am Restaurant »St. Moritz«, wo ein Kaminfeuer auf
dem Bildschirm flackert. Die Kälte beißt den Skifahrer in Händen und
Wangen.

Der Ausflug auf den Skihang ist ein gelungener Nachmittagsspaß.
Manches ist allerdings etwas anders als beim Skifahren in den Alpen.
Das Licht ist ein bisschen trüb, es fehlt die gleißende Wintersonne auf
dem Schnee. Auch das Panorama macht in den Bergen mehr her. Hier
starrt man auf die graublaue Hallenwand und erfreut sich an einer Foto-
tapete mit schneebedeckten Bergen. Und dieses gelbe Schild unter dem
Sessellift sucht man auf einer europäischen Skipiste auch vergeblich:
»Shell hilft uns, die Umwelt sauber zu halten.«

Aber dies ist ja auch keine europäische Skipiste. Es ist die erste Skipiste Arabiens. »Ski Dubai« lockt mit 6.000 Tonnen Schnee, einem Skihang von 400 Metern und einem Höhenunterschied von 80 Metern
jeden Tag Tausende von Menschen in die »Emirates Mall« im Westen

von Dubai. Für umgerechnet 30 Euro bekommen die Besucher Ski, Stiefel und Kleidung gestellt und können zwei Stunden Schnee erleben. Für viele Besucher ist es das erste Mal, dass sie die weiße Pracht sehen, anfassen und sich im Kinderparadies damit gegenseitig einseifen können. »Die beste Geschäftsidee der Welt«, nennen die Veranstalter die Halle von der Größe dreier Fußballfelder, die so viel Strom verschlingt, dass der Verbrauch als Betriebsgeheimnis gehütet wird: »Vormittags am Strand, nachmittags Skilaufen«. Und danach zum Shopping in die Mall. Gegenüber der großen Fenster, auf denen die Menschen in T-Shirt und Freizeitkleidung den Skiläufern zusehen, begutachten drei vollverschleierte Frauen beim Nobel-Couturier La Perla schulterfreie Abendroben und durchsichtige Spitzen-BHs. Elektronik, Spielzeug, Luxuskleidung, Sportartikel, Lebensmittel aus der ganzen Welt, in der »Emirates Mall« gibt es alles und das auch noch zu steuerfreien Preisen. »Luxury on Land, Air and Sea« wirbt die Damac-Immobiliengesellschaft mit großen Plakaten und ködert Kunden mit einem Sonderangebot: Für den Kauf jedes Appartments gibt es einen BMW oder Bentley gratis dazu.

Spitzname »Do Buy«

Das Emirat Dubai in den Vereinigten Arabischen Emiraten (VAE) ist ein muslimischer Staat; aber die eigentliche Religion hier heißt Konsum. In dieses moderne Mekka pilgern die Menschen aus allen Himmels- und Glaubensrichtungen. Draußen, vor der »Emirates Mall«, wachsen die neuen Kathedralen des Konsums in den Himmel. Der 800 Meter hohe »Burj al Arab«, das höchste Haus der Welt, thront über seiner Nachbarschaft. Rechts und links der vierzehnspurigen »Sheik Zayed Road«, der Küstenautobahn, die Dubai mit Abu Dhabi verbindet, stampfen Investoren gläserne Hoteltürme und Bürogiganten aus dem Boden, wo noch vor drei Jahren Wüste war. Das Land ist hungrig nach Superlativen: Das höchste Haus der Welt, das größte Möbelhaus der Welt, das größte Aquarium der Welt, sogar der Supermarkt »Safeway« heißt hier »Safestway«. Dubai ist das Land mit den meisten Eintragungen im Guinnessbuch der Rekorde.

Und es bemüht sich noch um einen weiteren Rekord: Je nachdem, wie man rechnet, bläst jeder der 4,2 Millionen Einwohner jährlich zwischen 24 und 44 Tonnen des Treibhausgases in die Luft. Damit haben die Emirate weltweit einen der höchsten CO_2-Ausstöße pro Kopf. Ob zusätzlich noch der »ökologische Fußabdruck«, der Verbrauch von Energie und Ressourcen, in den VAE wirklich der allerhöchste der Welt ist, darum streiten sich die Regierung und der Umweltverband WWF. Klar ist aber auch hier: Ein Land mit einer kleinen Bevölkerung und hohem Lebensstandard, mit Temperaturen im Sommer zwischen 40 und 50 Grad Celsius, praktisch ohne Wasser und Landwirtschaft, dafür mit Öl und Gas im Überfluss, ein solches Land hat fast zwangsläufig einen riesigen »ökologischen Fußabdruck«. Die VAE sind ein Beispiel für die These der Wissenschaftler Wolfgang Sachs und Tilman Santarius vom Wuppertal Institut für Klima, Umwelt, Energie, dass »Gesellschaften umso reicher sind, je höher ihr Ausstoß an CO_2 ist«. Die Gesellschaften am Persischen Golf sind Täter und Komplizen im Klimakrimi. Einerseits durch den verschwenderischen Lebensstil ihrer Elite und vor allem durch den Grund für den märchenhaften Reichtum im Scheichtum: Die Versorgung der öldurstigen Welt mit den Tatwerkzeugen der Klimaveränderung. Und seit kurzem sind sie auch noch ein Beispiel dafür, welchen Schaden eine zügellose globale Konsumgesellschaft dem Klima zufügt.

Das Silicon Valley der erneuerbaren Energien

Sultan Ahmed al Jaber will beweisen, dass das Gegenteil wahr sein kann. Der groß gewachsene Mann tritt ans Mikrofon und spricht von einer der »ambitioniertesten und wichtigsten Unternehmungen in der heutigen Welt«. Zu seiner linken Hand hat er die Autobahn, Tempolimit 160, wo der Liter Benzin 25 Eurocent kostet; vor ihm den internationalen Flughafen von Abu Dhabi, wo sich gerade eine Linienmaschine dröhnend von der Startbahn erhebt; ein paar Kilometer draußen vor der Küste die Bohrinseln, die jeden Tag 2,6 Millionen Barrel Rohöl fördern, so viel wie ganz Deutschland an Öl verbraucht; und hinter sich nichts als ockerfarbene Wüste: Sand, Steine, zerzauste Büsche. Doch al Jaber hat noch mehr hinter sich: Das Geld und die Macht der sagenhaft reichen Emirate und eine Vision ihrer Führer: Genau hier, im El Dorado von spottbilligem Öl und Gas, soll eine Öko-Oase entstehen, wo die Zukunft der sauberen Energien gedacht und gemacht wird.

Eine funkelnagelneue Stadt für 50.000 Bewohner, ohne Treibhausgasemissionen, ohne Abfälle, ohne Autos, angetrieben von 100 Prozent Strom aus erneuerbaren Energien und dem Elan der klügsten Köpfe aus der ganzen Welt – das ist »Masdar«. Jedenfalls zeigen das die Computeranimationen und Grafiken, die bei der Grundsteinlegung vor den Toren von Abu Dhabi im malerischen Sonnenuntergang gezeigt werden: »Höchste Lebensqualität und niedrigster ökologischer Fußabdruck« ist der Slogan für eine Stadt von 6,5 Quadratkilometern, angefüllt mit extrem energieeffizienten Häusern, kurzen Fußwegen, immergrünen Parks, einer Schwebebahn und Elektroautos, die aussehen wie doppelte Telefonzellen. »»Masdar‹ wird das Silicon Valley der erneuerbaren Energien«, sagt Sultan Ahmed al Jaber, der Vorsitzende der Masdar-Entwicklungsgesellschaft, als das Laser- und Stereospektakel in der Wüstennacht verklungen ist. Aus der ganzen Welt sollen Forscher, Firmen und Institute kommen, um hier unter besten Bedingungen nach Lösungen für erneuerbare Energien und nachhaltige Entwicklung zu suchen. Zusätzliche Anreize: »Masdar« wird eine Freihandelszone, die Forscher behalten volle Kontrolle über ihre Patente und Forschungsergebnisse. Das Massachusetts Institute of Technology (MIT) aus Boston eröffnet schon nächstes Jahr ein Institut, aus Deutschland sind die RWTH Aachen und das Deutsche Luft- und Raumfahrtzentrum DLR an Bord. Die Finanzierung des 22-Milliarden-Dollar-Projekts sei kein Problem, verkündet al Jaber: Investoren und Banken ständen Schlange.

Sultan al Jaber ist der Rufer in der Wüste: Seit Jahren hat er für Masdar geworben, dieser Februarabend vor den Toren von Abu Dhabi ist sein großer Erfolg. Und der größte Erfolg ist, dass der Kronprinz von Abu Dhabi, Scheich Mohammed bin Zayed Al Nahyan, den Grundstein legt. Denn dieser kurze Auftritt zeigt: »Masdar« kann auf Rückendeckung aus der Politik der Vereinigten Arabischen Emirate zählen – politisch und ökonomisch. Die Emirate selbst investieren 15 Milliarden US-Dollar in Projekte, die mit »Masdar« verbunden sind: Forschung und Entwicklung von Solarenergie, das 100-Megawatt-Solarkraftwerk »Shams 1«, ein 500-Megawatt-Wasserstoffkraftwerk, die CO_2-Speicherung in alten Ölfeldern, ein reduziertes Abfackeln der Gase bei der Ölproduktion, Vermeidung von Methangasproduktion auf Müllkippen.

Strategische Weichenstellungen

Kurzfristig nötig haben das die Emirate nicht. Wie selten zuvor sprudeln die Öl- und Geldquellen am Persischen Golf. Und sie werden es noch lange tun, allein 100 Jahre reichen die Ölreserven der VAE auf jetzigem Niveau, die Gasreserven sind noch nicht mal richtig erschlossen. Durch den hohen Ölpreis haben die Emirate im letzten Jahr etwa 50 Milliarden US-Dollar eingenommen, schätzt das deutsche Bundesamt für Außenwirtschaft. Das Geld wird schon seit Jahren gut angelegt, im Land der billigen Energie sind energieintensive Stahl- oder Chemiewerke entstanden. Der staatliche Investmentfonds »ADIA« ist mit 875 Milliarden US-Dollar weltweit mit Abstand der größte Staatsfonds, der norwegische Ölfonds »Oljefondet« nimmt sich mit seinen 361 Milliarden dagegen beinahe mickrig aus. Die Airline Emirates ist mit einem Nettogewinn von 560 Millionen Euro in 2007 eine der fünf profitabelsten Luftgesellschaften weltweit. Und das Emirat Dubai mit seinen knapp 1,5 Millionen Einwohnern hat sich so erfolgreich als internationale »Shopping-Destination« entwickelt, dass die Betreiber der aktuell 35 riesigen Shopping-Malls damit rechnen, in den nächsten Jahren die Verkaufsräume auf 40 Millionen Quadratmeter zu verdoppeln – nur zum Vergleich: Berlin hat 4,4 Millionen Quadratmeter Verkaufsfläche und 3,5 Millionen Einwohner.

»Masdar« ist eine strategische Investition, sagt al Jaber, als er am Tag nach der Grundsteinlegung in seinem Büro in das tiefe Ledersofa sinkt. Er trägt Kandoora und Jelabia, die traditionell arabische Kleidung aus knöchellangem Mantel und Kopftuch, doch sein Englisch und seinen Blick auf die globale Energiepolitik hat er in Europa und in den USA geformt. »Wir wollen ein Global Player der Energiepolitik bleiben und außerdem zu einem Exporteur von Technologie werden«, fasst er seine Ziele zusammen. Sieht er die Ironie, mit Petrodollars eine Industrie aufzubauen, die die Schäden der fossilen Wirtschaft aufräumt? Al Jaber zuckt mit den Schultern. »Was können wir mit unserem Geld denn besseres machen, als es in saubere Technik zu investieren?« Er spricht nicht vom Ende des fossilen Zeitalters, schon deshalb nicht, weil er von seinem großzügigen Büro am Hafen von Abu Dhabi direkt auf die riesigen grauen Speichertanks der staatlichen Ölgesellschaft ADNOC blickt – wo er früher selbst als Manager gearbeitet hat.

Schwerreiches Entwicklungsland im Klimawandel

Am anderen Ende von Abu Dhabi hat El Waleed Hamad El Malik ganz andere Ausblicke. Der Abteilungsleiter in der Umweltbehörde von Abu Dhabi hat vor seinem Fenster die Wand des Nachbarhauses, eine lärmende Baustelle vor der Tür und das Luxus-Autohaus »Premier Autos Abu Dhabi« im Vorderhaus. El Waleed vertritt sein Land bei den Klimakonferenzen und setzt viel Hoffnung auf »Masdar« – vor allem auf einen echten Technologietransfer. Jahrelang, klagt er, habe er darum mit den Industriestaaten gerungen. »Das Kyoto-Protokoll sagt ausdrücklich, dass Entwicklungsländer Technologien aus den Industriestaaten bekommen sollen. Darum haben sich die entwickelten Länder immer gedrückt.« Jetzt könnten die Industrieländer endlich tun, was sie schon lange sollten: Saubere Technologien anbieten, Institutionen aufbauen und bei der Ausbildung von Technikern helfen. Aber wie viel von den »Masdar«-Erfindungen wird im Land bleiben, wie viel werden die ausländischen Firmen für sich beanspruchen?

Wer mit El Waleed spricht, fragt irgendwann: Wie bitte? Die Vereinigten Arabischen Emirate mit einem Bruttoinlandsprodukt von 55.200 US-Dollar pro Kopf (Deutschland: 34.400), mit kostenloser Krankenversorgung und freier Schule für alle Bürger, ein Entwicklungsland? Ein Land, dessen Pro-Kopf-Einkommen sich nach einer McKinsey-Studie bis 2020 wegen des hohen Ölpreises verdoppeln soll? »Wir sind reich«, gibt El Waleed sofort zu, »aber wir sind nicht entwickelt. Uns fehlen Bildung, Technik, Institutionen. Wir haben nie um Geld gebeten, sondern immer um technische Hilfe.«

Die Ökonomie verändert sich stärker als die Ökologie

»Das viele Geld aus dem Öl hat das Land bequem gemacht«, sagt dagegen Mohammed Raouf, Umweltforscher am Golf Research Institute in Dubai. »Die Region hat zehn Jahre seit Kyoto verloren, weil man die Klimawandeldiskussion als Angriff auf die eigene Lebensweise abgelehnt hat. Das hier ist doch ein ideales Land für Solarenergie, die Sonne scheint praktisch immer. Aber bisher hat sich darum niemand gekümmert.« Auch Projekte nach dem »Clean Development Mechanism« (CDM), mit denen sich ein Entwicklungsland eine Klimaschutzinvestition von Partnern aus einem Industrieland bezahlen lässt, gab es bisher nicht: »Was sind schon ein paar Millionen aus CDM-Projekten, wenn man Milliarden mit dem Öl verdient?«

Diese Haltung verändert sich gerade, beobachtet Raouf. In den Staaten am Golf, die bislang noch zwischen 25 und 60 Prozent ihres Staatshaushalts aus dem Verkauf von Öl und Gas decken, habe man gemerkt, »dass wir mit dem Kampf gegen den Klimawandel Geld verdienen können«. Jetzt bewegten sich die Dinge schnell, »es gibt viele Projekte in der Pipeline«. Auch die Golfländer sind etwa durch den Anstieg des Meeresspiegels bedroht, sagt Raouf, »aber die ökonomischen Auswirkungen der Debatte sind ungleich größer als die ökologischen«. Das »Masdar«-Projekt sei sehr wichtig für die Region, weil damit die Kompetenzen für neue Techniken oder für das Management eines CDM-Projekts in die Golfstaaten verlagert würden. Trotzdem weiß auch Raouf: 15 Milliarden US-Dollar für »Masdar«-Projekte sind eine Menge

Geld – doch die Investitionen in den Öl- und Gassektor werden in den nächsten Jahren noch doppelt so hoch sein.

Der Zivilgesellschaft fehlt die Stimme

Grundsätzliche Kritik an der Ökobilanz des Ölstaats gibt es kaum. Die größte Umweltgruppe, die Emirates Environmental Group (EEG) verweist auf den Einsatz von Umwelttechniken bei der Ölgewinnung, auf Absichten zur Effizienzsteigerung, auf die neuen Vorschriften für »grüne« Gebäude und auf einen allgemeinen Bewusstseinswandel bei Politik und Wirtschaft.

Die Vorsicht der Umweltschützer kommt nicht von ungefähr. Denn die Emirate sind keine Demokratie. Darauf hat auch der Herrscher von Dubai, Scheich Mohammed bin Rashid Al Maktoum, bei seinem Besuch in Berlin Anfang Februar 2008 ungerührt hingewiesen. Entscheidungen fällt der Herrscher, die Presse unterliegt im Zweifel der Zensur. Das Land hält sich ein Heer von rechtlosen Arbeitern aus Pakistan, Indien und Bangladesch, die für 300 Dirham (80 Euro) monatlich die Luxushotels und Exklusiv-Shopping-Malls hochziehen – für sie gilt: »Life bad, business good«. Frauen dürfen keine Ausländer heiraten und israelische Staatsbürger das Territorium der VAE nicht betreten. Anders als in westlichen Demokratien hat die Zivilgesellschaft kaum eine Stimme. Die Bürger werden gut versorgt und regeln ihre Probleme per Audienz beim Scheich. Der Vorteil, sagen ausländische Investoren: Wenn hier etwas geplant ist, dann wird es auch ruck-zuck gemacht. Einsprüche, Bürgerinitiativen, Klagen – alles kein Thema.

Konsum: der blinde Fleck beim Klimawandel

Das Land gleicht weniger einem Staat nach europäischem Muster als einer effizient geführten Shopping-Mall. In dieser Shopping-Mall trifft sich die »transnationale Verbraucherklasse«, wie das Wuppertal Institut für Klima, Umwelt, Energie die zahlungskräftigen Verbraucher in allen Ländern nennt. 1,7 Milliarden Menschen, mehr als ein Viertel der Weltbevölkerung, zählt demnach zu den Menschen, die pro Jahr und Kopf mindestens 7.000 Dollar zur Verfügung haben. Darunter leben etwa 900 Millionen Verbraucher in den Industrieländern und 800 Millionen in den Entwicklungsländern, heißt es in der umfangreichen Wuppertal-Studie »Fair Future«. Das Gewicht dieser Konsumenten auf die ökologischen Ressourcen des Planeten nimmt ständig zu. »Im Ressourcenverzehr verbreitet sich die Lebensweise des Nordens über die

Erde, und dessen Filialen im Süden konkurrieren inzwischen mit ihren Vorbildern um den globalen Umweltraum.«

Beim Klimawandel sind die Verbraucher eine unsichtbare Macht: Kaum jemand kalkuliert, welchen Anteil der energie- und rohstoffreiche westliche Konsumstil auf die globalen Treibhausgas-Emissionen hat. Für Deutschland hat das ifeu-Institut eine solche Berechnung vorgelegt: Gut 20 Prozent der 992 Millionen Tonnen Treibhausgase aus Deutschland von 2004 gehen demnach direkt auf den privaten Konsum zurück. Fast die Hälfte der Haushalts-Emissionen entstehen beim Energieverbrauch, 17 Prozent beim Transport, elf Prozent bei der Ernährung. Im Schnitt verursacht jeder Deutsche etwa elf Tonnen Treibhausgase pro Jahr, aber dieser Wert kann schwanken: ein »effizienter Lebensstil« bringt es auf nur etwa fünf Tonnen, ein »verschwenderischer« dagegen auf 14,5 Tonnen.

Es ist kaum zu sagen, wie groß im globalen Durchschnitt die Verantwortung der Verbraucher am Klimawandel ist – viel zu groß sind die Unterschiede beim Zugang zu Ressourcen weltweit und innerhalb der Staaten. Sicherlich, meinen Experten, könnte ein ähnlicher Wert wie 20 Prozent für die entwickelten Volkswirtschaften in Europa, USA, Japan, Australien und Neuseeland gelten. Berechnet man die Anteile von Industrie, Abfall, Bauwirtschaft, Verkehr und aus der Energiegewinnung, die letztlich auf den privaten Konsum zurückgehen, ist man schnell bei einem Anteil von über 50 Prozent, den wir Konsumenten an den globalen Treibhausgasemissionen haben.

Öko-Revolution auf arabisch

»Es wird bei ›Masdar‹ eine Menge Spill-over-Effekte geben«, ist sich Sultan Ahmad al Jaber sicher. Soll heißen: Irgendwas von den Erfindungen bleibt im Land hängen. Wird es auch kulturelle »Spillovers« geben? Ein Wandel im Lebensstil der Emirate, wenn sie eine Öko-Oase wie »Masdar« bei sich haben? Al Waleed vom Umweltministerium ist skeptisch: »In Europa sind es die Menschen, die Druck auf die politischen Führer machen. Hier haben wir diese Tradition nicht.« In den Emiraten wird die Öko-Revolution von oben ausgerufen – aber ob das eine Änderung im Lebensstil bringen kann? Grün ist hier die Farbe des Islam, nicht der Umwelt.

Die Grundsteinlegung für »Masdar« durch Kronprinz Zayed Al Nahyan macht jedenfalls nicht den Eindruck, als predige die Elite des Landes demnächst einen ressourcen- und energiearmen Lebensstil. Die

Hoheiten und Exzellenzen sind mit ihren spritdurstigen Geländewagen und Limousinen auf der Baustelle erschienen. Als der Wüstenwind kühl wird, suchen sie erst einmal unter ganz altmodisch gasbefeuerten »Heizpilzen« Schutz. Die Grundsteinlegung ist keine Öko-Zeremonie, sondern eine Demonstration ökonomischer Macht und politischer Entschlossenheit: Das machen wir jetzt! So rücksichtslos das Land seine Öl- und Gasvorkommen nutzt und seine Fremdarbeiter ausbeutet, so entschieden wollen sich die Öl-Emirate zum Öl-und-Öko-Scheichtum mausern. Nicht, weil sie so umweltbewusst geworden sind, sondern weil sie in den Technologien zur Bekämpfung des Klimawandels und zur Linderung seiner Folgen einen Wachstumsmarkt sehen: Eine Chance, Geld zu verdienen und vielleicht sogar ihre Gesellschaft zu modernisieren. »In zehn Jahren«, sagt Mohamed Raouf, »werden wir sehen, wie weit wir damit gekommen sind.«

Klimazeuge

»Wir merken beim Tauchen im Persischen Golf, dass sich etwas ändert: Seltsamerweise ist das Wasser kälter geworden, wir haben öfter schlechtes Wetter und stärkeren Wellengang. Mir ist es jetzt im Winter oft zu kalt, um zu tauchen, wenn das Wasser morgens nur zehn Grad hat, da hilft auch ein Tauchanzug wenig. Wir haben die Wissenschaftler gefragt, und sie sagen, dass sich das Meer anderswo erwärmt und dass es sich deshalb hier abkühlt.«

Ibrahim Al-Zu'bi, Taucher
und Umweltschützer,
Dubai, Vereinigte Arabische Emirate

 TÄTER

Die Erfolgsgeschichte der »Klimaskeptiker«

Geheimauftrag: leugnen, fälschen, verwirren

Die weltweite Gemeinde der »Klimaskeptiker« ist eine Mischung aus Wissenschaftlern, Lobbyisten und Internet-Irrlichtern. Ihre Thesen sind längst widerlegt, aber sie haben erfolgreich Zweifel gesät. Der Klimaschutz hat ein wichtiges Jahrzehnt verloren, während Kohle- und Ölindustrie, die Sponsoren vieler Skeptiker, enorme Gewinne verbuchen konnten.

Richard Lindzen hat Voltaire immer vor Augen. Aus dem Wohnzimmer seines Appartements im 11. Arrondissement von Paris blickt er auf das Lycée Voltaire – benannt nach dem scharfzüngigen Aufklärer, der Dinge ansprach, die niemand hören wollte. Und der gleichzeitig mit den Mächtigen seiner Zeit debattierte.

Das tut Lindzen auch. Für viele Wissenschaftler ist er der einzige wirklich ernst zu nehmende Klimaskeptiker. Aber wenn man ihm das vorhält, merkt man, dass er mit Voltaire noch eine andere Charaktereigenschaft teilt: Die Lust am Streit.

»Das sagt man nur, um mich zu isolieren und zu diskreditieren!«, ruft er erregt und fährt aus dem cremefarbenen Sofa hoch, wo er es sich gerade bequem gemacht hat. Sofort zählt er mehrere Wissenschaftler auf, die nach seinen Angaben den allgemeinen Konsens zum Klimawandel in Teilen oder in Gänze ablehnen. »Es gibt keinen wissenschaftlichen Konsens zum Klimawandel«, ist Lindzens Credo, das er seit Jahren lautstark verkündet.

Der Mann ist nicht irgendwer. Er ist Professor für Meteorologie am renommierten Massachusets Institute of Technology (MIT) in Boston und Klimawissenschaftler mit internationalem Ruf – inzwischen vor allem dem eines Mahners, den Klimawandel nicht zu ernst zu nehmen. »Am Anfang meiner wissenschaftlichen Karriere dachte ich auch, Klimawandel sei ein großes Problem«, erinnert sich Lindzen amüsiert. »Je älter ich werde, desto unwichtiger wurde es. Ich bin einer der ganz wenigen Wissenschaftler, die von ihrem Thema sagen, dass es weniger wichtig ist, als seine Umgebung denkt.«

Diese Umgebung haben Lindzen und seine Alliierten jahrelang bearbeitet. Mit durchschlagendem Erfolg. Ihre zum größten Teil widerlegten Argumente sind nicht totzukriegen und tauchen weltweit immer wieder in den vor wichtige klimapolitischen Weichenstellungen geführten Diskussionen auf. In Verbindung mit dem Geld der Öl- und Kohlelobby haben die Skeptiker seit zwanzig Jahren die Debatte beim größten und wichtigsten Akteur, den USA, dominiert – bis ihre Meinungen zur offiziellen Politik Washingtons wurden. Geschickt im Spiel der Mediendemokratie, befeuert von viel Geld und skrupellos beim Umgang mit Wissenschaftlern und Politikern haben die Skeptiker die zehn Jahre von 1997 bis 2007 zum verlorenen Jahrzehnt des Klimaschutzes gemacht. Zehn Jahre, in denen die USA das Kyoto-Protokoll torpediert haben, in denen die weltweiten Emissionen von Treibhausgasen massiv zu- und nicht abgenommen haben, in denen Zeit, Geld und politischer Wille verschwendet wurden, mit denen man Auswege aus der Klimafalle hätte suchen können. Es waren auch zehn Jahre, in denen die Öl-, Gas- und Kohlekonzerne mit steigenden Energiepreisen Gewinne einfuhren wie noch nie – allein der Branchenprimus ExxonMobil hat in diesem Jahrzehnt einen Nettoprofit von 190 Milliarden Dollar gemacht. Und alles unter dem Schlachtruf der Klimaskeptiker: »Nichts ist bewiesen!«

Skeptiker suchen Wahrheit. Klimaskeptiker nicht

Die »Skeptiker« sind eine bunte Truppe. Hier mischt sich aufrichtige wissenschaftliche Wahrheitssuche mit rücksichtsloser Lobbypolitik für Ölkonzerne, hier gehen politische Korruption und die Angst vor dem Strukturwandel in der Energiepolitik Hand in Hand. Nicht zuletzt gehören auch alle Arten von Verschwörungstheoretikern, zwielichtige »Experten« aus dem Internet und sensationshungrige Autoren zu dem Zirkel. Schon die Selbstbezeichnung der »Skeptiker« ist eine bewusste Irreführung, schreibt der britische Umweltjournalist George Monbiot: »Wer von Exxon bezahlt wird, ist kein ›Klimaskeptiker‹. Er passt nicht in die übliche Definition eines Skeptikers, der die Wahrheit sucht und noch keine abschließende Schlussfolgerung gezogen hat. Die ›Klimaskeptiker‹ sind Teil einer PR-Industrie, die mit der Schlussfolgerung beginnt und sich Argumente ausdenkt, die sie unterstützen.«

Denn so, hat Monbiot recherchiert, hat alles begonnen mit den »Skeptikern«: Als PR-Kampagne eines Unternehmens. Allerdings nicht bei einem Öl- oder Kohlekonzern, sondern beim Tabakkonzern Philip Morris. Als Strategie gegen wissenschaftliche Belege zu den Gefahren des Passivrauchens beauftragte der Tabakmulti 1993 eine PR-Firma namens APCO mit der Gründung der Bürgerinitiative The Advancement for Sound Science Coalition (TASSC). In einem genialen Coup von Orwell'scher Qualität wurde von TASSC in den folgenden Jahre Abseitiges, Spekulatives oder schlicht Falsches zur »sound science« hochgejazzt, während solide wissenschaftliche Forschung als »junk science« diskreditiert wurde. Dabei kamen auch die Themen Biotechnologie, Atommüll und Klimawandel ins Visier. TASSC sammelte bald auch Geld von Exxon und baute seine Website »JunkScience.com« zum Zentralorgan der Skeptiker aus. Konservative Think-Tanks in den USA wie das Competitive Enterprise Institute, das Cato Institute oder die Heritage Foundation bombardierten Journalisten und Politiker mit ihren Ansichten. Die Global Climate Coalition (GCC) brachte (anders als ihr wohlklingender Name vermuten ließ) Unternehmen vom American Petroleum Institute bis zur National Mining Association und den Autoherstellern Ford und DaimlerChrysler zusammen. Einziges Ziel: Die Generalmobilmachung gegen den Klimaschutz. 1998 formulierte das American Petroleum Institute in einem vertraulichen Konzept: »Der Sieg ist erreicht, wenn der durchschnittliche Bürger und die Medien die Unsicherheiten in den Klimawissenschaften verstehen.«

Massive Behinderung der freien Forschung

2002 löste sich die GCC auf – was wie ein Sieg der Umweltschützer aussah, war nur ein Zeichen, dass die Lobbyarbeit nicht mehr benötigt wurde. Denn der gerade gewählte US-Präsident George W. Bush verkündete den Ausbau der Kohleförderung in den USA und die Abkehr vom Kyoto-Protokoll. »Viele dieser Unternehmen hatten nun einen direkten Draht ins Weiße Haus«, schreibt der US-Journalist Ross Gelbspan, ein Experte der US-Klimapolitik. Er zitiert ein Schreiben der Republikanischen Partei zur Klimapolitik: »Wenn die Öffentlichkeit denkt, dass die wissenschaftlichen Fragen geklärt sind, ändert sie ihre Meinung. Deshalb muss man den Mangel an wissenschaftlicher Gewissheit zur Hauptsache der Arbeit machen.« Die Staatssekretärin im US-Außenministerium Paula Dobriansky gratulierte den Mitgliedern der GCC, Präsident Bush habe »teilweise basierend auf Ihren Beiträgen das Kyoto-Protokoll abgelehnt«. Die Klimaskeptiker im Weißen Haus brachten dann auch die US-Behörden und Forschungslabors auf Kurs: In einer Umfrage der Organisation Union of Concerned Scientists beklagten im Frühjahr 2007 mehrere Hundert US-Klimawissenschaftler, allein in den letzten fünf Jahren habe es 435-mal politische Einmischung in ihre Arbeit gegeben: Fast die Hälfte der befragten Wissenschaftler aus staatlichen Einrichtungen war mindestens einmal unter Druck gesetzt worden, die Begriffe »globale Erwärmung« oder »Klimawandel« aus Dokumenten zu entfernen.

Richard Lindzen lacht über diese Vorwürfe. »Keinem dieser angeblich zensierten Wissenschaftler wurde doch ein Haar gekrümmt.« Im Gegenteil seien kritische Wissenschaftler wie er selbst die Opfer: »Wer die Klimahysterie nicht mitmacht, bekommt auch kein Geld und keine Auszeichnungen«, sagt er. In der Scientific Community müsse er härter kämpfen als andere, Zeitschriften veröffentlichen seine Aufsätze nur zeitgleich mit kritischen Kommentaren, was es sonst nicht gebe.

»Schreiben Sie das, und ich werde Sie verklagen!«

Doch Lindzen hat sich gut eingerichtet in dieser ökologischen Nische. Wäre er nur ein weiterer Wissenschaftler, der vor dem Klimawandel warnt, säße er zuhause bei seinen Klimadaten. So aber wird er oft eingeladen, reist viel, hält Vorträge vor Industrievertretern auf der ganzen Welt, streitet auf Podien mit Umweltschützern und gegen den »Wahnsinn«, schreibt fürs »Wall Street Journal« und sitzt in Regierungsausschüssen und Kongresshearings oder bei »Larry King« im CNN-Fernsehstudio.

Richard Lindzen ist ein netter Kerl. Persönlich »überaus gütig und gastfreundlich«, nennt ihn selbst Ross Gelbspan, der gegen Lindzen eine ebenso heftige professionelle Abneigung pflegt wie dieser gegen ihn. Über Lindzen, dessen Eltern aus Nazi-Deutschland flohen, heißt es, dass er ein Herz für Minderheiten und Zweifler hat. Er ist untersetzt, mit grauem Bart und Hornbrille, redegewandt, agil, medienerfahren. Beim Interview steckt er sich eine »Marlboro Light« nach der anderen an, nach eineinhalb Stunden ist der Aschenbecher auf dem Couchtisch vor ihm gut gefüllt. Er ist umfassend gebildet, charmant und überrollt kritische Nachfragen gern mit der Gegenfrage: »Haben Sie eigentlich irgendeinen Hintergrund in Mathematik oder Physik?« So jovial er bei Begrüßung und Verabschiedung ist, so sehr ist er im Gespräch auf der Hut, wenn ein Bandgerät mitläuft. Und er kann drohen: Fragt man ihn nach dem Vorwurf, er werde indirekt von der Ölindustrie finanziert, stößt er den Zeigefinger vor: »Schreiben Sie das und ich werde Sie verklagen!« Nichts davon sei wahr, er bekomme Honorare von Ölfirmen, wenn er dort Vorträge halte, genau wie Umweltschützer das täten. Gelbspan schreibt trotzdem, Lindzen habe zugegeben, er bekomme 2.500 US-Dollar am Tag, wenn er Kohlefirmen in den USA und Australien oder die OPEC berate.

Die Palette der Kniffe ist breit gefächert

Zum Skeptiker, erzählt Lindzen gern, machte ihn die Titelgeschichte des US-Magazins »Newsweek« von 1988: »Alle Wissenschaftler sind sich einig«, schrieben die Journalisten, und hatten vergessen, Lindzen zu fragen. Da habe er eine »moralische Verpflichtung« gefühlt, auf die Lücken in der Theorie hinzuweisen. Seitdem wettert er gegen die allgemeine Klimadebatte und stellt seine eigenen Theorien auf: Die Atmosphäre regele die Bildung von zuviel Wasserdampf und verhindere so eine globale Erwärmung, formulierte er Ende der Achtzigerjahre. Die These nahm er bei einem Senatshearing 1991 öffentlich zurück, als der damalige Senator Al Gore ihn mit Fragen löcherte. Auch heute noch sieht er die Möglichkeit für »negative Rückkopplungen«, die das aufgeheizte Klimasystem wieder herunterregeln – während die Mehrheit seiner Kollegen ein »positives Feedback« nach dem anderen belegt, das die Erwärmung vorantreibt.

»Kommen Sie, schauen Sie selbst.« Lindzen geht an seinen Schreibtisch und sucht eine Datei im Computer. Er präsentiert eine Kurve, auf der sich Auf- und Abwärtszacken in etwa die Waage halten. Die Grafik soll belegen, dass die globale Temperatur seit 1998 zwar Ausschläge zeigt, im Mittel aber nicht gestiegen ist. Wenn man wieder zuhause ist, ein bisschen Zeit hat und sich die Mühe macht, die Kurve ans Ende der Temperaturkurve des 20. Jahrhunderts zu setzen, wo sie hingehört, dann sieht man: Die Daten passen wunderbar ins Bild eines Trends, bei dem die durchschnittlichen Temperaturen immer weiter ansteigen. Die also das Gegenteil von dem zeigen, was Lindzen damit beweisen will.

Die Gletscher schmelzen? Nicht für Lindzen. Er schreibt, nicht alle Gletscher würden schmelzen, auch in den Alpen gäbe es noch vorrückende Gletscher. Spricht man ihn darauf an, beharrt er auf seiner Meinung. Hält man ihm die Messungen des World Glacier Monitoring Service aus Zürich entgegen (vgl. S. 133 ff.), die das Gegenteil zeigen, sagt er: »Die Gletscher sind sowieso nicht wichtig.«

»Klimaskeptiker« arbeiten mit vielen Kniffen: Da werden Aussagen wiederholt, auch wenn sie längst widerlegt sind. Da werden die Unsicherheiten der IPCC-Reports aufgespießt und die Wissenschaftler als Alarmisten gebrandmarkt. Da werden Äpfel mit Birnen verglichen, wird mit

Pseudoargumenten und dem angeblich gesunden Menschenverstand argumentiert. Schließlich werden auch einfach Grafiken gefälscht und Daten manipuliert.

Eher subkutan und deshalb so gefährlich

Über Websites im Internet und Mailinglisten sind die Skeptiker weltweit verbunden. Und so tauchen die Argumente von Lindzen und seinen Mitstreitern ebenso als Fußnoten im Ökothriller »Welt in Angst« des US-Bestseller-Autors Michael Chrichton auf wie bei der deutschen Bundesanstalt für Geowissenschaften und Rohstoffe (BGR) in Braunschweig. Diese Fachbehörde kommentierte etwa im November 2006 in einer internen Stellungnahme die IPCC-Berichte im Auftrag des Bundeswirtschaftsministeriums. Grundtenor war das altbekannte »Nichts ist bewiesen«. Die BGR fasste dabei die Argumente der Skeptikergemeinde zusammen: Die beobachtete Erderwärmung sei schon häufiger aufgetreten; Erwärmung gebe es nur regional, der Eisverlust sei nicht bewiesen. Fazit: »Die Zusammenfassung des Berichts stellt nicht die wissenschaftliche Basis der klimabezogenen Themen dar, von denen überhaupt nur ein kleiner Teil im Bericht repräsentiert wird.«

Die deutschen Klimaforscher waren entsetzt. In einem vertraulichen Dossier kommentiert etwa das Umweltbundesamt (UBA) die Bemerkungen als »irrelevant«, »eindeutig falsch«, »anmaßend und nicht hinreichend unterlegt« oder »fernab jeder Realität«. »Große Teile der Kommentare«, so das UBA, »sind regelrecht peinlich für die Bundesregierung. Wenn die Übermittlung in dieser Weise an IPCC erfolgt, müsste eigentlich gleichzeitig eine Entschuldigung erfolgen.«

Anders als in den USA lässt sich bei den deutschen Klimaleugnern nicht erkennen, dass sie systematisch von der Wirtschaft bezahlt werden. Sie nutzen aber kräftig die Argumente der amerikanischen Klimaskeptiker, die von der Ölindustrie finanziert werden. Und als das IPCC in Paris im Februar 2007 seinen ersten Bericht des vierten Reports vorstellte, lobte das American Enterprise Institute 10.000 US-Dollar plus Spesen für Wissenschaftler aus, die die Schwächen dieses Reports herausstellen würden.

In Deutschland ist der direkte Einfluss auf die Politik gering. Doch an Schulen und Universitäten kursieren Materialien, die auch mit gefälschten Kurven arbeiten. An der Fachhochschule Aachen etwa zeigt der Honorarprofessor Helmut Alt den angehenden Energietechnikern eine Klimakurve, die alle seriösen Klimawissenschaftler als gefälscht betrachten. Alt zweifelt an der Erkenntnis, dass das Kohlendioxid für die Erderwärmung verantwortlich ist. Vielleicht liegt das daran, dass er bis zu seiner Pensionierung 50 Jahre lang für den Steinkohle- und Braunkohleriesen RWE in Düren gearbeitet hat.

Auf einer Liste, die unter deutschen Klimaforschern kursiert, stehen 31 Namen von »Klimaleugnern«. Neben Alt steht dort auch der Geologe Ulrich Berner von der BGR, aber auch ein Physikprofessor der Universität Braunschweig, Gerhard Gerlich, oder Vera Lengsfeld, ehemalige Bundestagsabgeordnete erst für die Grünen, dann für die CDU. Der anonyme Verfasser der »vertraulichen« Liste weist darauf hin, dass es sich »in der Regel um Laien handelt, die nicht selten mit den einfachsten fachlichen Grundtatsachen in Konflikt stehen«. In der Fachliteratur träten sie nicht auf, »da sie das übliche Review nicht überstehen würden«, denn sie zeigten sich »allgemein als völlig uneinsichtig«.

Journalisten als nützliche Idioten

Ein besonderer Coup gelang den deutschen Skeptikern im Februar 2003 bei einer Zielgruppe, die angeblich grundsätzlich kritisch ist: Dem »journalist«, Mitgliedermagazin des Deutschen Journalistenverbandes (DJV), wurde das Themenheft »Klimadiskussion im Spannungsfeld« beigelegt. Tenor: Präzise Prognosen seien »derzeit nicht möglich«, und ein Zusammenhang von mehr Kohlendioxid in der Luft und erhöhten Temperaturen sei nicht bewiesen – Herausgeber: Der Bundesverband Braunkohle.

Journalisten als nützliche Idioten der Klimaskeptiker – das ist kein Einzelfall, fand eine umfassende Studie in den USA heraus. Denn der publizistische Anspruch, möglichst fair zu berichten, bedeutet für viele Redaktionen, in Berichten zum Klimawandel jeweils auch die Gegenmeinung zu erwähnen. Der Erfolg: Die Medien erzeugen den Eindruck, das Thema sei unter Wissenschaftlern umstritten. »Die Ausgewogenheit der Berichterstattung hat bei der ›New York Times‹, der ›Washington Post‹, der ›Los Angeles Times‹ und dem ›Wall Street Journal‹ zu einer Verzerrung bei der Berichterstattung zum Thema Klimawandel geführt«, schreiben Maxwell und Jules Boykoff von der University of California in Santa Cruz in ihrer Studie »Balance as Bias«. Durch die »systematisch und schwerwiegend mangelhafte« Berichterstattung der »Prestige Press« habe sich die öffentliche Debatte deutlich von der wissenschaftlichen Diskussion entfernt. Umfragen des Nachrichtenmagazins »Newsweek« belegen das: 1991 fanden 35 Prozent der US-Bürger den Klimawandel ein sehr ernstes Problem. 1996 war dieser Anteil auf 22 Prozent gefallen – obwohl es »beim Klimawandel einen breiteren Konsens gibt, als bei allen anderen Themen«, sagte der US-Klimaforscher James Baker. »Ausgenommen vielleicht das zweite Gesetz Newtons.«

Behagliche Nische

Richard Lindzen ist mit seinen Ausführungen fast am Ende. Er zündet sich die nächste Zigarette an. »Wenn all Ihre Kritik stimmt, Mister Lindzen, was ist dann der Grund? Warum reden uns alle ein, es gäbe ein Problem mit dem Klima?« Lindzen muss nicht lange nachdenken: Big Business mache einen Haufen Geld damit, die Ölfirmen, die die Preise erhöhen können und die Banken, die am Emissionshandel verdienen. Vor allem aber: »Angst. Menschen in Angst sind einfach zu regieren. Und wer Angst hat vor dem Klimawandel, wehrt sich nicht gegen die nächste Steuer.« Auch an seinen Kollegen, die sich im IPCC zusammengeschlossen haben, lässt Lindzen kaum ein gutes Haar. Die Klimamodelle findet er »völlig unzuverlässig«, die Arbeit der Arbeitsgruppen II und III des IPCC zu den Auswirkungen und den Gegenstrategien zum Klimawandel sind für ihn »Absurditäten«. Die momentane Diskussion ist für ihn »Wahnsinn und Hysterie, auf die wir in hundert Jahren mit Befremden zurückblicken werden«.

Dabei hat er sein Bestes getan, um diese Diskussion in eine andere Richtung zu lenken. Am 6. Februar 2001, US-Präsident George W. Bush war gerade zwei Wochen im Amt, wurde Lindzen der neuen Regierung in einem vertraulichen Memo vorgeschlagen, um die Statements der USA in den Klimaverhandlungen einer gründlichen Revision zu unterziehen. Absender des Memos: Randy Randol aus dem Washingtoner Büro von ExxonMobil.

Klimazeuge

»*Die Debatte um den Klimawandel beschert mir eine Menge zusätzliche Arbeit, weil ich so viele Anfragen dazu bekomme. Jeden Tag ist mein E-Mail-Account angefüllt mit Anfragen von besorgten Eltern und Lehrern, deren Kindern Angst vor einer angeblichen Katastrophe gemacht wird. Ich muss sie dann beruhigen, denn das wird ja alles maßlos übertrieben.*«

Richard Lindzen, Klimaforscher
und -skeptiker, USA

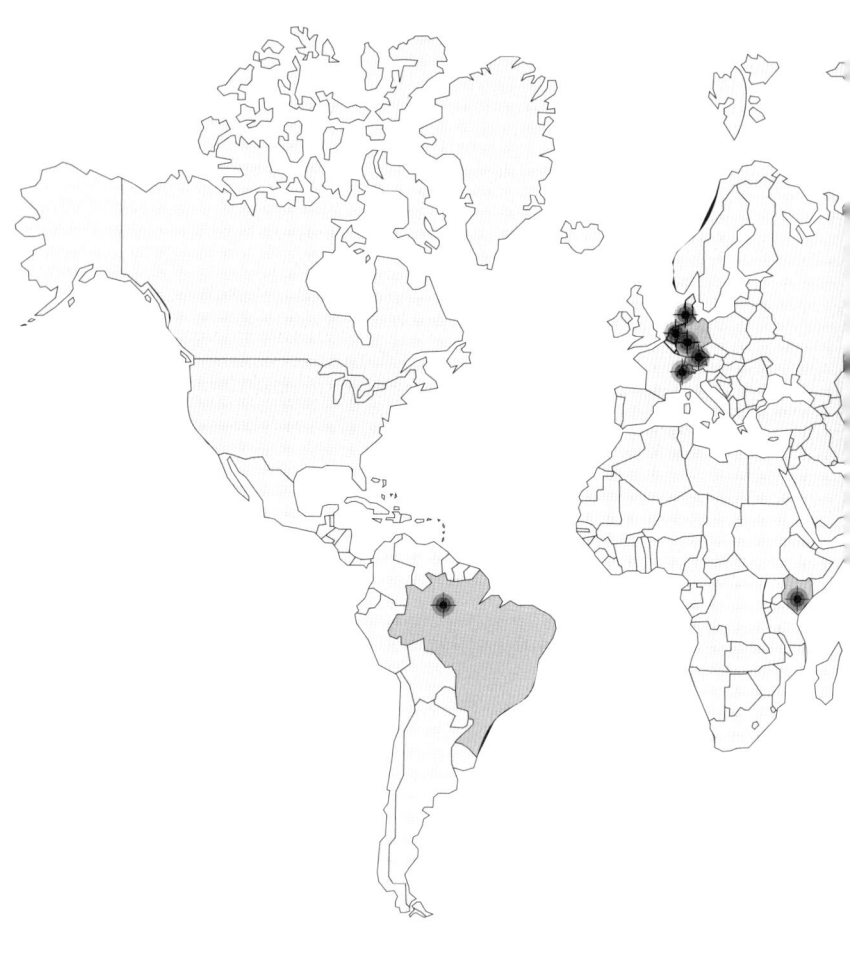

Opfer

»It's the End of the World as We know it.«

REM, US-Rockband

OPFER

Wenn der Mensch den Meeren Saures gibt

Teufelskreise in der Tiefe

*Langsam, aber unaufhaltsam verschiebt sich in den Ozeanen das
Gleichgewicht des Lebens. Wärmeres Wasser lässt Fische wandern,
die Versauerung gefährdet die marine Nahrungskette, und das Meer
speichert immer weniger Kohlendioxid aus der Atmosphäre. Freuen
kann sich nur, wer deutsche Austern mag.*

»Barfuß im Watt zu laufen, damit ist es vorbei.« Karsten Reise schlappt
in Gummistiefeln über den Strand von Sylt. Über ihm heult der Wind,
unter den Sohlen knackt und knirscht es. Der Boden der »Königsbucht«
im Norden der Ferieninsel ist übersät mit Klumpen aus hellgrün-brau-
nen Austern, groß wie Handbälle, schwer und kompakt wie Steine,
scharfkantig wie Messer. Reise hebt einen der Klumpen auf. »Aua! Schon
wieder geschnitten.«

Reise leitet die Wattenmeerstation des Alfred-Wegener-Instituts für
Polar- und Küstenforschung (AWI) auf Sylt. Der Meeresbiologe mit dem
weißen Kinnbart braucht nur fünf Minuten Fußweg von seinem Büro
durch die Dünen, dann steht er am nördlichsten Punkt Deutschlands
und mitten in seinem Fachgebiet. Er zeigt auf ein paar schwarzblaue Stellen am Strand zwischen all dem Grün: Miesmuscheln, die noch bis vor
fünf Jahren den Strand dominierten. Inzwischen sind sie nur noch ver-
einzelt zu sehen, zugewuchert und verdrängt von *Crassostrea gigas*, der
pazifischen Auster. »In den letzten fünf Jahren ist der Bestand regelrecht
explodiert«, schreit Reise gegen die steife Brise an, die ihm die Worte
vom Mund reißt. »Was wir hier sehen, ist eine echte Revolution.«

Die Revolution findet statt, weil es wärmer wird. Um zu brüten, brauchen Austern Wasser, das im Sommer für ein paar Tage wärmer als 20
Grad Celsius wird. Das war früher in der Nordsee selten der Fall, wie Ba-

degäste leidvoll bestätigen können. Doch die Temperaturen in der Deutschen Bucht klettern beständig, an der Oberfläche sind sie um zwei bis drei Grad Celsius gestiegen, insgesamt um 1,13 Grad in den letzten 40 Jahren. Gut für die Auster, die sich am Strand breitmacht. Im Wattenmeer hat sich die Biomasse der Austern in den letzten fünf Jahren verzehnfacht, weil sie keine Feinde hat. Und die Expansion geht weiter. Die Tiere sind Klimawandel zum Anschauen, zum (vorsichtig!) Anfassen und zum Aufessen.

Die Stabilisatoren des Klimas beginnen zu wackeln

Normalerweise sind die Auswirkungen des Klimawandels auf die Meere allerdings kaum sichtbar. Immer noch sind weite Teile der Ozeane, die 70 Prozent der Oberfläche des Planeten ausmachen, terra und aqua incognita. Selbst gigantische Forschungsprojekte tauchen kaum in diesen Lebensraum ein. Ihre Ergebnisse zum Klimawandel reichen jedoch aus, dass sich die beteiligten Forscher ernste Sorgen machen. Denn die lebenswichtigen Funktionen der Meere für das System Erde geraten zunehmend aus dem Takt. Die Ozeane sind schließlich nicht nur Lebensraum für Tiere und Pflanzen, liefern nicht nur einen großen Teil der Nahrung für fast drei Milliarden Menschen, sondern sind auch einer der großen Stabilisatoren des Weltklimas.

Und genau diese Stabilität bröckelt. »Die Weltmeere verändern sich rasant«, schreibt der Wissenschaftliche Beirat der Bundesregierung Globale Umweltveränderungen (WBGU) in seinem Gutachten »Die Zukunft der Meere – zu warm, zu hoch, zu sauer«. Fazit: »Die oberen Schichten werden wärmer, der Meeresspiegel steigt immer rascher an, die Meere versauern zunehmend, was viele Meeresökosysteme bedroht.« »Die Menschheit«, warnen die Wissenschaftler, »ist dabei, Veränderungsprozesse im Meer anzustoßen, die in den letzten Jahrmillionen ohne Beispiel sind. Damit greift der Mensch an entscheidender Stelle in die Funktionsweise des Erdsystems ein.«

Der Anstieg des Meeresspiegels ist noch vergleichsweise einfach zu bemerken: Weil sich das wärmere Wasser ausdehnt und immer mehr Eisfelder und Gletscher schmelzen, klettert der Pegel inzwischen drei Zentimeter im Jahrzehnt. Bis zum Jahr 2100 rechnet das IPCC global mit 18 bis 59 Zentimetern – je nach Szenario, es könnte aber auch dreimal so viel werden, meinen andere Forscher. Problematisch werden dadurch nicht nur die schiere Höhe des Wassers, höher auflaufende Sturmfluten und mehr Druck auf Deiche, sondern auch die Versalzung des

Grundwassers an der Küste. Zehn bis 50 Prozent weiter als das oberirdische Wasser leckt unterirdisch das Salz- ins Grundwasser, haben Forscher um Motomu Ibarak von der Ohio State University berechnet. 40 Prozent der Weltbevölkerung leben in Gegenden, wo sie dadurch ihr Trinkwasser verlieren könnten.

Auch die Erwärmung des Wassers verändert die Meere tiefgreifend: Fische und Pflanzen wandern mit den Temperaturen. In der Nordsee ziehen Kälte liebende Fische wie der Kabeljau in den Norden, Wärme liebende Fische wie Sardine, Sardelle und Roter Knurrhahn rücken nach. Die Fischbestände, durch Jahrzehnte der brutalen Überfischung und der Einleitung von Schadstoffen ohnehin geschwächt, geraten weltweit immer weiter unter Druck. Karsten Reises Kollegen vom Alfred-Wegener-Institut in Bremerhaven beobachten an einem »Vergleichsfisch«, der Aalmutter, was sich bei den Tieren verändert, wenn die Temperaturen in ihrer Umgebung steigen und steigen: Ab 21 oder 22 Grad Wassertemperatur bricht der Kreislauf der Aalmutter zusammen. Ähnliche Probleme bekommen auch die anderen einheimischen Fische – sie werden von Einwanderern zunehmend verdrängt.

Für die Artenvielfalt ist die Invasion aus dem Süden allerdings ein Gewinn: 50 neue Arten von Muscheln, Würmern, Seepflanzen oder Krebsen zählen die Wissenschaftler bisher im ansonsten artenarmen Watt. Jedes Jahr kommt eine neue Art dazu. Und der Trend ist nicht auf die Nordsee begrenzt. Eine Studie der Europäischen Wissenschaftsstiftung ESF fand auch im Eismeer und in der Barentssee den Fischzug nach Norden und noch »weit dramatischere Konsequenzen« für die »eingeschlossenen« Meere wie das Mittelmeer, die Ostsee und das Schwarze Meer: das Aussterben der heimischen Spezies.

Die chemische Zeitbombe tickt

Die größte Gefahr für das Ökosystem Meer, wie wir es kennen, ist allerdings unsichtbar und eine grundlegende Veränderung in der Chemie des Wassers: Die Versauerung. Bisher hat sich der pH-Wert im Meerwasser, der den Säuregehalt angibt, um 0,1 gegenüber der vorindustriellen Zeit gesenkt. »Nicht dramatisch«, sagen die Ozeanologen. Sehr wohl dramatisch ist aber die Prognose, die ein Gutachten der britischen Royal Society zur Frage der »Ozeanversauerung durch Kohlendioxid« stellt: Demnach könnten die Ozeane bis zum Jahr 2100 um 0,5 Einheiten saurer werden, wenn sich am globalen CO_2-Ausstoß nichts ändert. Was das bedeuten würde, zeigen Experimente mit Kleinsttieren, die vor allem im südlichen

Meer rund um die Antarktis den Grundstein der marinen Nahrungskette bilden. Dieses »Plankton« baut sich kalkhaltige Schalen, die bereits bei 0,25 Einheiten Versauerung nicht mehr richtig gebildet werden.

Eine massive Versauerung der Ozeane gefährdet den Beginn der Nahrungskette, an deren anderem Ende die Hälfte der Menschheit hängt. Diese Bedrohung ist keine Science-Fiction, sondern bereits Realität: Beim pflanzlichen (Phyto-)Plankton ist seit den Achtzigerjahren weltweit die Produktion um sechs Prozent zurückgegangen. In der Antarktis hat eine Art des tierischen Planktons (»Krill«) so abgenommen, dass laut WBGU das »Nahrungsnetz für Fische, Pinguine, Robben und Wale wesentlich verändert wurde«. Geht der Trend weiter wie bisher, würde es im Jahr 2100 für diese Arten »extrem schwierig«, ihre Kalkschalen zu bauen, warnt die Royal Society. »Es ist unsicher, ob sich diese Arten anpassen können, ob sie sich entwickeln können oder ob sie ihre Dienste für das Ökosystem entsprechend einschränken.« Die Alarmglocken schrillen spätestens seit April 2005. Da warnten die führenden Ozeanexperten der Welt, die sich zu einer Tagung in St. Petersburg in Florida versammelt hatten, vor dem marinen Notstand: Die Fortschreibung ihrer Experimente lasse erwarten, dass »die Kalkbildungsraten im 21. Jahrhundert um bis zu 60 Prozent abnehmen werden«. Gleichzeitig sagten sie voraus, dass das Oberflächenwasser der Meere schon bis Mitte des Jahrhunderts doppelt so viel gelöstes Kohlendioxid enthalte wie in vorindustrieller Zeit.

Damit nicht genug: Eine Studie der Oregon State University um den Botaniker Michael Behrenfeld zeigt, dass auch die Erwärmung der Ozeane dem Phytoplankton schadet, weil es vom tieferen, kälteren und nährstoffreichen Wasser abgeschnitten wird. »Ohne Phytoplankton wäre kein Leben im Meer möglich, das auf organischer Nahrung beruht«, sagt Behrenfeld – und auch die Speicherfunktion der Pflanzen für Kohlenstoff (geschätzte 50 Milliarden Tonnen CO_2 im Jahr) wird dadurch eingeschränkt. Ein Team vom Zentrum für Fischereiwissenschaft in Hawai legte Anfang 2008 Daten vor, die zeigen, dass sich diese nährstoffarmen »toten Zonen« rund um den Äquator in den letzten zehn Jahren um 15 Prozent ausgebreitet haben – wahrscheinlich auch wegen der Erwärmung der Meere.

Wann ist sauer zu sauer?

»Wir wissen nicht, wo die kritische Grenze ist«, gibt Ulf Riebesell offen zu. Der Professor für die Biologie der Ozeane am Leibniz-Institut für Meereswissenschaften an der Universität Kiel stemmt den Riegel an einer mächtigen Eisentür im Keller seines Instituts auf. Dahinter liegt ein kleiner, kalter, dunkler Kellerraum, der auf seinen zwölf Quadratmetern mit Regalen vollgestopft ist. Wer hier Tiere hält, würde es normalerweise mit dem Tierschutzverein zu tun bekommen. Aber Riebesells Kellerbewohner sind nichts anderes gewohnt. In den Regalen stehen Aquarien, die auf den ersten Blick bleiche Skelettfinger enthalten. Diese Korallen stehen hier in der totalen Dunkelheit, und sie sind eine wissenschaftliche Sensation: Kaltwasserkorallen aus den Tiefen des Atlantiks.

Mit viel Mühe und Geduld haben Riebesell und seine Studenten die Korallen gezüchtet – jeden Finger der Koralle bewohnt ein kleiner Tintenfisch, ein Polyp, wo sich bei Warmwasserkorallen Dutzende tummeln würden. Über die Korallen in den warmen Meeren ist oft geschrieben worden, wie das warme Wasser sie stresst. Taucher berichten von erschreckender Korallenbleiche, bei der ganze Riffe absterben. Bis Mitte des Jahrhunderts, so lauten die Schätzungen, könnten weite Teile der Korallenriffe unrettbar geschädigt sein. Doch ihre kalten Schwestern *Lophelia perdusa* aus den dunklen Tiefen sind bisher kaum beschrieben und erforscht. Dabei gehören sie zu den ersten, die auf eine Versauerung reagieren, denn sie leben bereits jetzt am Limit, das für Kalkschalen noch erträglich ist. Die Experimente in Riebesells Keller sollen Aufschluss darüber geben, was die Säure im Meer mit den Lebewesen anrichtet. Und wie sauer das Wasser gerade noch werden darf, ehe die kalkbildenden Tiere kapitulieren müssen.

Niemand kennt die kritische Grenze

Drei Stockwerke höher, wieder in seinem Büro, hat Ulf Riebesell einen guten Überblick über die Kieler Förde. Draußen schiebt sich die Ostseefähre »Stena-Line« am Fenster vorbei. Direkt vor dem Haus dümpelt die »Polarfuchs« am Anleger, eines der Forschungsschiffe des Instituts, gleich daneben ist die Hafenpromenade mit einem Becken, in dem Kinder den Robben beim Spielen zusehen. Es ist die heile Welt des Ozeans, die man hier zeigt. Aber wenn es so weiter geht wie bisher, dann ist damit irgendwann Schluss. Vielleicht steuern wir wieder auf die »slimy oceans« zu, wie Forscher ein Meer nennen, in denen die Lebewesen keinen Kalk und keine festen Strukturen bilden können. Vor 55 und vor 65 Millionen Jahren waren die Meere schon einmal deutlich saurer als heute – und die Artenvielfalt viel geringer. »Bei der Chemie gibt es keine Debatte, da lässt sich leicht errechnen, wie sauer das Wasser wird, wenn man bestimmte CO_2-Werte in der Luft annimmt«, sagt Riebesell. »Und im Meer gibt es auch keine Nischen, um sich zu verstecken – wenn es saurer wird, wird es überall saurer.«

Wie gefährlich ist diese Entwicklung für die Nahrungsketten im Meer? Das ist eine der Fragen, die 350 Meeresbiologen Ende August 2007 zum »42. Europäischen Meeresbiologischen Symposium« nach Kiel getrieben hat. In abgedunkelten Hörsälen fachsimpeln die Kollegen über Powerpoint-Präsentationen von Messreihen, Grafikkurven und Fotos. Sie reden über Beuteverhalten von Vögeln vor Neufundland, bedrohte Tierarten an der iranischen Küste, die Austern vor Sylt und immer wieder über den Klimawandel: Wie warm wird es in welchen Meeren? Werden sich »tote Zonen« an den Küsten ausbreiten? Japanische Forscher berichten, dass ihre Seegurken erst nach einem Jahr auf massiv saures Wasser reagierten – dann aber dramatisch. Britische Kollegen legen dar, dass die Seemuscheln *Mytilus edulis* bei saurem Wasser krank werden. Und Kieler Wissenschaftler zeigen, wie wärmeres und dunkleres Frühjahrswetter – wie man es wegen mehr Wolkenbildung unter Bedingungen des Klimawandels für die Ostsee erwartet – die Nahrungsketten von pflanzlichem und tierischem Plankton durcheinander schüttelt: »Diese nachteilige Konstellation des Nahrungsnetzes«, so ihr Fazit, »kann schließlich in einem Mismatch (Auseinanderfallen) zwischen Nahrungsangebot und -nachfrage enden und damit den Energiefluss durch das Nahrungsnetz aus der Balance bringen.«

Wer meint, Ozeanologen und Klimawissenschaftler seien eine alarmistische Zunft, wird hier eines Besseren belehrt. Die Wissenschaftler könnten ihre Daten so interpretieren: Die zunehmende Versauerung bedroht das Plankton der Nahrungskette in seiner Existenz. Das gefährdet die Fischpopulationen, die sich vom Plankton ernähren. Und wenn die Fische ein Problem kriegen, dann auch die Menschen. Aber das sagen die Forscher nicht. Sie sagen: Unter bestimmten Umständen kann es »ein Mismatch« bei der Vermehrung des Plankton geben; Wir wissen nicht, wo die Kalkbildung betroffen ist; Wir wissen nicht, ab wann die Nahrungskette bedroht ist.

Die Klimapumpe erlahmt immer mehr

Wenn das Meer versauert, stößt das nicht nur den Krebsen übel auf. Es führt auch dazu, dass die Ozeane ihre vielleicht wichtigste Funktion bei der Regelung des Klimas einschränken: Die Speicherung von CO_2 aus der Luft. Denn die Weltmeere sind bei Weitem die größte Deponie für den überflüssigen Kohlenstoff in der Atmosphäre: Die Hälfte allen Kohlendioxids, das seit der industriellen Revolution weltweit aus Kohleöfen und Auspufftöpfen in die Atmosphäre geblasen wurde, ist im Meerwasser gebunden. Durch den unterschiedlichen Teilchendruck zwischen Atmosphäre und Wasseroberfläche nimmt das Meer kontinuierlich Kohlendioxid auf und lagert es in großer Tiefe ein. Die Meere entziehen so jedes Jahr der Atmosphäre mehr als acht Milliarden Tonnen CO_2 – etwa ein Viertel des vom Menschen verursachten Kohlendioxids.

Doch je mehr Treibhausgas im Wasser gespeichert wird, desto größer wird seine Sättigung mit Kohlendioxid und desto geringer die Bereitschaft, dieses Gas aus der Atmosphäre zu schlucken. Dieser unschätzbare Service der Meere für das Weltklima ist bereits eingeschränkt, hat eine Forschergruppe an der Dalhousie University im kanadischen Halifax Mitte 2007 herausgefunden: Demnach gebe es eine »überraschend schnelle Abnahme« der Differenz in der CO_2-Sättigung zwischen der Luft und der oberen Wasserschicht. Der Anteil des Kohlendioxids stieg im Wasser demnach zwischen 2001 und 2005 doppelt so schnell wie in der Luft – und verringerte damit dramatisch die Funktion dieses größten und effektivsten Endlagers für Treibhausgase.

Die Messungen bestätigen die Warnungen der Forscher vor einer Veränderung in der Chemie der Meere. Bereits seit den Fünfzigerjahren sei eine solche »negative Rückkopplung vorhergesagt worden«, schreiben die Forscher um den Ozeanografen Helmuth Thomas. Der Niedergang bei der Pufferwirkung reduziere den »thermodynamischen Antrieb für den Luft-Wasser-Austausch von menschengemachtem Kohlendioxid«. Während die Ozeane im 19. und 20. Jahrhundert das Treibhausgas geschluckt hätten, ohne ihren eigenen pH-Wert groß zu verändern, sei diese Zeit nun offenbar vorbei. »Wegen dieser Effekte wird ein größerer Teil zukünftiger CO_2-Emissionen in der Atmosphäre verbleiben und so die vorhergesagten und auch schon beobachteten Effekte der Klimaveränderung verstärken.«

Für die langsamere CO_2-Aufnahme im Wasser ist nach den Untersuchungen der Wissenschaftler aber die erhöhte Sättigung mit Kohlendioxid nur »zu zehn bis 30 Prozent« verantwortlich. »Es muss noch einen anderen, sehr dominanten Faktor geben«, sagt Helmuth Thomas. »Wir vermuten, dass es viel mit dem Klimawandel zu tun hat, dass etwa die Erwärmung des Wassers eine Rolle spielt.« Der Ozeanograf gibt zu, bei der Betrachtung dieser Ergebnisse werde ihm selbst »ein bisschen mulmig«. Denn der höhere CO_2-Gehalt der Atmosphäre führt dazu, dass weniger Kohlendioxid im Meer eingelagert wird – und das wiederum führt dazu, dass sich die Zunahme des CO_2 in der Luft beschleunigt. Forscher nennen das einen »Rückkopplungseffekt«. Laien sagen: Ein Teufelskreis.

Zu reich, um anfällig zu sein

Über mangelnde Kalkbildung an den Schalen der Krustentiere kann man auf Sylt allerdings noch nicht klagen. Hier profitiert »Dittmeyers Austern Compagnie« vom wärmeren Wasser. Zehn Minuten Fußweg von Karsten Reises AWI-Außenstelle liegt das Restaurant, in dem Deutschlands einzige Austernsorte angeboten wird. Auf der Speisekarte steht das Dutzend heimischer Austern »Sylter Royal nature« für 27 Euro, sechs Austern auf Gemüsebett für 17,50. Ein Profi-Messer zum Austernöffnen wird für 24 Euro angeboten und die Anleitung »Austern öffnen in sechs Schritten« gibt es dazu, ebenso wie einen Kettenhandschuh, wenn man Angst um seine Hände hat. Hier kriegt man die schwabbeligen Delikatessen direkt vom Erzeuger – im Sinne des Wortes. Denn nicht nur verkauft hier der Sohn des einstigen Orangenmoguls »Onkel« Dittmeyer Deutschlands einzige Austernsorte »Sylter Royal«. Von hier stammen auch die Tiere, die inzwischen das Watt von Sylt bis zur Elbmündung erobert haben. Obwohl man das 1986 bei der Lizenzvergabe für »unmöglich« hielt: Die Nordsee sei im Winter so kalt, dass Ausreißer aus der Zuchtanstalt in freier Wildbahn keine Überlebenschance hätten. Mit der Zähigkeit der Austern und dem Klimawandel hatte keiner gerechnet.

Irgendwie passt die Auster auch besser zu Sylt als ausgerechnet die ordinäre Miesmuschel. Wer auf Sylt zum Einkaufen geht, hat die Wahl zwischen Edelboutiquen und Feinkostläden. Die Straße führt an reetgedeckten Backsteinhäusern vorbei, zu denen sich die Buspassagiere ehrfürchtig die Preise (»mindestens 'ne Million«) zuraunen. An der Verladestation für den Zug zum Festland stauen sich Mercedes SLK, Audi A6 und Porsche Cayenne. Die Insel ist so reich, dass sie praktisch immun gegen den Klimawandel ist. Denn während das immer wärmere und immer höhere Meer beständig an der Küste nagt – wie im Januar 2007 der Sturm »Kyrill« – wird der Strand immer wieder aufgeschüttet. Das kostet bis 2050 insgesamt 33 Millionen Euro – lohnt sich aber, weil die Sachwerte auf der Nobelinsel auf 381 Millionen taxiert werden. Ein »eindeutig positives Kosten-Nutzen-Verhältnis des Küstenschutzes für die Insel Sylt«, konstatiert der WBGU, ein einmaliger Fall und auf »andere Küstenregionen der Welt nicht übertragbar«.

Von einer Strategie des »geordneten Rückzugs« wie er etwa in den Niederlanden (vgl. S. 190 ff.) an manchen Küsten praktiziert wird, ist auf Sylt nicht die Rede. AWI-Forscher Reise rechnet damit, dass im Laufe des Jahrhunderts der durchschnittliche Wasserpegel im Wattenmeer um einen Meter steigt und ohne Küstenschutz jedes Jahr ein Meter Küste verloren ginge. »Das würde die Betonburgen direkt am Strand gefährden«, sagt Reise. »Aber um die wäre es auch nicht schade.« Beliebt ist er für solche Aussagen auf der Insel nicht.

Vor »Dittmeyers Austern Compagnie« knattern die Fahnen in der steifen Brise. Sie sind blau und schmücken sich mit einem Vogel: Dem Austernfischer. Der schwarz-weiße Vogel mit dem langen roten Schnabel ist das Maskottchen der Austernzucht, er prangt auf der Speisekarte, im Internet und auf dem Schild über den gelb-weiß gestreiften Strandkörben auf der Terrasse. Diesen »Halligstorch« zum Maskottchen der Austernzucht zu machen, lag nahe. Es hat aber auch einen Hauch von Zynismus. Denn der Siegeszug der Austern am Nordseestrand setzt dem Austernfischer hart zu. Anders als sein Name nahelegt, kommt er mit Austern nicht zurecht – er ernährt sich hauptsächlich von den schwindenden Miesmuscheln.

Klimazeuge

»Ich liebe es, in der Nordsee zu baden. Das kann ich nun viel früher und später im Jahr tun, weil das Wasser deutlich wärmer ist. Die Arbeit im Watt ist hochinteressant, weil sich hier in den letzten fünf Jahren mehr bewegt hat als in den zwanzig Jahren davor. Das ist eine echte Revolution, die ich beobachten kann.«

Karsten Reise, Meeresbiologe,
Sylt, Deutschland

OPFER

Klimaflüchtlinge

Vertrieben und verdrängt

Offiziell gibt es sie nicht, aber sie sind viele Millionen: Immer mehr Menschen auf der ganzen Welt verlassen ihre Heimat auf der Flucht vor Stürmen, steigenden Meeren und Dürren. Nirgends ist die Lage so dramatisch wie in Bangladesch.

»Als das Wasser kam, sind wir in die Bäume geklettert«, sagt Reda Begum mit leiser Stimme. »Wir hatten den Warnungen im Radio nicht geglaubt und als wir merkten, wie schlimm der Sturm war, war es zu spät zur Flucht.« In den Cambal- und Rentrybäumen, die zwischen den einfachen Hütten aus Holz, Bambus und Wellblech standen, hielten sich die Bewohner von Bogi fest. Nicht alle hatten die Kraft dazu. »Zwei meiner Söhne sind im Wasser ertrunken«, sagt Begum. Sie beginnt zu schluchzen. Die anderen Frauen im Kreis schweigen.

Sie alle haben ähnliche Erfahrungen gemacht an diesem 15. November 2007, als der Zyklon »Sidr« über ihr Dorf im äußersten Süden von Bangladesch raste. Von einer siebenköpfigen Nachbarsfamilie, erzählen sie, blieb nur ein Junge übrig. Mit 240 Stundenkilometern wütete das Auge des Sturms den Baleswar-Fluss herauf und traf genau auf den kleinen Ort Bogi. Auch zwei Monate danach steht der Ort noch unter Schock. Die Wege sind geräumt, die Überlebenden schlafen in Hütten, die sie aus Trümmern und Palmenzweigen zusammengezimmert haben, oft unter einem Dach aus blauer Plastikplane, die die UNO verteilte. Die Bäume liegen noch kreuz und quer in den Gärten und Bewässerungsgräben, wie sie gefallen sind. In den Baumkronen, wo inzwischen neues Grün gesprosst ist, baumeln noch Plastikfetzen und Holztrümmer. Sie sind Zeugen der sechs Meter hohen Flutwelle, die hier Mensch und Tier unter sich begrub. Jetzt leben die Geretteten von der Nothilfe. Die Reisernte ist zum größten Teil vernichtet, die Fischer haben keine Boote mehr, die Häuser sind beim nächsten Sturm wieder kein Schutz.

»Jeder Vierte geht weg«, sagt der Fischer Hemayet Uddin Pamchayet. Es ist nicht nur die Angst vor dem nächsten Sturm, die sie vertreibt: »Das Wasser steigt immer höher und die Felder versalzen«, sagt die Bäuerin Momadaz Begum. »Das Gemüse wächst nicht richtig, und für den Reis wird es auch zu salzig.« Für Trinkwasser müssen sie eineinhalb Kilometer laufen, seit das Meerwasser ihre Quelle verdorben hat. Sie haben alles verloren, ihre Familien, ihre Häuser, ihre Kühe und Ziegen. Von der Regierung bekam jede Familie 5.000 Takka – umgerechnet 50 Euro. Ein neues Haus kostet 200.000 Takka.

Das schlechte Gewissen der Klima-Community

Wer von Bogi wegzieht, geht in die Provinzhauptstadt Khulna oder gleich nach Dacca, in die am schnellsten wachsende Megacity der Welt: 15 Millionen Menschen leben dort, vielleicht auch ein paar Millionen mehr, wer weiß das schon genau. Ungefähr 40 Prozent davon in den Slums, viele von ihnen sind auf der Flucht vor einer Umwelt, die immer lebensfeindlicher wird. So wie die Bäuerin Masuma, die aus dem Distrikt Bogra im Norden in die Hauptstadt kam. Sie lebte auf einem Char, einer Sandinsel, im mächtigen Brahmaputra-Fluss. Als bei einer Überschwemmung das Baby ihrer Schwester vor ihren Augen ertrank, floh sie in die Hauptstadt. Schicksale wie ihres findet man häufig in den Slums von Dacca.

Doch bei den Kongressen, Debatten und Investorenmeetings zum Klimawandel hört man diese Geschichten sehr selten. Die Flüchtlinge sind das schlechte Gewissen der Klima-Community: Alle wissen, dass der Klimawandel da draußen viele Menschen in Lebensnot bringt. Doch wer sie sind und wie viele es sind, bleibt ungewiss. Es gibt nur Schätzungen und Hochrechnungen dazu in einem Metier, das bei seinen wissenschaftlichen Analysen sonst Wert auf akribische Genauigkeit legt. Gestritten wird darum, wer wirklich ein Klimaflüchtling und wer ein »normaler« Flüchtling ist. Sicher ist nur eines: Inzwischen gibt es viele Klimaflüchtlinge. Sie werden jeden Tag mehr. Und keiner hat eine Idee, wie man ihnen wirksam helfen kann.

Das Problem drängt. Vor allem in Bangladesch. Hier liegt nicht nur die »Todeszone« von Bogi im Bezirk Sharankola, wo in einer Nacht von 120.000 Einwohnern 700 starben – man stelle sich diese Zahl für eine deutsche Stadt von ähnlicher Größe wie Göttingen vor. »Todeszonen« hat Bangladesch eine ganze Menge: Auf den Chars in den großen Flüssen schichten die Menschen verzweifelt die Lehmplateaus höher, auf denen ihre Hütten stehen – und das Wasser reißt sie bei der nächsten Überschwemmung doch weg. Im Golf von Bengalen, wo die großen Flüsse Ganges, Brahmaputra und Meghna münden, verschwinden und entstehen durch die Dynamik des fließenden Wassers ganze Inseln. Und der Osten des Landes produziert Klimaflüchtlinge im Frühjahr, wenn in der Dürre die Ernte verdorrt, wie es in 19 Jahren zwischen 1960 und 1991 passiert ist. Ein Anstieg des Meeresspiegels um einen Meter, den die Experten in Bangladesch bis 2100 erwarten, bedeutet, dass hier 15 Millionen Menschen ihre Heimat verlieren.

Niemand ist zuständig

Mit lautem Gehupe braust ein Konvoi von weißen Toyota-Jeeps mit blauem UN-Logo über die löchrige Piste hinter Morrelganj. Das japanische Rote Kreuz eilt aus Sharankola mit Vollgas zurück in die Provinzhauptstadt. Kinder, Hunde, Rikschafahrer springen auf die Seite, um von ihren Rettern nicht überrollt zu werden. Auf den Straßen, die Richtung Meer immer mehr zu Pisten voller tief ausgewaschener Schlaglöcher werden, stauen sich an engen Stellen die Hilfsfahrzeuge: Rotes Kreuz/Roter Halbmond, World Food Programme, Brot für die Welt, Muslim Aid UK, UNDP, Schweizer und italienische Projekte sind im Einsatz. Sie sind auch da, um sich vor Ort anzusehen, wie ihr Geld arbeitet. Denn immerhin bedroht der Klimawandel nach einer Studie der OECD den Erfolg bei einem Drittel der internationalen Hilfsprojekte. Aber ein Logo fehlt bei den Flüchtlingen: Das UNHCR – das Flüchtlingshilfswerk der Vereinten Nationen.

Das hat einen Grund. Für die Versorgung nach Katastrophen sind andere zuständig. Und für Klimaflüchtlinge auch. Denn die Flüchtlingskonvention von 1951 erkennt Umweltzerstörung nicht als Fluchtgrund an. UNHCR ist zuständig für Menschen, die wegen ihrer Rasse, Religion, Nationalität oder politischen Meinung verfolgt werden und über Landesgrenzen fliehen. Wer innerhalb seines Landes vor Wasser oder Trockenheit flieht, hat daher keine Lobby. Dabei sind inzwischen nach dem »Weltkatastrophenbericht« von Rotem Kreuz/Rotem Halbmond mehr Leute wegen Umweltzerstörung auf der Flucht als wegen Kriegen: 25 Millionen.

Die Aussichten sind düster. Das IPCC geht davon aus, dass bis 2050 insgesamt 150 Millionen Klimaflüchtlinge unterwegs sein werden. Der australische Klimatologe Graeme Pearman schätzt, dass eine Erwärmung der Atmosphäre um zwei Grad Celsius (die kaum noch zu verhindern ist) bis 2100 insgesamt 100 Millionen Menschen an den Küsten der Weltmeere direkt bedrohen wird. Und die Hilfsorganisation Christian Aid sieht bis 2050 »mindestens eine Milliarde Menschen« auf der Flucht, vor allem wegen gravierender Dürren.

Millionen von Menschen werden aus ihrer Heimat vertrieben und niemand ist zuständig – das könne doch nicht sein, fordern Experten wie Umweltgruppen und der Wissenschaftliche Beirat globale Umweltveränderungen (WBGU) der Bundesregierung. Für sie muss deshalb die UN-Flüchtlingskonvention überarbeitet werden und ein anerkannter Status als Umwelt- oder Klimaflüchtling geschaffen werden. Auch die UNEP und einzelne Staaten machen sich stark dafür, aber der Widerstand ist zäh: Nicht zu Unrecht fürchten die Industriestaaten, sie müssten bei einer solchen Regelung Kompensationen zahlen oder aber ihr rigides Asylrecht lockern.

Längst keine seltene »Spezies« mehr

Die zweifelhafte Ehre, die ersten anerkannten Klimaflüchtlinge zu sein, teilen sich die Bewohner der Pazifikstaaten Vanuatu und Carteret. Seit 2001 nimmt Neuseeland jedes Jahr 70 Menschen aus Vanuatu auf, weil deren Archipel im steigenden Meer versinkt. Auf Carteret stehen die Bewohner bis zum Knie im Wasser. »Hier war vor zwanzig Jahren der Strand«, sagen sie in die Kamera des französischen Fernsehens. Inzwischen hat sich das Meer 50 Meter weiter gefressen. Kokospalmen liegen im Wasser, Fische knabbern an den Palmwedeln. An Land sprudelt von unten das Meerwasser hoch und wirft Blasen im Sumpf. Die Quellen sind versalzen, seit zwei Jahren trinken die Bewohner nur noch Regenwasser. Eine Nachbarinsel ist vom steigenden Meer in der Mitte getrennt worden, sodass die Bewohner jetzt das Kanu nehmen müssen, um dort die Bananen in ihrem Garten zu ernten. Und überhaupt wachsen Gemüse und Reis nicht mehr auf der Insel. »Gut für die Linie«, lacht eine vollschlanke Frau, »im letzten Jahr habe ich fünf Kilo abgenommen.« Geblieben ist den Bewohnern Carterets nur die Übersiedlung nach Bougainville, der Hauptstadt von Neuguinea. Dort hausen sie auf der Müllkippe, in offenen Hütten und träumen von ihrer Insel, auf der es weder Geld noch Uhren noch Erwerbsarbeit gab. Und auf der auch 2007 noch »Daddy Cool« von Boney M die Hitparade anführte.

Klimaflüchtlinge gibt es in vielen Gegenden. Die Bewohner des Inuit-Dorfes Shishmaref an der Westküste Alaskas gehören dazu, sicherlich einige der Flüchtlinge in Darfur, vielleicht die Einwohner von New Orleans, die ihre Häuser verloren haben und bislang nicht zurückgekehrt sind. Doch nirgendwo sonst spitzt sich die Lage so zu wie in Bangladesch: In einem Land halb so groß wie Deutschland leben 140 Millionen Menschen – eingezwängt von riesigen Flüssen, die wegen der Gletscherschmelze im Himalaya randvoll sind, mit den Bergen im Rücken und genau in der Bahn der verheerenden Wirbelstürme aus dem Golf von Bengalen. Dazu ist Bangladesch ein Land, in dem 30 Prozent der Menschen unterernährt sind, 84 Prozent der Bevölkerung von weniger als zwei Dollar am Tag leben müssen und dessen Verwaltung traditionell korrupt ist.

»Die Fruchtbarkeit unseres Landes ist Fluch und Segen zugleich«, sagt Arjumand Habib, die Vizechefin des Zentrums für Sturmwarnung in Dacca. In ihrem Büro hängen vergilbte Satellitenfotos der großen Zyklone unter Glas. Der Computer in der Ecke ist älter als alles, was in deutschen Kinderzimmern an Elektronik steht. »Die Menschen bei uns sterben nicht am Klimawandel, sondern an Armut und Unwissenheit«, sagt die energische Meteorologin. »Wenn das hier Holland wäre, gäbe es keine Toten. Aber die Menschen bleiben auch deswegen bis zuletzt in ihren Häusern und bei ihren Kühen, weil sie nichts anderes zum Leben haben.« War »Sidr« ein Beweis für den Klimawandel? Habib bleibt vorsichtig: Es fehlten die Daten, den Klimawandel so zu belegen. »Aber man sieht, dass sich unser Klima jetzt gerade wandelt«: Kräftigere Stürme, verschobene Regenzeiten beim Monsun, höhere Temperaturen. »Und zwei Grad Celsius mehr sind vernichtend für die Landwirtschaft in den tropischen Ländern.«

Hinkende Erfolgsgeschichte als Vorbild

»›Sidr‹ hat 3.500 Menschen getötet. Das ist furchtbar, aber gleichzeitig ein Riesenerfolg«, sagt Saleemul Huq. Denn 1970 forderte ein Zyklon 300.000 Tote, 1991 gab es immer noch 135.000 Opfer, im benachbarten Myanmar starben im Mai 2008 nach dem vernichtenden Zyklon »Nargiss« schätzungsweise 150.000 Menschen. Der Wissenschaftler aus Bangladesch, der in London am Institut für Umwelt und Entwicklung (IEED) arbeitet, plädiert dafür, das Schicksal von Bangladesch auch als Chance zu begreifen: »Das Land hat riesige Probleme, keine Frage. Und man kann es nicht mit London vergleichen, wo gerade beschlossen wurde, die Stauwerke an der Themse für eine Milliarde Euro auszubauen.« Aber messe man Bangladesch an seinesgleichen, an den Ärmsten der Armen, »dann steht das Land gut da: Es gibt seit Jahren Daten über die Wirkungen des Klimawandels, es gibt eine hohe Aufmerksamkeit bei der Bevölkerung bis zur lokalen Umweltgruppe, es gibt ausländische Hilfsorganisationen im Land«.

Huq nennt sein Land, das bei der Staatsgründung 1971 dem US-Außenminister Henry Kissinger als hoffnungsloser Fall galt, eine »hinkende Erfolgsgeschichte«: Immerhin habe man in einem muslimischen Land die Geburtenrate auf drei Kinder pro Frau halbiert – »und das ohne Zwang wie in China«. Es gebe eine freie Presse, man sei mit der Reisproduktion dem Wachstum der Bevölkerung einigermaßen gefolgt, Frauen hätten mehr Rechte als in anderen muslimischen Staaten. »Darauf kann man aufbauen.« Bangladesch könne anderen armen Staaten vormachen, wie man eine Bevölkerung zum Thema Klimawandel mobilisieren könne. Wo die Menschen allerdings eine neue Heimat finden sollen, die der Klimawandel in Bangladesch entwurzelt, das weiß auch Huq nicht.

Sein Freund und Kollege Atiq Rahman dagegen hält mit seiner Meinung nicht lange hinterm Berg. Rahman ist Präsident des Bangladesh Center for Advanced Studies (BCAS) und schaut aus seinem Bürofenster jeden Tag auf ein vergammeltes Brachgrundstück, wo sich die Straßenbewohner Daccas häuslich eingerichtet haben: Eine kleine Bude verkauft abgepacktes Brot, hinter zersausten Bananenstauden versteckt sich eine Latrine. Das Viertel Gulshan wird bevölkert von der Mittelschicht, Hotels, Firmen und Privathäuser, dazwischen der eine oder andere Glaspalast einer Bank. An der Straße stehen »Hupverbot«-Schilder. Eine nette Idee in Daccas Straßenverkehr, wo die Hupe gleich nach dem Motor das wichtigste Autoteil ist.

Rahman ist in Fahrt. Gerade ist er von der UNEP zum »Environmental World Champion 2007« ausgezeichnet worden. Das bringt zuhause und im Ausland die Anerkennung, für die Rahman schon lange kämpft – nicht für sich, wie er gleich beteuert, sondern für die Sache. »Jetzt öffnen sich die Türen auch im US-State-Department und man hört diesem Typen aus einem der ärmsten Länder plötzlich zu«, strahlt der Wissenschaftler. Die Regierung gibt heute Abend einen Empfang für ihn. Während des Gesprächs unterzeichnet er Briefe, redigiert E-Mails und brüllt ins Telefon, warum die Journalisten seines Heimatlandes eigentlich nicht selbst darauf kommen könnten, über ihn und seine Auszeichnung zu berichten – »das ist doch euer Job, das zu wissen, ihr Idioten!« Eine Delegation vom Hotel gegenüber bringt ein Riesengebinde roter Rosen, man fühlt sich geehrt, Rahman als Nachbarn zu haben.

Verursacher sollen Klimaflüchtlinge aufnehmen

Dann ist es einen Moment ruhig in seinem Büro. Woher wissen Sie, dass die Klimaflüchtlinge wirklich vor dem Klimawandel fliehen, Herr Rahman? Mit der Ruhe ist es vorbei: »Das muss ich nicht bis ins Letzte beweisen«, ruft er empört. »In der Welt, an der Börse, in der Politik werden jeden Tag Entscheidungen gefällt, die viel weniger zu belegen sind! Wenn ich sage, wir haben Millionen von Klimaflüchtlingen, dann sind meine Beweise immer noch dreihundertmal besser als die von George W. Bush für seinen verdammten Irakkrieg!« Er beruhigt sich wieder ein bisschen. »Ich habe einen Vorschlag zu den Flüchtlingen«, sagt Rahman dann. »Wenn die Industrienationen im Zweiten Weltkrieg die Juden aufnehmen konnten, warum retten sie dann nicht jetzt die, die sie durch den Klimawandel töten? Jedes Unternehmen, das mehr als 100.000 Tonnen CO_2 im Jahr ausstößt, muss ein Dorf von Bangladeschis aufnehmen und in seinem Land ansiedeln. Wir bringen den Menschen hier die Sprache ihres Landes bei und wir schulen sie in dem, was sie dort brauchen.« Rahman macht eine Pause und beobachtet, welche Wirkung seine Worte haben. Dann sagt er: »Ich mache keine Witze. Ich meine das todernst.«

Die Fischer von Bogi wollen nicht wegziehen. Nicht in ein fernes und kaltes Industrieland, nicht in die Slums von Dacca. Sie sitzen zwischen ihren Zelten und zusammengeflickten Hütten und versuchen, die Zukunft zu planen. Sie brauchen neue Boote, um ihren Lebensunterhalt wieder selbst zu verdienen. Sie wollen ihren Reis anbauen, aber von den Versuchen mit salzresistenten Pflanzen haben sie noch nichts gehört. Was, wenn der nächste Sturm wieder alles wegbläst? »Das kann passieren«, sagen sie. Wie stellen sie sich ihre Zukunft an diesem Ort vor? Die Menschen blicken auf den Boden zu ihren Füßen. Und schweigen.

»*Der Klimawandel raubt mir die Zeit, noch etwas anderes zu machen. Wir sind vielleicht 20 oder 30 Menschen aus den Entwicklungsländern, die zu diesem Thema in den reichen Ländern gehört werden, daher sind wir ständig unterwegs. Ich schicke jetzt meine Mitarbeiter zum Datensammeln auf das Land und kann nicht mehr selbst gehen. Das ist schade, denn ich vermisse das Wissen der Bauern und Fischer über den Klimawandel. Sie sind meine Professoren und ich versuche, ihr Wissen den Professoren in Harvard nahe zu bringen.*«

Atiq Rahman, Direktor des Bangladesh
Institute for Advanced Studies,
Dacca, Bangladesch

OPFER

Pflanzen und Tiere

Pünktlich, aber zu spät

*Ein Forscher in den Niederlanden hat an einem kleinen Vogel
bewiesen, was jeder Hobbygärtner bei seinen Forsythien vermutet:
Der Klimawandel wirbelt die fein abgestimmten Abläufe der Natur
durcheinander. Was sich seit Jahrtausenden eingespielt hat, gerät aus
dem Takt – mit dramatischen Konsequenzen.*

Der kleine, grüngraue Vogel kauert sich zusammen. Seine großen blanken Augen starren nach oben. Regungslos duckt sich das Weibchen des Trauerschnäppers über seine Eier. In dem Mischwald aus Buchen, Kiefern und Eichen um sie herum wäre die werdende Vogelmutter mit ihrer perfekten Tarnung kaum zu sehen. Aber jetzt sitzt sie in Brutkasten 147.

Der zierliche Singvogel, der leicht in eine Hand passt, hat sich die Ruhe redlich verdient. Gerade ist *Ficedula hypoleuca* von einer 5.000 Kilometer langen Reise aus dem Gebiet südlich der Sahara in die verregneten Niederlande zurückgekehrt. Es ist Mitte Mai. »Spät für den Trauerschnäpper«, sagt Marcel Visser und steigt tropfnass von seiner silbernen Aluleiter herunter, die an der Eiche lehnt. In zwei Metern Höhe hängt der grün gestrichene Brutkasten 147 von der Größe eines Schuhkartons. Der Biologe duckt sich unter die Äste des Baumes und sucht die Blätter ab. Nur mit Mühe findet er, wonach auch der Trauerschnäpper sucht: Eine Raupe des *Operophtera brumata*, dem Kleinen Frostspanner, etwa einen Zentimer lang, blassgrün und zu einem Häkchen zusammengeringelt. »Der Höhepunkt der Raupen ist vielleicht schon vorbei«, sagt der Biologe. »Und bei den Trauerschnäppern sind noch nicht mal die ersten Küken geschlüpft.«

Der Trauerschnäpper ist berühmt. Und Marcel Visser hat ihn berühmt gemacht. Der 47-jährige Professor für Populationsbiologie vom

Zentrum für Bodenökologie im niederländischen Heteren hat mit dem kleinen Zugvogel detailliert und über Jahre hinweg belegt, wie sich der Klimawandel direkt zum Nachteil einzelner Tierarten auswirkt: »Die Umweltbedingungen verändern sich schneller, als sich der Trauerschnäpper anpassen kann.« Die Folge: Da, wo die Raupen des Frostspanners, mit denen die Trauerschnäpper ihre Jungen aufziehen, früher schlüpfen als bisher, ist der Bestand der Trauerschnäpper in den letzten 20 Jahren praktisch zusammengebrochen; die Forscher sehen einen Rückgang um 90 Prozent. »Wenn das so weitergeht, ist diese Population bald verschwunden.«

Visser und seine Mitarbeiter haben bewiesen, was lange nur als Vermutung galt. Vor allem in Europa und den USA haben Wissenschaftler, Hobby-Ornithologen, Landwirte oder Gartenbesitzer den unaufhaltsamen Vormarsch des Frühlings und die Ausdehnung des Sommers beobachtet: Alle zehn Jahre wird es im Schnitt 2,5 Tage früher Frühling – inzwischen fängt die laue Jahreszeit auf der Nordhalbkugel mehr als eine Woche früher an als noch vor 30 Jahren. Der Herbst dagegen lässt pro Dekade einen Tag länger auf sich warten. Aus allen Ecken und Enden melden Beobachter die Veränderungen: Kirschen blühen immer früher, Forsythien sind einen Monat schneller als vor 50 Jahren. Die Feuerlibelle aus dem Mittelmeerraum ist inzwischen in Deutschland zuhause, Kraniche bleiben im Winter oft hier und ziehen nicht mehr in den warmen Süden, mit dem Großen Alexandersittich hat sich die dritte Papageienart in Deutschland etabliert.

Wenn die Brut schlüpft, wird die Nahrung knapp

Visser und seine Mitarbeiter aber blickten weiter. Sie nahmen nicht die einzelnen Arten ins Visier, sondern die Nahrungskette. Der Trauerschnäpper und die Kohlmeise, heimische Arten in der Nähe von Vissers Institut bei Arnheim, brauchen für die Aufzucht ihrer Brut im Frühjahr die Raupen des Frostspanners. Der wiederum benötigt die ersten zarten Knospen der Eiche, um genug Energie für sein Puppenstadium zu tanken. Je wärmer es wird, desto früher blühen die Eichen. Die Frostspanner-Raupen haben damit kein Problem: Sie schlüpfen einfach früher.

Ein Problem haben aber Trauerschnäpper und Kohlmeise. Statt früher ihre Nester zu bauen, verändern sie nur sehr zögerlich den Brutbeginn, den ihnen ihre Gene, ihre Erfahrung und auch die Temperaturen nahe legen. »Hier hat sich die Temperatur Anfang April kaum verändert«, sagt Visser. »Erst in der zweiten Hälfte wird es deutlich wärmer, was die Raupen ausnutzen. Die Vögel müssten im Kalten mit dem Brüten beginnen, weil es dann später schneller warm wird.« Seine Beobachtung: Klimawandel bedeute eben nicht, dass es einfach nur wärmer werde. »Sondern die gesamten Muster des Zusammenlebens geraten durcheinander.« Die Meise verlegt zwar den Beginn der Brut, aber zu langsam: Während die Raupen jedes Jahr 0,75 Tage früher schlüpfen, verändert die Meise ihren Brutbeginn nur um 0,2 Tage – und kommt oft zu spät, um wie üblich noch eine zweite Brut aufzuziehen.

Der Trauerschnäpper hat noch ein ganz eigenes Problem: Er ist ein Zugvogel, er kommt pünktlich, aber trotzdem immer häufiger zu spät. Denn seine Zeit für die Rückkehr richtet sich auch nach den Bedingungen in der Ferne. Wenn es wie im Winter 2006/07 in Spanien kalt ist, woher soll der Vogel wissen, dass zuhause schon die saftigen Raupen warten? Tatsächlich hat der Trauerschnäpper seine Brutzeit um zwei Wochen nach vorn verlegt, sodass er nun direkt nach der Ankunft in den Niederlanden mit der Brut beginnt. Jetzt aber ist diese Möglichkeit der Anpassung ausgereizt. Und das heißt: Wenn die Jungen groß und hungrig werden, wird das Angebot an Nahrung immer kleiner.

»Eine kleine Katastrophe«, murmelt Visser an Box 143. Im Brutkasten liegen sieben Kohlmeisen-Küken. Die Schnäbel aufgerissen, die flaumigen Körper zusammengedrängt, tot. »Die Mutter irgendwo gestorben und der Vater hat das Nest aufgegeben«, vermutet Visser. Über das Mobiltelefon sagt er einem Mitarbeiter Bescheid, der den Bereich bearbeitet. Dann hängt er sich die Leiter über die Schulter, zieht gegen den Regen den Kopf zwischen die Schultern und stapft weiter durch die Pfützen auf dem matschigen Weg. 450 Brutkästen hängen hier im Hoge Veluwe, dem einzigen privaten Nationalpark der Niederlande. 5.500 Hektar Mischwald von Kiefern, Buchen, Birken und Eichen sind Heimat für Rehe, Wildschweine, Vögel. Eine Insel der Artenvielfalt in einer Landschaft zwischen Autobahn, kanalisiertem Rhein, Gewächshäusern und qualmender Papierfabrik. Für die Vögel aber auch ein Big-Brother-Container, in dem sie genau beobachtet werden.

»Leise hier!« warnt der Forscher. Er zeigt nach rechts: Auf einem Brutkasten ist eine Kamera installiert, die das Innere filmt. Ein paar

Hundert Meter weiter steht unter den tropfenden Bäumen am Rande des Weges ein kleines Tarnzelt. Die Wissenschaftler beobachten Kohlmeisen beim Familienkrach: Wie schafft es ein Küken, mehr Nahrung als seine Geschwister zu bekommen, und mehr, als die Eltern ihm geben wollen? »Wenn Sie Kinder haben, kennen Sie das Problem«, grinst der Forscher. »Von außen sieht ein Nest mit einer Vogelfamilie so romantisch aus. Wenn man näher hinschaut, sieht man, wie die Geschwister gegeneinander kämpfen, wie die Frau dem Mann etwas vormacht und wie der Mann möglichst schnell abhauen will, um sich nochmal zu paaren. Jeder hat seine eigenen Interessen.«

Das Ende von »Fressen und gefressen werden«

Die Beobachtungen von Visser und seinen Kollegen sind inzwischen weltweit bestätigt worden: Immer mehr geraten die über Jahrtausende eingespielten Nahrungsketten zwischen Pflanzen und Tieren, zwischen Opfer und Beute durcheinander, weil die verschiedenen Glieder der Nahrungskette unterschiedlich auf die veränderten Klimabedingungen reagieren. Ähnlich wie der Trauerschnäpper kommt auch in Nordamerika der Waldlaubsänger (Wood Warbler) inzwischen erst an seine Brutplätze, wenn die Zahl der Raupen wieder abnimmt. In Grönland hat sich die Blüte der Flechten, von denen sich die Rentiere ernähren, zwischen 2002 und 2006 um 15 Tage nach vorn verschoben – die Sterberate der Rentierkälber, die deshalb zu spät geboren werden, hat sich versiebenfacht. Der Rote Admiral, ein Schmetterling, kehrt von seinem Zug in den Süden früher zurück – doch seine Nahrung, die Brennnessel, bleibt bei ihrem bisherigen Datum für die Blüte. Und auch im Wasser geraten die Muster von »Fressen und gefressen werden« durcheinander: Während sich die Blüte des Phytoplanktons um fast einen Monat nach vorn verschoben hat, hat darauf eine Art von tierischem Zooplankton, *Daphnia pulicaria*, nicht reagiert: Ihr schwimmt nun die Nahrung davon.

Welche Folgen solche Störungen in der Nahrungskette haben können, zeigt ein Beispiel von der Nordküste Schottlands. Dort gingen in den letzten Jahren ganze Kolonien von Seevögeln ein, weil die Sandaale ausblieben, mit denen die Jungen gefüttert wurden. Die Fische wiederum waren nicht gekommen, weil sie kein Plankton gefunden hatten. Dem Plankton war das wärmere Wasser des Atlantiks offenbar nicht bekommen. Das UN-Umweltprogramm UNEP zitiert dieses Beispiel, um zu warnen: »84 Prozent der Zugvögel, die unter die ›Konvention für wandernde Tierarten‹ (CMS) fallen, sind möglicherweise vom Klimawandel bedroht.« 20 bis 30 Prozent der untersuchten Arten von Pflanzen und Tieren stünden vor dem Aussterben, wenn die globale Temperatur sich noch einmal um ein bis zwei Grad Celsius erhöhe, melden die Experten des IPCC. Und der World Wide Fund for Nature (WWF) zählt den »Klimawandel zu den größten Artenkillern«. Neben den Korallenriffen und Lachsen, denen das Meer ungemütlich warm werde, den Insekten und Amphibien, die durch den Klimawandel ihren Lebensraum verlören, könnten auch 38 Prozent aller europäischen Vogelarten »regional aussterben«.

Alles nur Panikmache?

»Panikmache, für die es keine konkreten Belege gibt«, nennt dagegen Josef Reichholf die Berichte über das Klimaopfer Trauerschnäpper. Der Professor für Ökologie und Naturschutz in München und Leiter der Wirbeltierabteilung an der Zoologischen Staatssammlung München findet, man unterschätze die Flexibilität der Tiere: »Wenn es keine Raupen gibt, suchen die eben etwas anderes. Wäre ihr Speiseplan so eng, gäbe es schon längst keine Trauerschnäpper mehr.« Der Vogel lebe in großen Populationen in Russland und dem Baltikum, die Art sei sicher nicht generell vom Aussterben bedroht. Überhaupt falle ihm »beim besten Willen keine Art ein, die durch eine weitere Erhöhung der Temperaturen vom Aussterben bedroht ist«. Die Mehrheit seiner Kollegen allerdings ist anderer Meinung und weist darauf hin, dass Reichholf zum Thema Klimawandel kaum wissenschaftlich publiziert habe.

Der umstrittene Naturschützer weist aber auf einen blinden Fleck in dieser Debatte hin: »Die eigentliche Ursache für das Artensterben ist nicht das Klima, sondern der Mensch«, sagt Reichholf. Agrarindustrie und Flächenverlust setzten den Tieren und Pflanzen weit mehr zu als die Erwärmung. »Der Trauerschnäpper in den Niederlanden lebt in einem Mini-Wäldchen in einer total übernutzten Landschaft.« Auch der Eisbär sei nicht wegen des Klimawandels bedroht, sondern weil der Mensch ihm die Robben als Nahrung und den Lebensraum streitig mache. Für Reichholf ist Klimawandel nur ein zusätzlicher möglicher Stressfaktor, der den Arten das Leben erschwert. Viele andere Wissenschaftler betonen dagegen, dass gerade diese zusätzliche Belastung einzelnen Arten an bestimmten Standorten oder allgemein den Garaus machen kann.

Wie mächtig der Klimawandel wirkt, zeigt sich auch darin, dass er seine Spuren inzwischen auch im großen Steuerungsmechanismus des Lebens hinterlassen hat: Der Evolution. Zum ersten Mal bewies dies 2001 das amerikanische Biologenpaar William Bradshaw und Christina Holtzapfel. Sie zeigten, dass Stechmücken der *Wyeomyia smithii* neun Tage später in die Winterstarre fielen als zuvor – und dass sie dieses Verhalten an ihre Nachfolgen weitergeben. Diese wiederum haben bei wärmeren Temperaturen einen Selektionsvorteil, weil sie im Herbst länger nach Nahrung suchen können.

Klimawandel als Triebkraft der Evolution

Haben also auch die frühen Brüter in der Hoge Veluwe einen Evolutionsvorteil? Dieser Frage ist auch Visser weiter auf der Spur. Aus Box 339 holt er nacheinander ein Pärchen von Kohlmeisen, misst sie, wiegt sie, liest die Ringe an den Füßen ab und fügt neue hinzu. Dann nimmt er ihnen für genetische Untersuchungen einen Tropfen Blut ab. Der Forscher hockt im Regen auf seiner Aluleiter, nur leicht beschirmt von einer kleinen Buche. Die Notizen in seinem Büchlein, aufgeschrieben mit klammen Fingern, weichen mit jedem Regentropfen mehr durch, der auf die Seiten fällt. Visser arbeitet an einem genetischen Stammbaum der Vögel in seinem Wald, um die Frage zu klären, ob die Erwärmung schon in der DNA der Meisen zu sehen ist.

Visser und seine Mitarbeiter haben bereits ein recht genaues Bild der weit verzweigten Familienclans in den Bäumen. In ihrem Institut haben sie aus diesen Daten einen groß angelegten Versuch aufgebaut. In einer Baracke am Rand des Instituts stehen 38 identische begehbare Käfige bereit. Ausgerüstet mit künstlichem Licht, Sitzstangen und einer Brutbox, die von außen zu kontrollieren ist. Die Hälfte der Paare wird bei (bislang) normalen Frühjahrsbedingungen – zwölf Grad Celsius im Schnitt – zur Brut animiert. Die andere Hälfte bekommt die Wärmebehandlung von durchschnittlich 16 Grad zu spüren.

Die Ergebnisse aus den ersten zwei Jahren sind für Visser »erstaunlich«. Das sagen Wissenschaftler, wenn die Ergebnisse ihrer Experimente nicht ihren Erwartungen entsprechen. Denn die Meisen in Vissers Käfigen brüten alle mehr oder weniger gleichzeitig und nicht etwa früher in den wärmeren Kabinen. »Wer es wärmer hat, beendet die Brut früher, das passt ins Schema«, sagt Visser. Aber dass sie nicht früher mit der Brut beginnen, dafür hat er bisher auch keine Erklärung.

»Es muss also noch an etwas anderem liegen als an der Wärme – vielleicht dem veränderten Futterangebot in der Natur.«

Ohnehin ist der Forscher eher vorsichtig mit seinen Aussagen. In einem wissenschaftlichen Papier etwa warnt er ausdrücklich davor, dass die vielen Berichte über Veränderungen in den Nahrungsketten auch daher rühren könnten, dass solche Ergebnisse aufregender sind und eher publiziert werden als Ergebnisse, die keinen Alarm schlagen. Auch andere Wissenschaftler befürchten inzwischen eine solche Trendgläubigkeit beim Thema Klima. Doch diese Gefahr besteht anscheinend nicht wirklich, haben Forscher der Technischen Universität München in einer Metastudie herausgefunden: Ihr Team wühlte sich durch einen Berg von Daten und warf ein kritisches Auge auf insgesamt über 125.000 Reihen, mit denen beobachtet worden war, wie Pflanzen und Tiere auf den Klimawandel reagieren. Die Untersuchungen aus 21 europäischen Ländern an 542 Pflanzenarten und 21 Tierarten ergaben zwei deutliche Befunde: 78 Prozent der Pflanzenentwicklung war verfrüht, nur drei Prozent verzögert. Und: Ein wissenschaftliches »Vorurteil«, diesem Trend entsprechend zu untersuchen, ließ sich nicht feststellen.

Problematische Geschwindigkeit

Der Klimawandel verändert Umwelt und Leben der Vögel in der Hoge Veluwe. Das lesen Marcel Visser und seine Mitarbeiter in ihrem feuchtkalten Wohnwagen im Wald, in ihren klammen Zelten und den kühlen Baracken aus ihren Aufzeichnungen deutlich heraus. »Das Problem ist die Geschwindigkeit«, sagt der Biologe. »Eine Erwärmung um zehn Grad Celsius würde den Vögeln nichts ausmachen, wenn die Entwicklung zehntausend Jahre dauerte.« So aber macht Visser sich Gedanken, wie man diese stille Katastrophe den Menschen beibringen kann. »Wer Deiche baut oder Felder anlegt, der kann ausrechnen, dass der Klimawandel ihm höhere Deiche oder mehr Bewässerung abverlangt«, sagt Visser in seinem kargen Büro, das von einem Poster über den »Lebensraum Eiche« mühsam geschmückt wird. »Er kann damit Geld fordern. Wir Biologen brauchen eine Messlatte, mit der wir den Politikern sagen können: zwei Grad Erwärmung, das bedeutet den Verlust dieser Tiere und dieser Pflanzen. Das ist der Preis, den wir dafür zahlen.«

Den Stress für den Trauerschnäpper vergleicht Visser mit einer Erfahrung, die viele Bürger in Europa zum Jahreswechsel 2001/2002 machten: »Vor der Einführung des Euro wussten sie, dass ein Kilo Tomaten 1,99 Mark kostete. Ab Januar 2002 stand da wieder 1,99 auf dem Etikett, aber diesmal war es der doppelte Preis und sie mussten sehr an sich halten, diesem Signal nicht instinktiv zu folgen.« Etwas Ähnliches, sagt der Biologe, passiere auch bei seinen Vögeln – nur, dass sie nicht nachdenken könnten: Die Signale, die sie empfangen, bedeuten heute nicht mehr das Gleiche wie früher. »Die Aufgabe beim Euro war es, diese Umstellung zu schaffen, ehe man sich ruinierte. Ob die Vögel diese Chance bekommen, ist sehr zweifelhaft.«

Klima-Steckbrief Natur als Dienstleister

Beschäftigte weltweit (2008):
2 Mio. Arten von Lebewesen erfasst, 10 bis 100 Mio. geschätzt

Jährlicher Gesamtumsatz:
Zwischen 3 und 33 Billionen US-Dollar (geschätzt)

Schwerpunkte der Wertschöpfung (in US-Dollar):
Abfallbeseitigung/Recycling (760 Mrd.),
Ökotourismus (500 Mrd.), Bestäubung (200 Mrd.),
CO_2-Speicherung (135 Mrd.)

Klimawirkung:
Speicherung von etwa 200 Mrd. Tonnen CO_2 jährlich.
Zum Vergleich: Der menschengemachte Ausstoß beträgt etwa 22 Mrd. Tonnen.

Besondere Kennzeichen:
Die Basis der Beschäftigten in diesem Dienstleistungssektor schwindet
dramatisch. Jedes Jahr werden 15.000 neue Spezies entdeckt, aber etwa 50.000
sterben aus.

Quellen: National Geographic, Cornell University, University of Minnesota

 OPFER

Brandbeschleuniger für Konflikte

Politiker, Wissenschaftler und Militärs befürchten, dass Dürren, Stürme und Massenflucht Gewalt erzeugen und ganze Regionen in kriegerische Auseinandersetzungen stürzen. Doch die Bedrohung durch Umweltschäden könnte auch Gegner zur Zusammenarbeit zwingen.

»Plötzlich standen sechs Bewaffnete vor uns«, erzählt der 18-jährige Arkan Athan Hussein. »Wir sollten ihnen helfen, ihr Vieh zur Wasserstelle zu treiben. Aber das konnten wir nicht tun, denn der Zugang zu den Bohrlöchern ist genau geregelt. Als wir uns weigerten, hob einer von ihnen seine Kalaschnikow und schoss meinem Freund Abdi Maalim in die Brust und die Schulter. Abdi starb. Als ich wegrannte, schossen sie auch auf mich.«

Auf den Mord an Abdi Maalim im Dezember 2005 folgten 40 Tage der Gewalt unter den Rinderhirten im Norden Kenias. Im abgelegenen Dorf Sambarwawa im Distrikt Isiolo war die Spannung explodiert, als sich 10.000 Hirten mit insgesamt 200.000 Tieren um die wenigen Wasserstellen drängten. Manche hatten ihr Vieh 400 Kilometer weit nach Sambarwawa getrieben, weil es hier immer noch Wasser gab. Doch im Dezember 2005 trockneten auch die letzten Bohrlöcher im Flussbett aus. »Da sah ich, dass es Konflikte geben würde«, berichtet der Dorfälteste Wako Liba. Der verzweifelte Kampf um Wasser für das Vieh, das einzige Vermögen der Hirten, forderte mindestens drei Tote, am Ende waren 3.000 Rinder gestohlen worden.

»Es gibt eine enge Verbindung zwischen der Trockenheit und Konflikten«, schreibt die britische Hilfsorganisation Christian Aid 2006 zu diesen Vorfällen in ihrem Bericht »Das Klima der Armut«. Über 100 Menschen starben in der Dürre 2004/2005 in Kenia, als Streitigkeiten über Wasser und Vieh eskalierten. Schnell wurden aus den Disputen ethnische Konflikte, in denen sich Gangs nach Stämmen sortierten und Opfer in den eigenen Reihen durch neue Tote bei der gegnerischen Volksgruppe rächten – das gleiche Muster, wie bei den wochenlangen Unruhen mit Hunderten von Toten, die Kenia nach der umstrittenen Wahl im Frühjahr 2008 erschütterten.

Der Tropfen, der das Fass zum Überlaufen bringt

Konflikte um Ressourcen wie in Sambarwawa haben lokale Ursachen: In Afrika kämpfen Hirten und Bauern um den Zugang zu Land und Wasser. In den Anden demonstrieren Slumbewohner gegen die Privatisierung der letzten Trinkwasserreserven. In Indien und Bangladesch führt das Versagen der Behörden nach Stürmen und Überflutungen zu Krawallen. Doch mit wachsender Besorgnis blicken inzwischen EU und UNO, Politiker, Hilfsorganisationen und Militärs auf den Zusammenhang von Klima, Krieg und Frieden. Denn Ausbruch und Wucht der Auseinandersetzungen werden oft durch den globalen Klimawandel verursacht und verstärkt. Und auch die Konsequenzen werden globalisiert: Gegenden, die in Anarchie versinken, liefern keine Rohstoffe, sondern exportieren Chaos, Terror und Flüchtlinge bis in die Industrienationen. Der Klimawandel wirkt wie ein Brandbeschleuniger für Konflikte, die sich an Not und Hunger, an Ressourcengier, Armut und Fremdenhass entzünden. Er ist ein »Bedrohungsmultiplikator, der bestehende Trends, Spannungen und Instabilität verschlimmert«, mahnt der EU-Außenbeauftragte Javier Solana, der im März 2008 die EU-Sicherheitsdoktrin um den Bedrohungsfaktor Klimawandel erweiterte. »Im Kern besteht die Herausforderung darin, dass der Klimawandel Staaten und Regionen über Gebühr beansprucht, die bereits zerbrechlich und anfällig für Konflikte sind.«

Der Klimawandel ist ein Problem der internationalen Sicherheitspolitik »in der Zukunft, aber auch jetzt schon«, warnt Solana. »Und es wird uns erhalten bleiben.« Mit der Einschätzung steht der oberste EU-Diplomat nicht allein. Im April 2007 verglich die britische Außenministerin Margaret Beckett in der ersten Debatte im UN-Sicherheitsrat zum Thema Klimawandel die Situation mit der drohenden Kriegsgefahr von 1939. Zur gleichen Zeit warnten elf ranghohe pensionierte US-Generäle vor einer Bedrohung der nationalen Sicherheit der USA durch knappe Ressourcen und Flüchtlingsströme als Konsequenz aus dem Klimawandel. Der damalige UN-Generalsekretär Kofi

Annan mahnte bereits 2006 zur Klimakonferenz in Nairobi, der beschleunigte Klimawandel bedrohe Sicherheit und Frieden und müsse ebenso ernst genommen werden wie die Vermeidung von Kriegen oder der Kampf gegen Massenvernichtungswaffen. Und im April 2008 warnte das Londoner Royal United Service Institute vor Sicherheitsrisiken durch das Klima, die mit den Weltkriegen vergleichbar seien, aber auf Jahrhunderte bestehen blieben. Die Entwicklung führe zu einem »Wandel in der strategischen Sicherheitsumgebung wie das Ende des kalten Krieges«.

Wie gefährlich die Lage ist, zeigt eine Studie der britischen Hilfsorganisation International Alert. Sie hat 46 Staaten mit insgesamt 2,7 Milliarden Einwohnern identifiziert, wo »die Risiken des Klimawandels auf wirtschaftliche, soziale und politische Probleme treffen und ein hohes Risiko für gewalttätige Konflikte schaffen werden«. 56 weitere Länder mit 1,2 Milliarden Menschen seien zwar nicht sofort betroffen, aber die Wechselwirkung von Klimawandel, Armut und knappen Ressourcen könne auch hier zu politischer Instabilität und potenziell zur Anwendung von Gewalt führen. Zwei Drittel der Weltbevölkerung leben in einem Teufelskreis: Arme Staaten leiden in der Regel mehr unter Klimaänderungen wie Dürren oder Überschwemmungen. Die Folgen dieser Katastrophen wiederum können die Länder noch weiter in die Armut treiben. »Die Gewalt hat in diesem Jahrhundert eine große Zukunft«, schreibt der Konfliktforscher Harald Welzer in seinem Buch »Klimakriege – wofür im 21. Jahrhundert getötet wird«. Der Klimawandel werde nicht nur die Welt verändern, sondern auch »das Ende der Aufklärung und ihrer Vorstellung von Freiheit sein«.

Auch auf der internationalen Bühne verschiebt der Klimawandel die Gewichte, fürchtet eine Gruppe von hochrangigen US-Strategen aus Wissenschaftlern, Politikberatern und Geheimdienstlern. Russland werde wichtiger, weil es mit seinem Gas einen vergleichsweise ökologischen Brennstoff mit niedrigem Kohlenstoffanteil besitze; China müsse zeigen, ob es beim Klimaschutz verantwortlich handeln könne; der Einfluss der Ölländer im Nahen Osten gehe zurück und die Verbreitung von atomarem Material werde zu einem größeren Problem. Schließlich steige Brasilien als wichtigster Produzent für Bioethanol zu einer Ressourcenweltmacht auf, schreiben die Analysten des Center for Strategic and International Studies und dem Center for a New American Security in ihrer Analyse »Das Zeitalter der Konsequenzen«. Sie kommen zu einer drastischen Einschätzung: Ein ungebremster Klimawandel »destabilisiert durch das folgende Chaos praktisch jeden Aspekt des modernen Lebens. Der einzige passende Vergleich für viele in unserer Gruppe war, was ein Atomkrieg zwischen den USA und der Sowjetunion angerichtet hätte«.

Die Kollateralschäden des Klimawandels

Der Wissenschaftliche Beirat Globale Umweltveränderungen (WBGU) der deutschen Bundesregierung hat zu dem Thema die wohl umfangreichste Untersuchung vorgelegt – im Sommer 2007, kurz bevor sich die Führer der G8-Staaten an der Ostseeküste in Heiligendamm zum Klimagipfel trafen. Zwar halten die Experten darin »klimainduzierte zwischenstaatliche Kriege für unwahrscheinlich«, aber sie sehen »nationale und internationale Verteilungskonflikte sowie schwer beherrschbare Probleme des Staatenzerfalls, erodierender gesellschaftlicher Ordnung und steigende Gewaltneigung« voraus. Vor allem an vier Punkten könnten sich demnach Konflikte entzünden: dem knapperen Angebot an sicherem Trinkwasser, das schon heute für 1,1 Milliarden Menschen kaum verfügbar ist; dem Rückgang der Nahrungsmittelproduktion, wo bereits jetzt 850 Millionen Menschen hungern; der Zunahme von Stürmen und Überschwemmungen, die bereits jetzt immer wieder zu innenpolitischen Spannungen führen; und durch Umweltflüchtlinge, die verstärkt an die Tore der reichen Länder klopfen.

In der Folge, warnt der WBGU, könnte sich nicht nur das Klimasystem, sondern auch die weltpolitische Lage aufheizen: Es gäbe mehr schwache Staaten, sogenannte »schwarze Löcher der Weltpolitik« wie Afghanistan oder den Sudan. Mit ihnen wachse die Bedrohung durch Terroristen. Die Weltwirtschaft müsse mit »erheblichen Wachstumseinbußen« rechnen, wenn weniger Nahrungsmittel produziert, Straßen und Häfen beschädigt und Industrieanlagen an den Küsten zerstört würden. Die Industrieländer verlören international an Handlungsfähigkeit, weil sie wegen ihrer Verantwortung für den Klimawandel am Pranger stünden, ihre Menschenrechtspolitik büße an Glaubwürdigkeit ein. Migration werde »zu einem der großen Konfliktfelder der künftigen internationalen Politik«, warnt das Beratergremium. Auch diese Experten sehen einen Teufelskreis: Viele Probleme seien nur durch internationale Kooperation zu lösen. Doch gerade die sei bedroht, wenn »mit fortschreitendem Klimawandel die Grundlagen für einen konstruktiven Multilateralismus schwinden«.

Der Wettlauf um Ressourcen wird härter

Rund um das russische Forschungsschiff »Akademik Fjodorow« ist das Meer bis zum Horizont gefroren. An Bord herrscht an diesem 2. August 2007 großer Jubel: Gerade ist in einem Loch von 125 mal zehn Metern, das mühsam ein Atom-Eisbrecher frei geräumt hat, ein kleines Forschungs-U-Boot aufgetaucht. Das U-Boot heißt »Mir« (Frieden), aber seine Mission läutet einen neuen Kalten Krieg ein. Die »Mir« hat gerade in einer Meerestiefe von 4.000 Metern direkt unter dem Nordpol eine Titankapsel mit der russischen Flagge abgesetzt. Für Sergej Baljasnikow vom russischen Institut für Arktis- und Antarktisforschung gleicht die riskante Aktion, bei der die »Mir« beim Auftauchen 40 Minuten nach einem Loch im Eis suchen musste, dem Hissen der US-Flagge auf dem Mond. Treffender wäre wohl der Vergleich mit der Landnahme der spanischen Konquistadoren: Denn die fast neunstündige Tauchfahrt sollte die Ansprüche Russlands auf 1,2 Millionen Quadratkilometer der Arktis und die in ihnen vermuteten gigantischen Öl- und Gasfelder demonstrieren – ein Ansinnen, das mangels Beweisen bereits einmal von der UNO zurückgewiesen wurde.

Der russische Vorstoß hat den Wettlauf zum Pol noch verschärft. Zwei Wochen später reiste der kanadische Premierminister Stephen Harper an die eisige Nordgrenze seines Landes. In Resolute Bay, 600 Kilometer südlich des Nordpols, gab er bekannt, dass Kanada in der Region zwei neue Militärstützpunkte bauen werde, um sein Recht auf Kontrolle der Nordwestpassage zu untermauern, die den Atlantik mit dem Pazifik verbindet. Seit sich das Eis in der Arktis immer weiter zurückzieht, ist diese Verbindung immer länger offen, auch die USA und Norwegen melden Ansprüche an der Arktis an. Fast zeitgleich startete im Sommer 2007 eine dänische Expedition nach Norden. Ihr Ziel: Beweise sammeln, dass der Lomonossow-Rücken, ein Gebirge am Grund des Eismeeres, mit dem dänischen Grönland verbunden ist. Die Dänen sind sicher, dass die UNO den Nordpol ihnen zuteilen werde. Aber ein Erfolg könnte auch zur Enttäuschung werden: Denn Grönland will unabhängig von Dänemark werden, um die Rohstoffe auf eigene Rechnung auszubeuten.

Der kalte Krieg um Öl und Gas am Nordpol zeigt, dass Konflikte um Ressourcen nicht auf arme Länder beschränkt sind. Und er ist ein Beispiel für die »Gerechtigkeitslücke«, von der unter anderem der WBGU spricht. Denn erst der beschleunigte Klimawandel macht die

Ausbeutung der vermuteten Öl- und Gasreichtümer überhaupt möglich. Einige jener Nationen, die die Atmosphäre so mit Kohlendioxid aufgeladen haben, dass das Eis schmilzt, können nun dadurch von den frisch freigelegten Ressourcen profitieren – und so das Weltklima weiter anheizen.

»Climacalypse now« ...

Dagegen stehen die »Habenichtse« in Afrika, Südamerika und Asien, die weder eine leistungsstarke Industrie mit nennenswerten CO_2-Emissionen haben noch neue Rohstoffe durch den Klimawandel gewinnen – sondern die vor allem mit seinen Folgen kämpfen.

Und die können gewaltig und gewalttätig sein. In seinen Szenarien skizziert der WBGU mögliche Entwicklungen:

○ In Peru kommt es ab 2030 zu »Bürgerkrieg mit vielen Opfern«, weil nach dem Abschmelzen der Andengletscher die Hauptstadt Lima mit dann zwölf Millionen Einwohnern praktisch trockenfällt – und zusätzlich Korruption und Misswirtschaft den Armen den Zugang zum Wasser verwehrt.

○ In Zentralasien graben sich Kasachstan, Kirgisistan, Tadschikistan, Turkmenistan und Usbekistan gegenseitig das Wasser ab, das immer seltener aus den Himalayagletschern fließt. Stromerzeugung und Landwirtschaft geraten in die Krise, die Wüsten wachsen. Ethnisch gefärbte Konflikte nehmen zu, die Regierungen sind machtlos gegen Mafia und islamische Terroristen.

○ Im südlichen Afrika kann ab 2020 die Produktion von Nahrung nicht mehr mit dem Bevölkerungswachstum Schritt halten. Millionen von Menschen wandern in die Städte, »die meisten Stadtviertel der Metropolen und weite Landstriche versinken in Anarchie«. In den rechtsfreien Räumen übernehmen politische Rebellen, ethnische Krieger und kriminelle Warlords die Macht.

○ Um 2025 wird das Delta des Perlflusses an der chinesischen Ostküste von besonders schweren Taifunen und Überschwemmungen verwüstet. Die Verwaltung zeigt sich überfordert, die Millionen von Opfern zu betreuen. In der Folge kommt es zu Plünderungen und Ausschreitungen, der Staat schickt die Armee, um den Aufstand zu ersticken. Wegen der unsicheren Lage verlagern die ausländischen Investoren ihre Fabriken lieber in sozial und ökologisch stabilere Regionen. Chinas Aufstieg zur wirtschaftlichen Supermacht und zum Konjunkturmotor der Weltwirtschaft steht auf dem Spiel.

○ Dürren und der Verlust von fruchtbarem Land verschlechtern die Ernährungslage in Nordafrika dramatisch. Zur Mitte des Jahrhunderts nimmt die Abwanderung der Bevölkerung Richtung Europa daher »Ausmaße an, die einer Völkerwanderung gleichkommen« und die Staaten im Maghreb »ernsthaft destabilisieren«. Die Welle illegaler Migration führt in Europa zu steigender Fremdenfeindlichkeit, EU und NATO sichern militärisch ihre Südgrenze. Europa finanziert in den Maghreb-Staaten den Bau von Internierungslagern, in denen die Flüchtlinge unter menschenunwürdigen Bedingungen gehalten werden.

... oder eine Chance für mehr Kooperation und Frieden?

Diese apokalyptischen Voraussagen müssen nicht Wirklichkeit werden, betonen die WBGU-Autoren. Jedem Worst-Case-Szenario stellen sie eine mögliche Entwicklung entgegen, die das Schlimmste vermeidet. Wenn der Klimawandel begrenzt werde und die Staaten dafür Vorsorge träfen, wären die meisten Situationen zu entschärfen. Denn Klimawandel ist nicht nur eine Bedrohung, er könnte »die Staatengemeinschaft auch zusammenführen, wenn sie ihn als Menschheitsbedrohung versteht«. So könnte in Peru der rechtzeitige Bau von Speichern, effizientere Wassernutzung und gerechte Verteilung die Lage entschärfen; in Zentralasien könnte eine angepasste Wirtschaftsstruktur, besseres Wassermanagement auf den Feldern und der Ausbau der Windkraft für Entspannung sorgen. Im südlichen Afrika schafft im »Kooperationsszenario« eine »grüne Revolution« mit maßgeschneiderten Pflanzen und besserer Agrartechnik neue »Kornkammern« und lindert die Spannungen um die Lebensmittel, in China reagieren die Behörden auf die Herausforderung der Klimaveränderungen mit mehr Transparenz und politischer Teilhabe der Bürger. In Nordafrika schließlich bekämpft die internationale Gemeinschaft erfolgreich die Wüstenbildung und ermöglicht den Menschen eine Perspektive in ihren Heimatländern.

Auch die politische Großwetterlage laufe nicht unbedingt auf einen Konflikt hinaus, meinen die WBGU-Autoren. Anders als bei den großen internationalen Konflikten des 19. und 20. Jahrhunderts gebe es im globalen Maßstab »keine ernsthaften Territorialkonflikte und keine fundamentalen ideologischen Konflikte, vergleichbar der Systemfrage des Kalten Krieges«. Im Gegenteil seien die Staaten inzwischen wirtschaftlich so vernetzt, dass sich ein »starkes gemeinsames Interesse an internationaler Stabilität« herausgebildet habe. Und schließlich spreche auch die Erfahrung dafür, dass umstrittene Ressourcen gütlich geteilt werden könnten: »In der Vergangenheit sind deutlich häufiger Kooperationen zwischen Staaten über Wasserressourcen aufgetreten als Konflikte.«

Ähnlich argumentiert die Hilfsorganisation International Alert: »Friedensarbeit und Anpassung an den Klimawandel sind effektiv die gleiche Art von Arbeit«, heißt es. Es brauche für beides Dialog und soziales Engagement und auf Seiten der Regierung Offenheit und Teilhabe breiter Bevölkerungsgruppen. Frieden und Klimaschutz, das könnte also bei der richtigen Behandlung der Probleme eine positive Aufwärtsspirale bewirken. Wie realistisch diese positive Sicht der Dinge ist, ist schwer zu entscheiden. Gegen die »Kooperationsszenarien« spricht allerdings, dass sie ein hohes Maß an politischem Weitblick und ökonomischer Gestaltungskraft erfordern – Eigenschaften, die gerade den armen Staaten, die besonders betroffen sind, oft deutlich fehlen.

New Orleans als warnendes Beispiel

Wird die Klimakrise aber nicht entschlossen bekämpft, drohen Kurzschlüsse aus Elend, Gewalt und Rechtlosigkeit. Ein realistisches Bild solcher Zustände sieht so aus: Durch überflutete Straßen treiben Leichen. Im feucht-heißen Wetter nach dem Sturm fürchten die Menschen sich vor Seuchen. Trinkwasser ist knapp. In der Stadt herrscht Kriegsrecht: Die Bevölkerung plündert die Läden, weil die Hilfskonvois nicht rechtzeitig kommen. Hunderte von Menschen versammeln sich auf der Autobahn und betteln um Wasser. Zehntausende Opfer sind in einer Halle zusammengepfercht, wo bei der Evakuierung Anarchie herrscht.

Passiert ist all das nicht in einem Entwicklungsland, sondern Anfang September 2005 in den USA, als der Hurrikan »Katrina« New Orleans verwüstete. Wie sehr eine solche Katastrophe mit über 1.100 Toten auch langfristigen Schaden anrichten kann, zeigt dieses Beispiel aus einem der reichsten Länder der Welt: Ein Jahr danach waren in der

Stadt erst zwei Drittel der Schulen wieder geöffnet, knapp die Hälfte der Restaurants und nur jedes zweite Krankenhaus. Zehntausende von Menschen hatten wenig Hoffnung auf Rückkehr in ihre zerstörten Stadtteile.

Hauptsächlich militärische Antworten

»Der Klimawandel ist eine ernsthafte Bedrohung für die nationale Sicherheit der USA« hielten im April 2007 elf hochrangige pensionierte US-Generäle nüchtern fest. Im Gegensatz zur Bush-Administration fordern sie in zackigem Militärjargon schnelle Schritte zu einer wirksamen Klimapolitik und internationales Vorgehen der USA. Die Militärs bewegt nicht so sehr die Sorge um die Ärmsten der Armen, die sowohl unter den Folgen des Klimawandels leiden als auch unter den daraus resultierenden Konflikten. Die US-Generäle fürchten vor allem die sicherheitspolitischen Aspekte. Denn in einem heißeren oder nasseren Wetter, so warnen sie, werden Panzer, Gewehre und Flugzeuge schwerer zu warten sein. Die Armee müsste öfter zur Hilfe in Notgebieten ausrücken, so wie 2004 nach dem Tsunami in Indonesien. Sie beklagen, dass sie die Airbase »Pensacola« in Florida 2004 nach dem Hurrikan »Ivan« fast ein Jahr schließen mussten. Und sie sorgen sich um den Einsatz der US-Streitkräfte im Indischen Ozean: Die Insel Diego Garcia, von deren Luftwaffenbasis britische und US-Einheiten unter anderem die Kriege im Irak und in Afghanistan führen, liegt nur 1,20 Meter über dem Meeresspiegel.

So viel militärische Begründung für den Klimaschutz ruft anderswo Unbehagen hervor. Wo schon die Terroranschläge vom 11. September eine »vernichtende militärische Lösung ausgelöst haben«, warnt etwa die Redaktion »Schattenblick« auf der Öko-Internetseite »Greenhouse Infopool«, »um wie viel rücksichtsloser werden die westlichen Staaten erst ihre Interessen durchzusetzen versuchen, wenn es zu existenziellen Bedrohungen wie dem Anstieg des Meeresspiegels, Dauerdürren und dem massiven Verlust von Trinkwasser kommt?« Der Sicherheitsexperte Andreas Zumach kritisiert an der Strategie von EU und USA, sie setze bei der Krisenprävention vor allem auf Überwachung der Grenzen und die »polizeilich-militärische Vorbereitung auf Migrationsströme«. Maßnahmen zur Senkung der Treibhausgasemissionen in den Industriestaaten suche man dagegen vergeblich. Und auch Jörg Haas, bei der Grünen-nahen Böll-Stiftung für Klimapolitik zuständig, betont, dass eine wirksame Verbindung von Sicherheits-

und Klimapolitik zuerst bei den Verursachern ansetzen müsse. »Die Sicherheit Europas«, so Haas, »wird nicht nur am Hindukusch verteidigt, sondern auch in Neurath, wo RWE ein neues Braunkohlekraftwerk baut.«

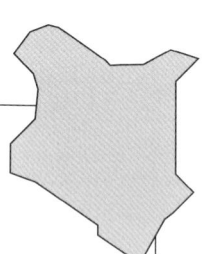

Klima-Steckbrief Kenia

Bevölkerung:
38 Mio.

Pro-Kopf-Einkommen:
1.600 US-Dollar

Pro-Kopf-CO_2-Ausstoß:
0,3 Tonnen (Rang 152)

Verantwortung für den Klimaschutz (RCI-Faktor):
0 Prozent

Kosten für effektiven Klimaschutz pro Kopf und Jahr:
0 US-Dollar

Besondere Kennzeichen:
Kenia gehört zu den Ländern, von denen niemand eine Reduzierung der Emissionen verlangt, im Gegenteil müssen sie auch in der Zukunft rasant steigen, um die Armut bekämpfen zu können.

Quellen: CIA/EcoEquity/Böll/WRI, eigene Berechnung

OPFER

Gesundheit im Treibhaus

Diagnose: heiß und tödlich

In den Industrieländern bedroht der Klimawandel vor allem die Alten, Allergiker und Arachnophobiker und kostet viel Geld. Im Süden dagegen kostet er Menschenleben. Infektionen, Hungersnöte und Unwetter gefährden Milliarden. Schon heute fordert die Erderwärmung jedes Jahr 150.000 Todesopfer.

»Ich lege mich auf keine Wiese mehr«, sagt Elmar Eckert. Der durchtrainierte 43-Jährige schüttelt den Kopf. »Und wenn ich beim Joggen im Wald an eine Stelle komme, wo das Gras über den Weg wächst, stoppe ich, gehe ganz vorsichtig vorbei und wische mir hinterher die Beine ab.« Sport war Eckert immer sehr wichtig. Lange spielte er beim VC Harlekin Augsburg in der Volleyball-Bundesliga. Bis er dann im Sommer 2006 diese unerklärlichen Schmerzen bekam: Im Knie, in den Leisten, in den Hoden. Er war auch nach neun Stunden Schlaf noch schlapp, fühlte sich wie von einem Virus gepackt, aber wenn er sich beim Arzt durchchecken ließ, hieß es immer: »Ihre Werte sind in Ordnung. Wenn es nicht besser wird, kommen Sie wieder.«

Es wurde nicht besser. Erst als er durch Zufall von einem befreundeten Förster hörte, dass seine Symptome auf einen Zeckenbiss und auf Borreliose hindeuteten, erst als er die Ärzte auf diesen Verdacht ansprach, erst als er in das Borreliose Centrum Augsburg (BCA) kam, ging es wieder bergauf mit ihm, sagt er. Nach einer Therapie, die 14 Wochen lang Antibiotika in seinen Körper pumpte, kann der ehemalige Leistungssportler wieder langsam seinen Körper belasten. Was ihn gebissen hat und wo, weiß er bis heute nicht. »Ich kann mich an keinen Zeckenbiss erinnern.«

Eckert fühlt sich nicht als Opfer des Klimawandels. Er ist es vielleicht auch nicht, denn Borreliosen hat es auch früher schon gegeben und

»treffen kann es dich überall und immer«, sagt Eckert. Aber zwei Räume weiter, im Sprechzimmer mit den orange-ocker gestrichenen Wänden, dem lederbezogenen Designersofa und der abstrakten Kunst an den Wänden, sieht Carsten Nikolaus, der ärztliche Leiter des Borreliosecentrums diesen Zusammenhang sehr wohl: »Die Zahl der Erkrankungen hat in den letzten fünf Jahren dramatisch zugenommen«, sagt er. Einerseits gingen immer mehr Leute in ihrer Freizeit in die Natur; Mountainbiker, Nordic-Walker und Wanderer brechen immer öfter durchs Unterholz. Andererseits habe aber »die Zahl der Zecken hier in Bayern massiv zugenommen – und das hat sicher etwas mit dem Klimawandel zu tun. Denn die Zecke fühlt sich wohl, wenn es wärmer und feuchter wird und die Winter nicht mehr so kalt sind«.

Zeckeninvasion in Mitteleuropa

Ideale Bedingungen also für das Insekt, das sich in Europa von Südosten nach Nordwesten ausbreitet. Den Vormarsch der Krabbeltiere registrieren nicht nur Mediziner, sondern auch Biologen. Ihre Ergebnisse sind eindeutig: Inzwischen finden sich Zecken auch in Schweden, nach Deutschland gelangen neue Arten wie die Auwaldzecke oder die Laufzecke, die eigentlich auf dem Balkan zuhause sind. Im März 2007 hieß das Thema des »IX. Internationalen Jena-Symposiums zu zeckenübertragenen Krankheiten« dann auch »Klimawandel«. Und das Cover des Tagungsprogramms ist nichts für Arachnophobiker: Ein menschliches Gesicht mit angstvoll aufgerissenen Augen, den Mund zum Schrei geöffnet – als Mosaik, zusammengesetzt aus Hunderten von kleinen Zecken.

Über 100 Vorträge und Poster variierten ein Thema: Warme Winter und höhere Temperaturen begünstigen die Zecken. Der Befall mit Hirnhautentzündung hat sich in der Ukraine vervierfacht; im Riesengebirge in Tschechien klettern die Zecken jetzt bis auf 1.200 Meter statt wie bisher nur bis 900 Meter; in Tirol zeigt sich eine »deutliche Zunahme« der Hirnhautentzündungen und in Deutschland wurde 2006 die höchste Zahl von Infektionen seit Beginn der Aufzeichnungen registriert. »In den letzten zwei Jahren sehen wir einen deutlichen Anstieg bei Krankheiten, die von Zecken übertragen werden«, sagt Jochen Süss, Leiter des Nationalen Referenzlabors für durch Zecken übertragene Krankheiten am Friedrich-Loeffler-Institut in Jena. »Und die Beobachtungen über die letzten 15 Jahre zeigen, dass der Klimawandel schwere Auswirkungen auf die Umwelt und jetzt auch auf Menschen hat.« Das ist, kurz zusammengefasst, auch der Tenor bei allen Untersuchungen, die sich mit der menschlichen Gesundheit im Treibhaus Erde befassen: Klimawandel gefährdet Ihre Gesundheit.

Dabei sind die Zecken in Mitteleuropa im globalen Maßstab ein Luxusproblem. Denn so dramatisch die Folgen für die einzelnen Betroffenen sein mögen: Anderswo tötet der Klimawandel Menschen, er erweckt längst besiegt geglaubte Krankheiten wieder zum Leben, er erhöht die Gefahr mörderischer Epidemien und legt Volkswirtschaften lahm. Der Klimawandel zementiert Armut, Elend und Ungerechtigkeit, indem er vor allem die Ärmsten der Armen mit Krankheiten bedroht und so jeden Fortschritt zu besseren Lebensbedingungen torpediert.

»Der Klimawandel trägt derzeit weltweit zur Belastung mit Krankheiten und frühzeitigen Todesfällen bei«, urteilte das IPCC 2007 in seinem vierten Bericht. Konkrete Belege dafür: Die Verbreitungsgebiete von Insekten, die Krankheiten übertragen, haben sich verändert und die Pollensaison und mit ihr das Allergierisiko haben sich in den letzten 30 Jahren um zehn Tage verlängert. »Der Einfluss auf die menschliche Gesundheit«, warnt die Weltgesundheitsorganisation WHO im Frühjahr 2007, »ist eine der wichtigsten Folgen des Klimawandels.« Und eine umfassende gemeinsame Studie der UN-Organisationen für Umwelt, Gesundheit und Meteorologie über »Klimawandel und menschliche Gesundheit« taxierte schon 2003 den Blutzoll für den Klimawandel: Konservativ gerechnet und auf die Daten des Jahres 2000 bezogen, sterben demnach jedes Jahr 150.000 Menschen direkt an der Erderwärmung, 5,5 Millionen Menschen leiden wegen des Klimawandels an Krankheiten.

Der Sommer 2003 war erst der Anfang

»Die 35.000 Toten während der Hitzewelle 2003 in Europa sind die ersten Alarmzeichen«, erklärte die WHO im April 2007. Für die Zukunft sehen die Wissenschaftler Millionen Menschen weltweit betroffen, und zwar vor allem durch verstärkte Mangelernährung und Infektionskrankheiten, durch zunehmende Unwetter, Durchfallerkrankungen, Gesundheitsprobleme durch höhere Ozonwerte und durch die Verbreitung von Tieren und Pflanzen, die Krankheiten übertragen. Die indirekten Gesundheitsfolgen – Ausbreitung von Krankheiten und regionale Probleme bei der Nahrungsversorgung – sind für die WHO noch gefährlicher als direkte Probleme wie Hitzewellen und Überflutungen. Der Report »Klimawandel und menschliche Gesundheit« stellt den Klimawandel in eine Reihe mit den großen Gefahren für die menschliche

Gesundheit wie das Ozonloch, schwindende Nahrungsgrundlagen auf dem Feld und in den Meeren, dem Wassermangel und der Gefahr durch Supergifte. »Der globale Klimawandel«, so die Autoren der Studie, »ist daher ein weiteres wichtiges Element im Spektrum der Gesundheitsgefahren aus der Umwelt, die die Menschheit bedrohen.«

Klare Diagnose, aber kein einheitliches Krankheitsbild

Noch sind die Effekte gering – »mindestens ebenso entscheidend für die Ausbreitung einer Infektionskrankheit sind ökophysiologische und sozioökonomische Faktoren«, erklärt das Bernhard-Nocht-Institut für Tropenmedizin in Hamburg. Das heißt: Ob der Klimawandel auf die Gesundheit schlägt, hat auch viel damit zu tun, wie das Gesundheitssystem funktioniert. Den Industriestaaten wird ihr Erfolg zum Problem. Denn je länger die Menschen leben, desto mehr Alte sind anfällig für Hitzewellen. Doch das IPCC stellt klar, dass »die größten Gesundheitsprobleme bei den armen Ländern auftreten« – und hier bei den Schwächsten: »Am meisten gefährdet sind die Armen in den Städten, die Alten und Kinder, Ureinwohner, Subsistenzfarmer und Küstenbewohner.«

Die Wärmebehandlung kann allerdings auch die Gesundheitslage verbessern, erläutert die WHO/UNEP/WMO-Studie von 2003: Vor allem in den nördlichen Breiten verhindern mildere Winter, dass Menschen erfrieren oder an Frost leiden. In den Tropen können noch höhere Temperaturen dazu führen, dass sich selbst Mücken nicht mehr wohl fühlen und die Verbreitung von Infektionskrankheiten eingeschränkt wird. Diese Vorteile sind aber kein Grund zur Entwarnung: »Die meisten Effekte des Klimawandels sind für die Gesundheit abträglich.«

In Zahlen ausgedrückt heißt das für Deutschland: zehn Milliarden Euro jährlicher Verlust, 0,1 bis 0,5 Prozent weniger Wirtschaftsleistung und 5.000 bis 15.000 zusätzliche Todesfälle, wenn zwischen 2071 und 2100 die Hitzetage – wenn die Temperaturen über 32 Grad klettern – deutlich zunehmen. So steht es im Report »Kosten des Klimawandels«, den das Kieler Institut für Weltwirtschaft (IfW) und die Umweltschutzorganisation WWF im Winter 2007 vorstellten. 150.000 zusätzliche Kranke würden die Notaufnahmen der Krankenhäuser mit Lungenproblemen und Kreislaufkollaps aufsuchen. Zusätzliche Kosten: 300 bis 700 Millionen Euro. Schwachpunkt der Studie: Die positiven Effekte der Erwärmung wurden nicht eingerechnet.

Doch nicht alle verlieren beim Kampf gegen die Gesundheitsgefahr Klimawandel. Es lässt sich damit auch viel Geld verdienen. Als im Sommer 2007 in Deutschland über die steigende Zeckengefahr berichtet wurde, stieg die Nachfrage nach Impfungen gegen die Hirnhautentzündung FSME rapide an: Schon im Mai hatte das zuständige Paul-Ehrlich-Institut bei Darmstadt etwa 6,5 Millionen Dosen Impfserum freigegeben – eine Million mehr als im gesamten Vorjahr. Die Hersteller der Impfstoffe, Baxter und Novartis-Behring, konnten den Bedarf nicht befriedigen. Nicht nur die Nachfrage nach ihren Vakzinen war explodiert: In dieser Zeit stieg der Börsenkurs von Baxter steil an, das Unternehmen steigerte seinen Gewinn um 39 Prozent. Kein Problem für das Unternehmen, als Sponsor des »Zeckensymposiums« in Jena aufzutreten. Wer das Problem Klimawandel sieht, dem bietet sich im deutschen Gesundheitssystem eine ökonomische Nische – wie den Augsburger Spezialisten Carsten Nikolaus und Armin Schwarzbach vom BCA. Ihre Kollegen, sagen sie, seien auf Klimawandel und Zeckeninvasion kaum vorbereitet:»Borreliose ist die erste Krankheit, bei der die Patienten durch das Internet besser informiert sind als die Ärzte.« Die beiden haben»viele hunderttausend Euro« bei der Bank als Kredit aufgenommen und die Klinik gegründet. Wenn die Prognosen über die Gesundheit im Treibhaus stimmen, wird sich die Investition lohnen: Früher waren nur Förster, Waldarbeiter und Soldaten gefährdet, heute kommen die Patienten aus der ganzen Bevölkerung. Und Klimawandel und Zeckeninvasion befeuern sich noch gegenseitig. Denn um den deutschen Wald besser auf die stärkeren Stürme vorzubereiten, die der Klimawandel ahnen lässt, bauen die Förster ihre Forsten um: Aus Nadelholzplantagen sollen Mischwälder werden. Die aber bringen mehr Feuchtigkeit, mehr Wärme und daher mehr Artenvielfalt im Wald – also bessere Bedingungen auch für die Zecke. »Zecken und Borreliose werden sich flächendeckend in Europa ausbreiten«, sagt Nikolaus. »Wir werden lernen müssen, damit zu leben – wie man in Afrika mit der Malaria leben muss.«

Im Norden ein Problem, im Süden eine Katastrophe

Genau das ist aber der Unterschied. Während die Industrieländer lernen, mit den Gesundheitsproblemen zu leben, endet die Diagnose »Klimawandel« für die Menschen in den armen Ländern oft tödlich. Vor allem die Malaria ist nach wie vor der große Killer. Bereits jetzt sterben an der Infektionskrankheit jedes Jahr eine Million Menschen, davon

800.000 Kinder in Afrika südlich der Sahara. UNDP, die Entwicklungsorganisation der UNO, befürchtet in ihrem »Bericht über die menschliche Entwicklung 2007/2008«, dass wegen des Klimawandels weltweit 220 bis 400 Millionen Menschen zusätzlich der Malariagefahr ausgesetzt werden. Denn die Prognosen sehen für die Malariagebiete mehr Regen, höhere Temperaturen und höhere Luftfeuchtigkeit vor – »ideale Bedingungen für die Ausbreitung des Plasmodium-Parasiten, der die Malaria verursacht«, heißt es.

Klimawandel als Krankheitsquelle – das ist keine Horrorvision aus der Zukunft, sondern Realität, stellt die UNDP fest: »Sich verändernde Wettermuster erzeugen in vielen Regionen bereits neue Krankheitsprofile.« So haben Überschwemmungen in Ostafrika 2007 neue Brutstätten für Moskitos geschaffen, die Rift-Valley-Fieber und Malaria auslösten. Überschwemmungen in Äthiopien führten im Jahr zuvor zu Cholera-Epidemien. Chikungunya-Fieber breitet sich in Ostafrika aus, wenn es dort ungewöhnlich trocken und warm ist. Klimawandel könnte auch die Zahl der Menschen massiv erhöhen, die vom Dengue-Fieber, einer vor allem für Säuglinge oft tödlichen Infektion, bedroht sind – von bisher 1,5 Milliarden auf 3,5 Milliarden in 2080. Und wärmeres Meerwasser im Golf von Bengalen hängt eng mit der Ausbreitung der Cholera in Bangladesch zusammen. Die zusätzliche Belastung des Gesundheitssystems durch die Folgen des Klimawandels überfordert die armen Länder schon rein personell. In Deutschland arbeiten 337 Ärzte pro 100.000 Einwohner. In Bangladesch sind es 26 und das ist der nationale Durchschnitt. Im entlegenen Bezirk Sharankola an der Südküste versorgen ein Dutzend Ärzte insgesamt 120.000 Menschen, die bereits jetzt häufig unter Mangel- und Fehlernährung leiden. Bangladesch gibt eben auch nur 64 US-Dollar pro Kopf jährlich für das Gesundheitswesen aus. Deutschland dagegen 3.170.

Brutale Kluft bei den Gesundheitsfolgen

Während die Belastungen in den Industriestaaten – Hitzewellen, Lebensmittelvergiftungen, Allergien – durch Maßnahmen der Behörden verhindert oder gemildert werden können, drohen in den armen Ländern existenzielle Gesundheitsprobleme durch den Klimawandel: Missernten und Hungersnöte, Infektionskrankheiten, Tod im Unwetter. Dazu kommt, klagt das IPCC, dass sich die Erforschung der Gesundheitseffekte auf die reichen Länder konzentriert – während bei den Risiken für die Armen »wichtige Wissenslücken« offen bleiben. »Die ungünstigsten Auswirkungen werden in Ländern mit niedrigem Einkommen auftreten«, kommentiert der »Bericht über die menschliche Entwicklung«. »Diejenigen, die am wenigsten darauf vorbereitet sind, auf veränderte gesundheitliche Bedrohungen zu reagieren – vorwiegend die Armen in den armen Ländern – werden die Hauptlast der Rückschläge im Gesundheitsbereich tragen.« Der Klimawandel werde also »die bereits extremen globalen Ungleichheiten im Bereich der öffentlichen Gesundheit noch weiter verschärfen«. Den armen Ländern müsse dringend geholfen werden, sich auf diese Bedrohungen einzustellen, warnt die UNDP, es gehe um die »Widerstandsfähigkeit der Armen dieser Welt gegen ein Problem, das im Wesentlichen durch die reichen Nationen dieser Welt verursacht wurde«.

Klimazeugin

»Ich hatte lange Schmerzen in den Gelenken, in den Händen und im Rücken. Immer dieses Gliederreißen, die Schlaflosigkeit und das Herzrasen. Irgendwann hörte ich zufällig ein Gespräch mit, in dem es um Zeckenerkrankungen ging. Inzwischen kann ich mit meiner Krankheit umgehen. Aber in den Wald gehe ich nicht mehr. Und barfuß im Garten, das ist auch vorbei.«

Gertraud Braun (60), Hausfrau
aus Aischach bei Augsburg

Ewiges Eis ist Schnee von gestern

Der Klimawandel in den Alpen ist bereits in vollem Gange. Die Berge und Täler heizen sich besonders auf. Die Folge: Gletscher schmelzen, Berge bröckeln, Pflanzen sterben aus. Und im Flachland wird das Wasser knapp.

Der Einblick in die Hexenküche des Klimawandels kostet 17 Schweizer Franken für die Seilbahn und eine Stunde Fußmarsch. Dann haben auch der japanische Tourist mit den Baumwollturnschuhen und die Mutter mit dem Baby im Tragesack das Bergrestaurant »Bäregg« erreicht. Auf der Terrasse genießen sie den atemberaubenden Blick: Weit unten im Tal liegt Grindelwald, der Inbegriff eines Schweizer Bergsportortes. Auf der anderen Seite der engen Schlucht die mächtige Ostflanke des Eigermassivs und zur anderen Seite der Blick auf den unteren Grindelwaldgletscher. Dort, 500 Höhenmeter unter »Kaffee komplett« und »Rivella rot«, spielt sich ein geologisches Drama im Zeitraffer ab: Ein Gletscher stirbt. Und wird dabei immer gefährlicher.

Albert Wenger schaut dem Eisfeld dabei seit Jahren zu und ist immer noch überrascht: »Die Geschwindigkeit ist einfach einmalig. Vor zwei Jahren war das Eis noch 30 Meter höher.« Jetzt klafft in der Mitte des schuttbedeckten Eisfeldes ein rundes Loch von der Größe eines Tennisplatzes. Es ist der Abfluss des Gletschersees, der sich ständig neu auf dem Eis bildet. Das Wasser auf dem Eis hat Wenger, Chef der Freiwilligen Feuerwehr von Grindelwald, einen zweiten Job verschafft. Als Mitglied im »Ausschuss für Alpine Gefahren« seines Ortes überwacht er den See, der sich vor zwei Jahren gebildet hat. Damals rutschte ein Felsklotz von der Größe eines zehnstöckigen Hauses aus der Flanke des Eigermassivs auf den Gletscher. Jetzt bilden dessen Schutt und Eis eine Staumauer, hinter der sich das Schmelzwasser sammelt – zuletzt 200.000 Kubikmeter. Grindelwalds Geologen sorgen sich vor einem Unglück mit enormer Zerstörungskraft: Dem unkontrollierten Ausbruch des Gletschersees. Der See ist mal voll und mal leer, niemand weiß, wie das Wasser verschwindet, wie es unter dem Gletscher aussieht und was die bröckelnde Eigerflanke macht. Keine angenehme Lage, wenn man für die Sicherheit von 4.000 Grindelwaldern und 10.000 Touristen verantwortlich ist.

Welche Kräfte der kollabierende Gletscher freisetzt, hat Marianne Burgener zu spüren bekommen. Die resolute Wirtin des »Bäregg« betrieb bis 2005 das Restaurant »Stieregg« – am gleichen Hang, nur 125 Höhenmeter tiefer. Weil der Gletscher immer mehr schrumpfte, bröckelte auch die Seitenmoräne, auf der das Gasthaus errichtet worden war – zu einer Zeit, als von Gletscherschwund noch kaum jemand redete. Am 1. Mai 2005, zwei Wochen vor Öffnung der Hütte für die Saison, brach mit einem neuen Felssturz auch der Boden unter einer Ecke des Hauses weg. »Das ganze Haus hat gebebt und unter dem Boden gab es so ein schleifendes Geräusch«, sagt Burgener. »Wir waren schnell draußen.« Das Restaurant wurde aufgegeben, Albert Wenger hat es mit seinen Kollegen kontrolliert abgefackelt, und heute knabbert der Bergrutsch an den alten Fundamenten, die noch stehen. Unversehrt blieb bislang nur das kleine Holzhaus mit den beiden Plumpsklos, das abseits liegt. Die Burgeners leben inzwischen von den Katastrophentouristen, die sich auf der Terrasse des »Bäregg« gern beim Blick auf Hausruine, Gletschersee und bröckelnden Fels gruseln. Der »Bergrutschkafi« kostet 7,50 Franken.

Wassermangel und Überschwemmungen

Nicht alle Gletscher sterben so schnell und unter so viel Anteilnahme. Aber das ewige Eis in den Alpen ist bald Schnee von gestern. »Wenn wir sofort im Klimaschutz aktiv werden, ist die Hälfte der Alpengletscher wahrscheinlich noch zu retten«, sagt Wilfried Haeberli. »Machen wir so weiter wie bisher, dann sind die Alpen 2050 praktisch gletscherfrei.« Der Glaziologe von der Universität Zürich, einer der größten Experten zum Thema Gletscher und Leiter des World Glacier Monitoring Service (Welt-Gletscherüberwachungsdienst) fürchtet ökologische und ökonomische Katastrophen im Alpenraum. »Wenn 2075 die Sommer so trocken und heiß werden wie der Hitzesommer 2003, dann werden von Juli bis August der Rhein und die Rhone trocken fallen.« Mit schweren Konsequenzen: Trinkwasser wird knapp, es fehlt die Wasserversorgung für Felder und Vieh und auch die Stromproduktion leidet. Schon drosseln die Wasserkraftwerke in Italien ihre Leistung, schon mussten im Hitzesommer 2003 in der Schweiz Kraftwerke die Leistung zurückfahren, weil das Kühlwasser fehlte. Betroffen sind nicht nur die 15 Millionen Menschen, die in den Alpen leben. Auch weiter im Flachland ist der Klimawandel hautnah zu spüren – heute und in den nächsten Jahren. Denn über die vier großen Lebensadern Rhein, Rhone, Donau und Po versorgen die Alpen Europa mit 40 Prozent seines Wasserbedarfs, jährlich 216.000 Kubikkilometer Wasser.

Für die Landwirtschaft im Voralpenraum sind mildere Winter, wärmere Sommer und längere Vegetationsperioden erst einmal ein Gewinn. Doch ab einer Erwärmung von drei Grad Celsius, so die Expertisen, kippt die Entwicklung: Dürren breiten sich aus, Schädlinge vermehren sich explosionsartig, Waldbrände nehmen zu und ausgetrocknete Erde rutscht bei Starkregen vermehrt von den Hängen. Die Lebensgrundlage mancher Regionen ist bedroht. So wächst bisher im Vinschgau in Südtirol jeder zehnte Apfel, der in Europa gegessen wird, sagt Ulrike Tappeiner vom Institut für Ökologie an der Universität Innsbruck. »In dieser eigentlich trockenen Region fallen nur 500 Millimeter Niederschlag im Jahr«, so Tappeiner. »Für die Apfelplantagen braucht man aber 2.000 Millimeter. Dieses Wasser kommt bisher von den Gletschern.«

Wie viel und wie schnell kommt das Wasser – das ist die Frage, die das Flachland am meisten interessiert. Wolfgang Seiler vom Institut für Meteorologie und Klimaforschung in Garmisch-Partenkirchen hat errechnet, dass in etwa 30 Jahren der Rhein zunehmend wilder werden kann: »Bei 30 Prozent mehr Niederschlag im Frühjahr gibt es nicht 30, sondern 80 Prozent mehr Abfluss, weil der Boden das Wasser nicht aufnehmen kann und kaum etwas verdunstet.« Laut Seiler denken die Verantwortlichen in den Alpen über drastische Szenarien nach: Etwa den Bau neuer großer Talsperren, um die Wassermassen zu kanalisieren – oder auch darüber, »ganze Täler aufzugeben«. Auch Albert Wenger und seine Kollegen in Grindelwald wünschen sich eine Staumauer in der Gletscherschlucht. Denn der See wird anwachsen auf vielleicht einmal mehr als zehn Millionen Kubikmeter Wasser.

Das Fieberthermometer glüht

Diese Sorgen sind begründet, findet Gletscherforscher Wilfried Haeberli. Er hat mit Kollegen die Schmelzrate der Gletscher untersucht – und zeigt sich schockiert über ein immer schnelleres Abschmelzen der einstigen Eisriesen im Gebirge. So haben die Alpengletscher zwischen ihrem Höchststand um 1850 und 1975 etwa die Hälfte ihrer Masse verloren.

Seitdem geht das Auftauen zügig voran: In den 25 Jahren zwischen 1975 und 2000 verloren sie noch einmal 25 Prozent und nur in den ersten fünf Jahren des 21. Jahrhunderts wieder zehn bis 15 Prozent. »Allein der Sommer 2003«, schreiben die Forscher aus Zürich, »bedeutete einen Rekordverlust von 2,45 Metern an Dicke und damit dreimal so viel wie im Schnitt zwischen 1980 und 2000.«

Die Gletscher sind die sichtbaren Thermometer eines Ökosystems, das unter dem Klimawandel besonders leidet. Denn einerseits findet sich in den Alpen eine einmalige Artenvielfalt an Tieren und Pflanzen, darunter allein 25 Prozent aller europäischen Blütenpflanzen. Diese Vielfalt ist besonders anfällig für Störungen. Andererseits steigt in den Alpen die Temperatur bisher mindestens doppelt so schnell wie im globalen Durchschnitt von 0,8 Grad Celsius. Nach einer Studie der europäischen Umweltagentur EEA kletterten hier im letzten Jahrhundert die durchschnittlichen Tagestemperaturen um 1,5 Grad Celsius, die Nachttemperaturen sogar um zwei Grad. Die Bergregionen verändern sich in hohem Tempo: Wetter- und Vegetationszonen verschieben sich, Pflanzen und Tiere sind auf der Wanderung, Niederschläge fallen unregelmäßiger, dafür aber heftiger. Eine der größten Gefahren dabei bleibt fast unsichtbar: Der ewig gefrorene Boden, der Permafrost, taut auf.

Der Berg ruft – und bröckelt

Das hat auch Ruedi Lauri mit Schrecken festgestellt. Der technische Direktor der Schilthornbahn im Berner Oberland, 20 Kilometer westlich von Grindelwald, wurde eines Tages im Jahr 2003 auf die Bergstation seiner Seilbahn gerufen, weil die Kanalisation störende Gerüche durchs Haus schickte. Er ging die Leitungen kontrollieren, die unter der Garage liegen – und schaute plötzlich in ein klaffendes Loch, wo solider Boden gewesen war. Der Fels war auf einer Höhe von eineinhalb Metern plötzlich weggesackt, weil das Eis geschmolzen war, das ihn zusammengehalten hatte. »Ich bin in den Hohlraum reingekrochen, habe meinen Chef angerufen und gesagt: Du wirst es nicht glauben, aber ich bin unter der Garage und kann die Lichter von Thun im Tal sehen.«

Pech für die Garage mit dem Pistenfahrzeug: Sie liegt am Nordhang, der bisher vom Permafrost stabilisiert wurde. Glück für die Bergstation der Schilthornbahn auf 2.970 Metern: Sie liegt am Südhang und steht auf massivem Stein. Inzwischen ist die Garage an den festen Fels angeschraubt. Und trotzdem: Der frische Putz bröckelt schon wieder ab. Ruedi Lauri zeigt darauf: »Das bewegt sich immer noch.«

Das Eis, das die Felsen der Alpen an den meisten Stellen über 2.500 Metern zusammenhält, zieht sich zurück. »Die Permafrostgrenze ist seit 1850 um 200 bis 300 Meter angestiegen«, sagt Reynald Delaloye, Geowissenschaftler von der Universität Fribourg. Der bröckelnde Fels gefährdet die Infrastruktur. Auf den hohen Passstraßen in den französischen Alpen würden ständig Permafrostschäden beseitigt, sagt ein Insider, »aber darüber redet niemand gern.« Er sei sich nicht sicher, ob »die Ingenieure den Ernst der Lage erkannt haben«. Allein in der Schweiz kämpfen 25 Bergbahnen gegen den Fels, der ihnen unter den Füßen wegzubrechen droht, klagt Peter Feuz, Direktor der Schilthornbahn. Ein besonderes Problem für die Betroffenen: Auftauender Permafrost gelte bei den Versicherungen als ein Problem des Baugrundes. Das aber sei nicht versichert. »Wem eine Mure ins Haus rutscht, der bekommt den Schaden ersetzt«, sagt Feuz. »Wem aber der Permafrostboden unter dem Haus wegrutscht, der steht mit leeren Händen da.«

James Bond lässt grüßen

Wer keine Gletscher mehr hat, muss sich eben welche basteln. Deshalb hat Ruedi Lauri unterhalb seiner Garage am Nordhang des Schilthorn Löcher in den Fels bohren lassen. Er füllt sie mit Wasser, um dem Stein wieder Eis zuzuführen. »Ob das klappt? Ich weiß es nicht«, sagt der ruhige große Mann mit dem weißen Bart.

Ganz allein die Welt zu retten, das konnte nur ein Besucher der Station: James Bond, der hier 1968/69 den sechsten Teil der Agentensaga drehte: Im Film »Im Geheimdienst Ihrer Majestät« hatte der Oberschurke Ernst Stavro Blofeld sein Bergversteck auf dem »Piz Gloria« – der in Wirklichkeit Schilthorn hieß. Der Film läuft noch heute im Kinosaal der Bergstation. An der Wand hängt Blofelds Wappen mit Adlern und Ritterhelm, im Souvenirshop gibt es für die jährlich über zehn Millionen Besucher T-Shirts und Baseballcaps mit dem 007-Logo, im Drehrestaurant genießen die Besucher die Aussicht und »Spaghetti James Bond« mit Pilzen, Oliven und Speck. Im Film will der Bösewicht von hier oben die Welt mit einem tödlichen Virus infizieren. In der Wirklichkeit kommt die Gefahr von unten. Wie um das zu demonstrieren, hängt eine Karte an der Wand des Restaurants. Sie zeigt das Berner Oberland in der Zeit vor 70.000 bis 12.000 Jahren: Aare- und Rhônegletscher waren so mächtig, dass das heutige Bern unter einem 500 Meter dicken Eispanzer begraben lag, Interlaken tiefgefroren unter einem Kilometer Eis. Das waren noch Zeiten. Inzwischen hat die Realität des Klimawandels in den Bergen auch den Superspion Ihrer Majestät erreicht: Im 22. Bond-Film von 2008 kämpft James gegen einen als Umweltschützer getarnten Gangster, der in Bolivien die Kontrolle über die schwindenden Wasserreserven an sich reißen will.

Die Luft wird dünner für Wirtschaft und Natur

Der Klimawandel verändert auch das Wirtschaftsklima in der Bergregion. Vor allem im Wintersport, von dem viele Regionen abhängig sind, werde es große Verschiebungen geben, hat die OECD in einer Studie zum »Klimawandel in den europäischen Alpen« herausgefunden. Von den bisher 609 schneesicheren Skigebieten in den Alpen bleiben bei einer Erwärmung um zwei Grad Celsius nur noch 404 übrig. Klettert die Durchschnittstemperatur um vier Grad Celsius, schmilzt die Zahl der Skigebiete auf 202. Für die deutschen Skigebiete wäre damit ganz Schluss. »Alles unter 1.500 Metern hat keine Zukunft«, sagen die Planer und Tourismusexperten, schon weil es für Investitionen unter dieser Grenze kein Geld von den Banken mehr gäbe. Das aber bedeutet: Nur noch Après-Ski in so traditionsreichen Gebieten wie Kitzbühel (762 Meter über dem Meer), Gstaad (1.050 m) oder Schladming (706 m). Die Skigebiete wehren sich verzweifelt: Sie expandieren in größere Höhen oder auf Gletscher, sie verstecken ihr Eis im Sommer unter großen Planen, sie karren das weiße Gold für Skirennen auf Lkw heran und lassen rund um die Uhr die Schneekanonen laufen. Eine »absurde Lösung«, wie die Alpenschutzkommission CIPRA kommentiert: »Schneemangel, verursacht vor allem durch Energieverschwendung, wird durch weitere Energieverschwendung kompensiert – ein Teufelskreis.«

Hart getroffen wird auch die Bergflora. Ihre Umwelt verändert sich für ihre Verhältnisse in rasantem Tempo und überfordert viele Pflanzen. An »extreme Kälte angepasste Arten verlieren zunehmend an Areal« ist das Fazit eines Biologenteams der Universität Wien. In Langzeitexperimenten haben die Forscher den Konsequenzen des Klimawandels nachgespürt. Sie bestiegen 30 hohe Gipfel der Alpen, kartierten die Pflanzen und verglichen sie mit detaillierten Aufzeichnungen, die bis 100 Jahre in die Vergangenheit reichen. 1994 schließlich machten sie auf dem 3.496 Meter hohen Schrankogel selbst eine gründliche Inventur – und wiederholten sie zehn Jahre später. Ihr Ergebnis: Pflanzen auf den Alpengipfeln wie der Moossteinbrech oder der Alpenmannsschild werden von zwei Seiten in die Zange genommen: Steigende Temperaturen bedrohen ihren Lebensraum, aber höher wandern können sie nicht. Und gleichzeitig rücken aus niedrigeren Regionen die Konkurrenten nach.

Was eine Heißzeit in den Alpen bedeutet, hat den Bergbewohnern der Sommer 2003 drastisch vor Augen geführt. Der »Syntheseebericht Hitzesommer 2003« der Berner Initiative ProClim hat zusammengetragen, wie die Zukunft ganz real aussieht. So schwollen 2003 die Gletscherflüsse stark an, andere Gegenden ächzten unter der Trockenheit, im Emmental wurde die Wasserversorgung nur durch Zisternenwagen garantiert. Der Sauerstoffgehalt der Seen nahm rapide ab, 350 Fischgewässer trockneten aus. Im Rhein gab es wegen der Rekordtemperatur von 26 Grad ein großes Fischsterben. Zum ersten Mal welkten Alpenpflanzen im Sommer, 70 Prozent der Forstkreise meldeten mehr tote Bäume als üblich. Der Buchdrucker-Borkenkäfer schlug an Tausenden von Stellen erstmals massiv zu, zerstörte so viele Fichten wie nie zuvor und fühlte sich derart wohl, dass er drei Generationen von Nachkommen aufzog. Die Hitze war so groß, dass die Buchen an der Alpennordseite die Spalten an ihren Blättern schlossen, um das Austrocknen zu verhindern – sie gaben daher netto mehr Kohlendioxid an die Atmosphäre ab, als sie aufnahmen. Die Schweizer Behörden schätzen, dass durch die extreme Hitze insgesamt 1.000 Menschen zusätzlich starben.

»Die Veränderungen in den Alpen sind deutlich«, sagt Gletscherexperte Haeberli. »Aber sie sind nur Ausdruck einer viel, viel weitergehenden Veränderung.« Für ihn ist schon das UN-Ziel, den Klimawandel auf zwei Grad Celsius zu begrenzen, eigentlich zu großzügig: »Zwei Grad global, das bedeutet vier Grad für die Alpen. Und das heißt, die Gletscher verschwinden.«

Klimazeuge

»Die Gletscherschmelze hat dazu geführt, dass ich viel häufiger als früher oben in den Bergen unterwegs bin. Im letzten Jahr musste ich bestimmt fünfzehn Mal zum unteren Gletscher, weil der sich so stark bewegte. Und freie Wochenenden gibt es auch kaum noch, seit ich einer von vier Verantwortlichen für die Gletschersituation in Grindelwald bin.«

Albert Wenger, Feuerwehrchef und
Einsatzleiter, Grindelwald, Schweiz

Regenwald auf dem Trockenen

An der Schwelle zur Apokalypse

2005 legte eine furchtbare Dürre weite Teile des Regenwalds am Amazonas trocken. Diese Katastrophe könnte ein Vorgeschmack auf die Zukunft sein. Denn der Teufelskreis aus Rodung und Klimawandel hat bereits begonnen. Die grüne Lunge des Planeten verwandelt sich immer mehr in trockene Steppe. Das wiederum heizt die Atmosphäre weiter auf.

An der Mündung des Igarapé do Lago do Rei schäumt das Wasser. Flossen und Rücken in Grau und Rosa tauchen in den Wellen auf und nieder. Es sind Flussdelfine, die hier zusammen mit Kormoranen an der Mündung zum Amazonas im Trüben fischen. Ein Faultier lässt sich von den Wellen ans andere Ufer treiben. Zwei Stunden fährt man mit dem schnellen offenen Boot mit dröhnendem Außenbordmotor von Manaus hierher. Vorbei an der Freihandelszone, durch den Hafen mit den riesigen Containerschiffen, Seite an Seite mit den Ausflugsdampfern, die die Touristen zum »Treffen der Wasser« schippern, wo sich der schwarze Rio Negro und der gelbe Solimoes treffen und als Amazonas weiterfließen.

An der Mündung des Igarapé sieht man von den Touristen nichts. 200 Meter flussaufwärts dämmert das Dorf Cristo Rei in der schwülen Mittagshitze vor sich hin. Zwei Dutzend Bretterhäuser auf Stelzen verteilen sich auf beiden Seiten des Flusses. Unter den Hütten stöbern Schweine zwischen Plastikmüll nach Essbarem, ein Hund verbellt müde die Kühe. Elisabeth Rios Ferreira, die Bürgermeisterin des Ortes, hockt auf ihrer Terrasse und schuppt einen Pescada, einen Weißfisch, lang wie ein Unterarm, fünf Kilo schwer. Ihr Vater hat das Mittagessen gefangen, direkt vor der Haustür. Der Fluss wimmelt schließlich vor

Fischen. Und jetzt in der Trockenzeit, wenn die Flüsse niedrig stehen, sind sie noch einfacher zu fangen als sonst.

Das war zwei Jahre zuvor anders. Damals wimmelte Cristo Rei vor Journalisten. Und der Fluss, der durch das Dorf fließt, war nur noch ein stinkendes Rinnsal, fast ausgetrocknet und voller toter Fische. Der große See Lago do Rei zehn Kilometer weiter war eine ausgedörrte Wüste. Ein Foto von einem Schiff, das dort gestrandet war, gewann den »World Press Photo Award«. Der Ort zwei Stunden stromabwärts von Manaus im Amazonasgebiet wurde zum Symbol für die verheerende Dürre von 2005, für die Hunderte von trockenen Flüssen, die Milliarden von verendeten Fischen und die Angst, dass der Klimawandel nun auch im größten Wald- und Feuchtgebiet der Erde deutliche Spuren hinterlässt.

Nirgendwo sonst liegen Täter und Opfer des globalen Klimawandels näher zusammen als am Amazonas, manchmal sind sie sogar identisch. Das größte und wichtigste Waldgebiet der Erde ist in einer Spirale der Zerstörung gefangen. Der Raubbau an der »grünen Lunge des Planeten« verschärft die globale Klimakrise. Und gleichzeitig leiden Menschen, Tiere und Pflanzen in dieser riesigen Wildnis unter den Veränderungen. Wenn die Rodungen nicht gestoppt und die lokalen Wasserkreisläufe nicht gesichert werden, und wenn die Temperaturen in der Atmosphäre weiter so ansteigen wie bisher, dann droht dem Regenwald am Amazonas der trockene Tod: Gigantische Savannen und Wüsten werden an seine Stelle treten.

Die wenigen Daten zeigen keinen Klimawandel

Die Trockenzeit 2005 war eine Katastrophe. Aber wohl noch nicht die Klimakatastrophe. »Weder vom Pegelstand noch von der Häufigkeit war diese Trockenheit so ungewöhnlich«, sagt Jochen Schöngart. Der Biologe forscht in einem gemeinsamen Projekt des Max-Planck-Instituts für Chemie und des Amazonasforschungsinstituts INPA in Manaus zum Wasserhaushalt des Amazonasgebiets. Einen Hinweis auf dramatische Veränderung im Amazonas durch den Klimawandel sieht er in seinen Daten nicht. »Im Gegenteil hatte der Rio Negro sechs seiner tiefsten Pegelstände zwischen 1906 und 1963, bevor es mit Entwaldung und Klimawandel überhaupt losging. Nur 1997 und 2005 waren danach dramatisch.« Hat sich die Temperatur am Amazonas erhöht? Carlos Rittl, einst Klima-Campaigner bei Greenpeace Amazonien und jetzt freier Umweltberater, spricht von einer regionalen

Erwärmung von 0,4 bis 0,6 Grad – also etwa im Rahmen der globalen Erwärmung. Das IPCC erwartet in den Tropen nur geringe Temperaturschwankungen. Andere Forscher geben zu, dass sie es schlicht nicht wissen: Die Daten lassen keine Schlüsse zu. Denn verlässliche und aussagekräftige Temperaturaufzeichnungen, die 100 Jahre zurückgehen, gibt es nur in Manaus und Belém – zwei Messpunkte in einem Gebiet, das so groß ist wie Westeuropa. Und wo jeder Flusslauf sein eigenes Mikroklima hat.

War die Aufregung um den trockenen Regenwald nur eine Medienfiktion? Für Elisabeth Rios Ferreira war sie sehr konkret: »Es war furchtbar. Sechs Wochen konnten wir aus dem Fluss nicht trinken. Wir hatten nichts zu essen und es stank die ganze Zeit.« Das Wasser mussten sie vom Amazonas herbeischleppen, die Bewohner behalfen sich in der Zeit ohne Fische mit Gemüse und Tauschgeschäften. Die Fernsehberichte hatten für die Fischer auch ihr Gutes: »Zum ersten Mal haben wir Lebensmittel von der Regierung erhalten. Und ein Abgeordneter hat dafür gesorgt, dass wir Strom bekommen haben.« Stolz zeigt sie auf den großen Kühlschrank in der Ecke und auf die Energiesparlampe über dem wackeligen Holztisch.

2005 war nicht der Beginn der Apokalypse am Amazonas – jedenfalls gibt es dafür keine wissenschaftlich haltbaren Belege. Aber die weiteren Aussichten für den Regenwald sind umso düsterer. Denn eines beunruhigt die Forscher besonders: Anders als in gewöhnlichen Trockenjahren war 2005 kein »El Niño«-Jahr, in dem die Erwärmung des Pazifik die Wettermuster auch im Amazonas durcheinander bringt. Die Hitze kam 2005 vom Atlantik, der sich so aufgeheizt hatte, dass er eine Rekord-Hurrikan-Saison mit dem »Katrina«-Desaster hervorbrachte. Beides prognostizieren die Modelle jetzt häufiger: Wärmeres Wasser im Atlantik und ein möglicherweise permanentes »El Niño«-Phänomen im Pazifik. »Das bedeutet dann häufigere Trockenheit vor allem im nördlichen Amazonasbecken«, sagt Schöngart. Modelle des brasilianischen Raumforschungsinstituts geben ihm recht: Bei einem »business as usual« bei der globalen Erwärmung rechnen diese Wissenschaftler damit, dass bis 2100 die Temperaturen in der Amazonasregion um fünf bis acht Grad Celsius steigen und die Regenfälle um 15 bis 20 Prozent zurückgehen. Aber auch auf das optimistische Szenario kann man kaum Hoffnung setzen: Es sieht immerhin auch noch voraus, dass es drei bis fünf Grad Celsius wärmer wird und fünf bis 15 Prozent weniger regnet.

Alarmsignal: Regen in der Trockenzeit

Es ist erst Nachmittag, aber am Strand von Manaus wird es bereits finster. Ein starker Wind fegt über den kilometerlangen Streifen am Rio Negro. Er beutelt Hunderte von kleinen und großen Holzbooten, die im schwarzen Wasser des Flusses dümpeln. Es sind die kleinen flachen Boote, bunt bemalt, ohne Tiefgang, aber manchmal mit drei Stockwerken, die die Stadt mit Fisch versorgen oder die Touristen auf den Amazonas fahren – je morscher die Planken, desto frommer die Bootsnamen. Der Sturm treibt Plastiktüten und Müll vor sich her, rüttelt an den Wellblechdächern der Favela-Hütten, am Dach des Fischmarkts und an den Fensterläden der illegalen Eisfabrik, deren Maschinen Tag und Nacht über den Strand brummen. Über dem Fluss, der hier einen Kilometer breit ist, braust eine schwarze Wand heran und bringt einen tropischen Regensturm, der Wasser auf die Dächer trommeln lässt und die Regenschauer in die Häuser drückt. Ganz normales Wetter für die Regenzeit am Amazonas – aber es ist erst Mitte Oktober. Solches Wetter erwartet man eigentlich erst im Januar.

Regenstürme in der Trockenzeit, das beunruhigt in Brasilien so ähnlich wie ein Winter ohne Schnee oder ein hochsommerlicher April in Deutschland. »Die Forscher streiten sich, aber ich denke, das sind erste Zeichen des Klimawandels«, sagt Virgilio Viano. Der Mann mit dem grau melierten Bart und den schwarzen Locken sitzt in seinem Büro im Norden von Manaus, hinter seinem Schreibtisch einen Indio-Federschmuck mit Pfeil und Bogen. Sein Vorzimmer sieht mit den geschnitzten Papageien und Jaguaren, den indianischen Flechtarbeiten und Kongresspostern aus wie ein Souvenirladen und nicht wie das Umweltministerium des Bundesstaats Amazonas. Viano ist ein Ressortchef zum Anfassen, der genauso mit Investoren verhandelt, wie er mit Umweltschützern am Lagerfeuer sitzt. Sieht er schon konkrete Anzeichen des Klimawandels in seinem Bundesstaat? »Im Norden des Amazonas gibt es einen Indianerstamm, die Arí. Die Menschen haben mir erzählt, dass sie früher einmal im Jahr eine Kälteperiode von einer Woche hatten. Danach gab es Fische und Wild im Überfluss, deshalb wurde ein Fest gefeiert, das Daboukuri. Heute ist diese Kälteperiode verschwunden. Das Fest wird nicht mehr gefeiert.«

Viano kennt die enge Verbindung von Klimawandel und Entwaldung. Deshalb tut er viel, um den Menschen zu vermitteln, »dass der stehende Wald wertvoller ist als der geschlagene«. Wer im Wald Pflanzen und Früchte sammelt, bekommt Kredite, zahlt weniger Steuern und bekommt Hilfe beim Vertrieb der Produkte. Wer seinen Wald nicht antastet, bekommt vom Staat im Monat 50 Real (20 Euro). Stolz präsentiert Viano auf dem Laptop seine Zahlen: Seit seinem Amtsantritt 2002 ist die Entwaldung im Bundesstaat Amazonas um 57 Prozent zurückgegangen.

Der Regenwald – bald eine Savanne?

Gerettet ist damit noch nichts. Denn in den anderen Bundesstaaten wie Pará oder Mato Grosso fällt der Wald in weit höherem Tempo. Je weiter aber die Entwaldung voranschreitet und damit das globale Klima belastet, desto mehr geraten auch die lokalen Abläufe durcheinander. Der Wasserkreislauf, für das Ökosystem im Amazonastiefland wichtiger als ein paar Zehntelgrad Temperaturanstieg, leidet vor allem unter dem immer noch massiven Raubbau an den Wäldern. Je weniger Wald noch steht, desto anfälliger wird der verbleibende Rest für Feuer, die ihn weiter dezimieren. Je weniger Bäume den Regen halten, desto mehr Wasser verdampft in die Luft und bildet flache Cumulus-Wolken, die anders als Nimbus-Wolken weniger abregnen, fand eine UNESCO-Studie heraus. »Beim Verlust von 40 bis 50 Prozent der Wälder ist die Dynamik nicht mehr aufzuhalten, die aus dem Regenwald eine Savanne macht«, warnt Carlos Nobre, Klimatologe am brasilianischen Institut für Weltraumforschung INPE in São Paulo.

Bisher sind etwa 17 Prozent der ursprünglichen Wälder den Kettensägen und Waldbränden zum Opfer gefallen. Das klingt beruhigend wenig. Ein weiter Weg also bis zur gefährlichen Schwelle, an der die Versteppung unumkehrbar wird? Keineswegs, meint eine Forschergruppe, die untersuchte, wie sehr die Entwaldung den Wasserkreislauf beeinträchtigt. Ihr Ergebnis: Von den 1.261 Flussökosystemen im Amazonasgebiet sind bereits 340, also etwa 27 Prozent, so stark entwaldet, dass ihr Wasserhaushalt teilweise schwer gestört ist. »Wir könnten gefährlich nahe an dieser Schwelle sein, hinter der es kein Zurück gibt«, warnt Nobre.

Wie es jenseits dieser Schwelle aussieht, haben viele Wissenschaftler in einzelnen Studien detailliert dargelegt. Der britische Journalist Mark Lynas hat diese Vielzahl der Forschungsergebnisse in seinem Buch »Six Degrees« zusammengefasst. »Selbst wenn die Waldzerstörung morgen gestoppt würde«, schreibt er, »wäre nach einem Modell des britischen Hadley Centers für Klimaforschung der Regenwald zum Untergang verurteilt, falls die globale Erwärmung nicht bei zwei Grad

Celsius gestoppt wird.« Zwei Grad, das ist die offizielle Zielmarke etwa der EU, hinter der es gefährlich werden könnte; zwei Grad, das wird von vielen Forschern bereits als kaum realistische Vorgabe angesehen, die ohne schnelle und drastische Einschnitte nicht zu halten ist. Die Apokalypse am Amazonas beginnt nach dem Modell des Hadley Centers beim Überschreiten dieses »Kipppunktes«, und zwar im Nordosten Brasiliens. Die Zerstörung des Waldes frisst sich dann nach Süden und Westen durch den Amazonas. Nach einigen Modellen gehen die Regenfälle im Regenwald im 21. Jahrhundert an einigen Stellen bis auf Null zurück. Die Temperaturen steigen auf durchschnittlich 38 Grad Celsius. Riesige Feuerwalzen brennen den Wald nieder, der dann trocken wie Zunder ist. Der Qualm verwandelt in weiten Teilen von Brasilien, Venezuela, Kolumbien, Ost-Peru und Bolivien die Atemluft in eine heiße Mischung aus Gasen und Rauch. »Nach dem Zusammenbruch wird das Innere des Amazonasbeckens praktisch eine Wüste ohne nennenswerte Vegetation sein«, zieht Lynas Bilanz. »Nur an den äußersten Rändern verbleibt ein schmaler Rand von Grasland und Savanne.«

Die Angst ist geblieben

Die Fischer von Cristo Rei haben von diesen konkreten Schreckensszenarien nichts gehört. Ihnen sitzt noch der Schock von 2005 in den Knochen. »Das war hier vor zwei Jahren alles trockener, rissiger Boden«, sagt Christofo de Sousa Ferreira. Er blickt vom Boot über den Lago do Rei, den großen See. Das Wasser ist warm wie in der Badewanne und nur einen Meter tief – aber es erstreckt sich bis zum Horizont. Die Finger sollte man lieber im Boot lassen, mahnt Christofo. Jetzt in der Trockenzeit sind die Piranhas gefährlich, weil sie nicht viel zum Beißen finden. »Letztens haben wir ein herrenloses Kanu gefunden und später dann das Skelett des Besitzers.« Die größte Gefahr ist im Moment allerdings eine andere: Dass man aus dieser Wasserwüste in dem weitläufigen Delta ohne kundigen Führer den Rückweg zum Fluss nicht mehr findet.

Sieben Stunden haben Christofo und seine Kollegen damals bei der großen Trockenheit für die Strecke von ihrem Dorf zum See gebraucht, wo sie sonst 30 Minuten fahren – nur um zu sehen, dass die große Fläche sich in ein riesiges, stinkendes Fischgrab verwandelt hatte. Zwei Jahre später hat sich die Natur erholt: Am Ufer des Flusses fliegen Reiher und Adler, Schildkröten sitzen unbeweglich auf knorrigen Ästen.

Mancher Baumstamm, der am Sandstrand liegt, öffnet plötzlich die Augen und gleitet als Kaiman in das schlammige Wasser. In den Bäumen, sechs bis acht Meter über dem aktuellen Pegel, hängen Seegräser, die die letzte Flut dorthin gebracht hat – genauso wie den alten Kühlschrank ohne Tür, der in einem Strauch liegt.

»Das hier ist kein Witz«, sagt eine einheimische Fischerin. »Die Armen trifft es immer am härtesten«, verzweifelt der Bauer Florindo Vieira Neto vor seinen verdorrten Weiden. Beide treten in einem Film auf, mit dem die Umweltschützer von Greenpeace auf die Verwundbarkeit Brasiliens gegenüber dem Klimawandel hinweisen. »In einem Land voller Wasser verschwindet das Wasser, und mit den Fischen verschwindet die Nahrungsgrundlage dieser Menschen«, heißt es zu den Bildern von Flussläufen voller toter Fische und Schmutzgeiern, die aufgedunsene Tierkadaver zerfleddern. Luftbilder zeigen Schlammwüsten in Flussbetten und gestrandete Schiffe, im Hintergrund läuft dramatische Musik. Während die Wissenschaftler aus ihren mageren Daten nicht herauslesen können, wie die Dürre 2005, von der diese Bilder stammen, zum Klimawandel passt, haben die Umweltschützer diese Debatte schon hinter sich gelassen. Für sie sind die Bilder aus der Vergangenheit ein Blick in die Zukunft des Amazonas und des Rests von Brasilien: Weniger Niederschläge im Regenwald bedeuten nämlich auch Dürren im Süden Brasiliens, wo die Felder einen großen Teil ihres Regens aus dem Amazonasbecken beziehen. Und zum Szenario gehört auch die Erinnerung an 2004, als der erste jemals an der südbrasilianischen Atlantikküste registrierte Hurrikan »Catalina« zuschlug.

Düstere Aussichten für die Zukunft

Ist das Panikmache, Propaganda? Philip Fearnside sagt dazu nichts. Jedenfalls nicht direkt. Der Biologe mit dem beeindruckenden Schnurrbart eines Walrosses ist Forschungsdirektor am INPA in Manaus, er ist eine internationale Koryphäe, wenn es um den Regenwald geht. Besucher empfängt er auf einem wackligen Stuhl in seinem kleinen Büro, das mit Papieren, Büchern und Kisten vollgestopft ist. Fearnside ist schon lange mehr als nur Datensammler, er predigt auf der ganzen Welt von der Wichtigkeit des Amazonas-Regenwalds und ist kritisch, wenn es heißt, die Vernichtung sei gestoppt: »Langfristig gesehen geht der Trend bei der Entwaldung immer noch nach oben.« Fearnside drängt die brasilianische Regierung dazu, die illegalen Rodungen besser unter Kontrolle zu bekommen und er hat berechnet, welche geldwerte Leistung der Regenwald als Kohlenstoffspeicher erbringen könnte, wenn er an ein Emissionshandelssystem angeschlossen wäre: 10.000 Euro pro Jahr und Hektar.

Wer sich für seine Thesen interessiert, bekommt eine CD-ROM überreicht, mit all seinen Papers und Aufsätzen zum Thema. Der Papst der Regenwaldforschung hat keine Zeit, alles immer wieder neu zu erklären. Denn er weiß, dass die Zeit drängt. Wieder und wieder hat er die Modelle der Klimasimulationen untersucht. Und er kommt zu einem pessimistischen Schluss: »Das Hadley-Modell beschreibt bisher die Klimaentwicklung im Amazonasgebiet am besten. Und es hat auch die düstersten Prognosen parat: Völliger Verlust des Regenwalds bis 2070.«

Klima-Steckbrief Brasilien

Bevölkerung:
192 Mio.

Pro-Kopf-Einkommen:
9.700 US-Dollar

Pro-Kopf-CO_2-Ausstoß:
9,5 Tonnen (Rang 30)

Verantwortung für den Klimaschutz (RCI-Faktor):
1,6 Prozent

Kosten für effektiven Klimaschutz pro Kopf und Jahr:
166 US-Dollar

Besondere Kennzeichen:
Ohne Emissionen aus der Entwaldung hat Brasilien nur einen CO_2-Ausstoß von knapp zwei Tonnen pro Kopf und belegt Rang 101.

Quellen: CIA, SEI/EcoEquity/Böll, WRI, eigene Berechnung

 OPFER

Die Bilanz verhagelt

Die deutschen Autobauer, Versicherer und Stromversorger machen Rekordgewinne. Noch. Aber Investoren und Analysten sehen diese Vorzeigebranchen bald als Verlierer des Klimawandels. Genauso wie die Chipsbäcker und Schokoladenhersteller.

Als Schumi kam, brach das Chaos aus. Hunderte von Journalisten und Besuchern drängten in die Halle 6.0 des Frankfurter Messegeländes, als der pensionierte Formel-1-Rennfahrer auf der Internationalen Auto-Ausstellung IAA 2007 am Ferrari-Stand erschien. Er präsentierte den neuen F 430 »Scuderia«, der »mehr Rennsport rüberbringen soll«, wie Michael Schumacher sagte. Gleich nebenan erlebte der Maserati Quattroporte Sport GT S seine Weltpremiere. Rund eine Million Besucher bestaunten außerdem Neuheiten wie den Audi RS 6 (565 PS), den Porsche GT2 (530 PS) oder den Lamborghini »Reventon« (eine Million Euro) und sorgten dafür, dass die IAA nicht zur »Grünen Woche« verkam.

Diesen Eindruck versuchten nämlich vor allem die deutschen Autokonzerne zu erwecken: Klimaschutz, Kohlendioxid und Effizienz standen bei der IAA im Klimawende-Jahr 2007 hoch im Kurs. Nicht nur die üblichen halbnackten Hostessen, sondern viel grüne Hightech, ein Mercedes aus Zweigen und Laub und ein VW-Bus, lackiert als Blümchentapete warben für die Straßenkreuzer made in Germany. Allein Mercedes war mit 19 vergleichsweise spritsparenden Modellen erschienen, Opel präsentierte das 1,5-Liter-Model »Flextreme«, VW den 4,5-Liter Golf, BMW den »X6 Active Hybrid« und selbst Porsche brachte seinen Allradboliden »Cayenne« mit Hybridantrieb auf die Bühne. Am Ende dieses Autojahrs zwischen Hybrid und Hysterie stand für die deutschen Autohersteller ein Rekordergebnis – allerdings nicht wegen, sondern trotz der Klimadebatte. Die Hersteller der sogenannten Premium-Klasse – schwere, schnelle, teure Autos – fuhren gigantische Gewinne ein: Mercedes verbuchte einen Gewinn vor Steuern von 4,7 Milliarden Euro, BMW kam auf 3,8 Milliarden und Audi auf 2,7 Milliarden. Porsche hatte »alles getan, um seinen Gewinn nicht noch weiter wachsen zu lassen«, erklärte Unternehmenschef Wendelin Wiedeking. Vergeblich: Am Ende des Jahres hatten die Sportwagenbauer 5,9 Milliarden Euro verdient. Verlierer sehen anders aus.

Kurzfristig erfolgreich, mittelfristig eine Sackgasse

Das muss auch Eric Heymann zugeben. Aus Sicht der Investoren hätten die deutschen Autobauer alles richtig gemacht, sagt der Analyst der db research, der Analysetochter der Deutschen Bank. Mercedes und Co schneiden weltweit gut ab und sind sehr erfolgreich. Doch ihr Erfolg steht auf tönernen Rädern, fürchtet der Analyseexperte für die Umweltbranche, und er wiege sie in falscher Sicherheit. Für ihn sind die erfolgreichen deutschen Autobauer nämlich Verlierer des Klimawandels. Höhere Benzinpreise und eine Politik, die immer niedrigere CO_2-Werte verlangt, belasten die Hersteller. Sie verlieren Absatzmärkte gegen die Konkurrenz von Fiat, Renault, Peugeot und Toyota, die spritsparende Modelle bauen. Sie können sich anpassen, sicher, aber das kostet Zeit und Geld, um neue Modelle und ein neues Image aufzubauen. »Die Autoindustrie«, schreibt der Experte, »steht von allen Industriezweigen mit vor den größten Herausforderungen durch klimapolitisch motivierte staatliche Maßnahmen.«

Heymann steht mit dieser Einschätzung nicht allein: »Der europäische Autosektor könnte das erste Opfer der erhöhten Besorgnis ums Klima sein«, warnten im Frühjahr 2007 seine Kollegen von der britischen Investmentbank Lehmann Brothers, »die Industrie und vor allem ihre Profitabilität könnten in den nächsten fünf Jahren kräftige Einbußen erleiden«. Auch die Wissenschaftler sehen dunkle Wolken über den deutschen Autobauern: Sie hätten den »Trend Klimaschutz verschlafen«, kritisiert die Expertin für Energie, Verkehr und Umwelt am Deutschen Institut für Wirtschaftsforschung (DIW), Claudia Kemfert. Und für Ferdinand Dudenhöffer, Kritikerpapst der Autoindustrie, rasen die Manager beim Klimaschutz in eine »strategische Sackgasse«. Denn viele Automanager »unterschätzen die Auswirkungen von Klimaschutzsanktionen und gefährden langfristig die Überlebensfähigkeit ihrer Konzerne«.

Fazit der Kritiker: Die deutschen Autohersteller sind auf einem Kurs, den sie auf Dauer nicht durchhalten können. Nicht ökologisch und erst recht nicht ökonomisch. Dieses Todesurteil über eine deutsche Vorzeigeindustrie zeigt, wie unterschiedlich Klimawandel und Klimapolitik die Wirtschaftsbranchen treffen. Denn auch wenn nach der Analyse der db research-Studie »Manche mögen's heiß« für die deutsche Industrie als Ganze gilt: »Klimawandel ist gut fürs Geschäft« – so gibt es doch Schlüsselbranchen, die unter dem Klimawandel leiden werden, den sie zum Teil selbst anheizen: Autobauer und Stromerzeuger, aber auch Versicherer und Lebensmittelindustrie.

Die Analysten sehen mit dem Klimawandel viele Gefahren heraufziehen. Denn für sie zählen weniger die schwarzen Zahlen von heute als die Chancen und Risiken von morgen: Direkte Schäden eines Unternehmens durch Stürme oder Hochwasser; Probleme in der Logistik oder bei den Zulieferern durch häufigere Extremwetter; Gesetze zum Klimaschutz, die Energie oder Rohstoffe verteuern oder Grenzwerte absenken; Verluste durch Konkurrenten, die schneller auf den Klimawandel reagieren; Imageverluste und Prozesskosten wegen Angriffen von außen. Alle diese Gründe passen besonders auf die deutsche Autoindustrie.

Eigener Emissionshandel für die Autobauer?

Energie teurer, Rohstoffe knapp, Gesetze schärfer: Seit die EU-Kommission den europäischen Autokonzernen vorgeschrieben hat, bis 2012 einen durchschnittlichen Benzinverbrauch von 5,4 Litern pro 100 Kilometer für Benzinmotoren und 4,7 Litern für Dieselmotoren zu schaffen (was 130 Gramm Kohlendioxid pro Kilometer entspricht), tobt der Kampf zwischen Brüssel und den deutschen Autobauern – so ernsthaft, dass EU-Umweltkommissar Stavros Dimas im Frühjahr 2007 öffentlichkeitswirksam auf seinen Mercedes-Dienstwagen verzichtete und auf einen Toyota Prius umstieg. Die EU will hart bleiben. Denn die europäischen Autobauer haben Brüssel schon einmal an der Nase herumgeführt. Sie versprachen 1995, den CO_2-Ausstoß bis 2008 auf 140 Gramm zu senken. Davon sind sie weit entfernt.

Ferdinand Dudenhöffer schlägt vor, die Autohersteller sollten ihre CO_2-Minderungen über einen eigenen Emissionshandel erbringen: Was Porsche an Emissionen braucht, könnten sich die Luxusbauer dann von Fiat oder Peugeot kaufen. Der Verband der deutschen Autobauer (VDA) ist strikt dagegen: So würde ja die Konkurrenz im Süden direkt subventioniert und müsse nichts mehr in die Forschung investieren. VDA-Präsident Matthias Wissmann, ehemals CDU-Verkehrsminister in der Regierung Kohl, kämpft für das deutsche Luxusauto, das die geforderten Verbesserungen auch erbringen könne: Immerhin bringe eine 20-Prozent-Reduktion des CO_2-Ausstoßes bei den 20 dreckigsten Autos nur 0,2 Prozent weniger Kohlendioxidbelastung durch die Autoflotte – reduziere man aber 20 Prozent bei den am meisten verkauften Autos, also vor allem der Mittelklasse, bringe das 14 Prozent Einsparung. Außerdem verdienen die deutschen Hersteller vor allem am Luxussegment: Mehr als 60 Prozent des gesamten Umsatzes wird hier erwirtschaftet und mehr als die Hälfte aller Beschäftigten verdienen in diesem Markt ihr Geld. Die Pläne der EU würden jedes Auto im Schnitt um 1.300 Euro teurer machen, heißt es. Was der VDA nicht laut sagt: Die Effizienztechniken öffnen einen Markt für die Autozulieferer, die damit zehn Milliarden Umsatzplus machen könnten – und die ebenfalls im VDA organisiert sind.

Auch die Versicherer gelten als Verliererbranche

Die Warnungen der Investmentbanker sind in der Industrie nicht beliebt. Kein Unternehmen hört es gern, wenn über seine Zukunftschancen schlecht geredet wird – schon gar nicht ein börsennotierter Konzern, dessen Wohl und Wehe von Einschätzungen und Gerüchten an den Börsen abhängen kann. »Es wird sicher viele Verlierer durch den Klimawandel geben«, sagt deshalb auch Heike Trilovszky, »aber die Münchner Rück wird nicht dazugehören. Denn seit 1880 ist es unsere Kernkompetenz, solche Risiken einzuschätzen.«

Trilovszky sitzt in ihrem Eckbüro bei der Münchner Rückversicherung, einem imposanten hundertjährigen Gebäude, gelb verputzt und mit Blick auf den Englischen Garten. Ein Vorhof mit Springbrunnen, umrahmt von wuchtigen Säulen, auf dem Dach wachen vier überlebensgroße Steinfiguren. Die Tür ist groß und schwer wie ein Burgportal. Die Zentrale der Münchner Rück ist eine Zitadelle der Solidität: Sturmfest, wasserdicht und abgesichert gegen alle Risiken des Lebens. Bei uns, sagt dieses Gebäude, bei uns sind Sie sicher.

Dieses Vertrauen hat aus der Münchner Rück den zweitgrößten Rückversicherer der Welt gemacht, mit einem Jahresgewinn 2007 von 3,9 Milliarden Euro. Zu ihr kommen Versicherungsgesellschaften, die ihre Risiken versichern wollen. Wer ein Haus gegen Sturm versichert, geht zum Versicherer. Weil viele Leute ihre Häuser gegen Sturm versichern, sucht sich der Versicherer einen Versicherer: Den Rückversicherer. Doch das Klima für Versicherer wird rauer: »Seit 1950 hat sich die Zahl großer Naturkatastrophen von durchschnittlich drei auf nunmehr acht im Jahr nahezu verdreifacht, vor allem durch Wetterkatastrophen«, sagt Peter Höppe, der bei der Münchner Rück die GeoRisiko-Forschung leitet. »Die Schäden durch Wetterkatastrophen haben sich inflationsbereinigt im Durchschnitt versiebenfacht, die Belastung der Versicherer ist um ein Vielfaches gestiegen.« Von den 67 Naturkatastrophen, die die Versicherer jeweils mehr als eine Milliarde Dollar gekostet haben, haben 64 etwas mit dem Wetter zu tun. Ruiniert also Klimawandel die Rückversicherer?

Milchmädchenrechnung oder Bilanzkiller?

Eine falsche Schlussfolgerung sei das, meint Heike Trilovszky lächelnd. »Natürlich sehen wir die steigenden Schäden. Aber wir steuern unser Geschäft so, dass uns dies trotzdem nicht wehtut«, sagt die Chefin der »Abteilung Underwriting«. Dahinter verbirgt sich die Grundsatzabteilung des Münchner Versicherungsriesen. Hier wird entschieden, welche Risiken die Münchner Rück auf der Versicherungsseite eingeht und welche nicht. Die 100 Mitarbeiter in der Münchner Zentrale rechnen, sie vergleichen, sie wägen ab, wie wahrscheinlich ein Schaden ist und wie viel man zahlen muss, um dieses Risiko zu versichern. »Dabei können wir uns im Grunde keine Fehler erlauben, denn risikoadäquate Preise sind in diesem Geschäft lebenswichtig«, sagt Trilovszky. Noch entscheidender aber sei die »Kumul-Kontrolle«, also die Frage, für wie viel Schaden die Versicherung im schlimmsten Fall einzustehen hat. Wer sich da verrechnet, fliegt raus. Denn ein Fehler kann das ganze Unternehmen gefährden. Die Schäden steigen bisher allerdings weniger, weil Unwetter zunehmen, sondern weil mehr Werte versichert werden. Überschwemmte früher der Fluss den Keller, schwammen da nur die Autoreifen. Heute trifft es den voll eingerichteten Hobbykeller. Florida war vor einigen Jahrzehnten kaum besiedelt, heute stehen dort teuer versicherte Villen und Fabriken. Doch auch die Versicherer haben aufgerüstet. »Früher gab es Daten über Schadensrisiken höchstens pro Bundesland«, sagt Trilovszky, »heute kann ich sehen, wo bei einem bestimmten Haus der nächste Bach ist, der über die Ufer treten kann – und das fast weltweit.«

Die Münchner Rück hat früh erkannt, dass der Klimawandel die Bilanz verhageln kann. Seit Jahren warnt der Konzern, macht Lobbyarbeit bei der Politik, redet mit Journalisten und finanziert Klimastudien. Aber: »Der typische Rückversicherer-Vertrag läuft zwölf Monate. Mich interessiert da nicht das Klima von übermorgen, sondern das Wetter von morgen. Und da kann ich die Risiken gut abschätzen«, versichert Trilovszky. »Aber natürlich müssen wir wissen, was in ein paar Jahren oder Jahrzehnten passiert, um uns strategisch darauf einzustellen.«

Hurrikan Katrina als Wasserscheide

Hurrikan »Katrina«, der 2005 New Orleans verwüstete, hat vieles verändert. Die großen US-Versicherer State Farm und Allstate erklärten danach, weite Teile der US-Küste würden sie nicht mehr versichern. Und auch die Münchner Rück hat viel Geld verloren: 1,6 Milliarden US-Dollar. »Katrina« hat die Versicherer weltweit überrascht, weil sie nicht dachten, dass sie bei diesem Sturm solche Verluste haben würden, das ja, gibt Trilovszky zu. Aber die Summe hat nicht ihr Budget geknackt, das sie für das Risiko »Hurrikane im Atlantik« intern vorgesehen haben. Wo das liegt und ob der Betrag knapp dran war? Trilovszky schweigt. Betriebsgeheimnis. Nur so viel: »Was wir unterschätzt haben, sind die Schäden aus dem Chaos nach dem Sturm, also die Ausfälle, bis eine Fabrik wieder produziert oder den Anstieg der Preise für die Reparaturen nach einer solchen Katastrophe.«

Trotzdem sieht Trilovszky ihr Unternehmen ziemlich sturmsicher gegen den Klimawandel. Denn stärker als Erstversicherer können sich die Rückversicherer ihre Kunden aussuchen: Ist das Risiko zu hoch, bieten sie keine Rückversicherung an – anders der Erstversicherer, der dazu im Zweifel per Gesetz gezwungen werden kann. Und Risiken, die nicht mehr versicherbar sind, wie es überall heißt? Die gebe es doch jetzt auch schon, sagt Trilovszky. »Öffentliche Infrastruktur wie Autobahnen oder Brücken sind nicht versichert. Und wer ein Haus direkt am Flussufer oder in der Kölner Altstadt hat, bekommt seit jeher auch keine Versicherung gegen Hochwasser.« Im Gegenzug biete der Klimawandel sogar Chancen. So versichert die Münchner Rück das Risiko bei den teuren Bohrungen nach Geothermie-Quellen, komplizierten Offshore-Windprojekten oder bietet mit Partnern in Entwicklungsländern Mikroversicherungen für Kleinunternehmer an.

5.500 Milliarden Euro oder 20 Prozent der globalen Wirtschaftsleistung und eine Rezession wie in der Weltwirtschaftskrise nach 1929 –

das ist die Warnung des britischen »Stern-Reports«, der im Herbst 2006 ausrechnete, was ungebremster Klimawandel kosten kann. Dagegen stehen Investitionen von höchstens zwei Prozent der globalen Wirtschaftsleistung, um den Klimawandel zu bekämpfen. Wie teuer der Klimawandel Deutschland zu stehen kommen kann, hat das DIW errechnet: Insgesamt knapp 800 Milliarden Euro: 330 Milliarden für Klimaschäden, 300 Milliarden für höhere Energiepreise, 170 Milliarden für höhere Deiche und andere Anpassungsmaßnahmen. Pro Jahr, warnt das DIW, könnten die Folgen des Klimawandels die deutsche Volkswirtschaft einen halben Prozentpunkt ihres Wirtschaftswachstums kosten – eine ganze Menge in einer Zeit, in der sich die Wachstumsraten bei etwa zwei Prozent eingepegelt haben.

Zu heiß für Schokolade

Über solche Wachstumsschwäche kann die Aachener Printen- und Schokoladenfabrik Henry Lambertz nur lächeln. In den letzten 15 Jahren hat der deutsche Marktführer für Weihnachtsgebäck seinen Umsatz auf eine halbe Milliarde Euro verzehnfacht. Seit 1633 backt die Familie Lambertz, was in Deutschland zu Weihnachten gegessen wird. Für ihr Gebäck haben sie auch Lob von Ronald Reagan und Bill Clinton bekommen. Die Aachener haben die Gewürzprinte erfunden und sich die Schokoladenprinte ausgedacht, aber der Durchbruch kam mit den Dominosteinen und Keksmischungen.

Die langgestreckte Fabrik im Industriegebiet von Aachen ist ein Kindertraum: Tausende von Keksen mit und ohne Schokoguss schaukeln auf endlosen Förderbändern durch die Halle. In Bottichen, groß wie Zementmischmaschinen wird der Teig angerührt. Dann kommt er in die Walzen, die ausgestanzten Kekse wandern durch Schokoduschen, Backstraßen und Kühlstraßen in die Packungen für Milka oder Aldi. »Hier darf es nie wärmer sein als 19 Grad«, sagt Peter Künstler, »bei 28 Grad schmilzt die Schokolade.« Der Mann im weißen Bäckermantel und der Haube auf dem Kopf ist bei Lambertz Chef der Qualitätskontrolle. Achtlos geht er an einem riesigen Korb mit Bruchkeksen vorbei. Künstlers Verhältnis zu seinen Gebäcken ist professionell. Jeden Morgen um neun sitzt er mit der Geschäftsführung zusammen und testet die Produktion des Vortags. Privat mag er Gummibärchen.

Das Unternehmen floriert. Doch auch den Printenbäckern wird der Klimawandel auf den Keks gehen. Bereits jetzt steigen die Preise für die Rohstoffe wie Zucker und Kakao. Energie wird deutlich teurer, und Lambertz braucht viel Strom: Die leckeren Sachen werden gleichzeitig gebacken und gekühlt und bei nur sechs Grad Celsius transportiert. Und dazu kommt noch: Heiße Sommer verleiden die Lust auf Schokolade. Man könnte neue Produkte entwickeln, aber die Kundschaft ist konservativ, weiß man bei Lambertz: »Würden wir die Produkte zu sehr verändern«, heißt es im Haus, »würden sich die Kunden von uns abwenden.« Vielleicht wählen sie dann lieber ein Eis, denn das Naschverhalten wird sich verändern. Den Vorteil haben dann zum Beispiel die Abfüller von Mineralwasser und Brause und die Eisfabrikanten.

Branchen im Klimacheck

Der Klimawandel an sich ist kein Branchenkiller, machen die Analysten klar. Aber er erhöht die Kosten der betroffenen Unternehmen, senkt ihren Profit und ihre Konkurrenzfähigkeit vor allem gegenüber anderen Bewerbern, die besser auf die Herausforderung reagieren – die also statt Schokoladengebäck Erfrischungsgetränke herstellen oder statt durstigen Luxuslimousinen kleinere, effizientere Autos. Diese Unternehmen haben ihre Nische im Markt unter den Bedingungen des Klimawandels bereits gefunden, die andere erst noch mit viel Aufwand und Mühe erobern müssten.

Investoren sollten genau darauf achten, wie sie ihr Geld investieren, meint der US-Ökonom Jeffrey Sachs, ein Spezialist für ökonomische Bewertungen von Umweltproblemen. »Aktionäre müssen Fragen stellen: Welches Risiko steckt in dieser Bilanz?«, rät Sachs. Sind Hotels am Strand gut versichert, investieren Kraftwerke in Umweltschutz? Die Aktien der deutschen Stromversorger E.on und RWE bekommen etwa im »Klimacheck« der Zeitschrift »Capital« nur noch die Noten »befriedigend« und »ausreichend«. Deshalb warnt Sachs: »Anleger sollten sich sehr genau informieren, ob sich ein Unternehmen auf das Problem Klimawandel vorbereitet und wie sehr es betroffen ist.«

Ob die Geldgeber aber tatsächlich so kritisch in die Zukunft blicken, wenn ihre Unternehmen momentan gute Dividenden zahlen, steht auf einem anderen Blatt. Seine größte Sorge, gestand der Finanzchef eines der größten europäischen Autohersteller den Bankern von Lehmann Brothers, seien die Grenzwerte der EU zum CO_2-Ausstoß und was sie für seinen Konzern bedeuteten. »Aber es hat noch nie ein Investor danach gefragt.«

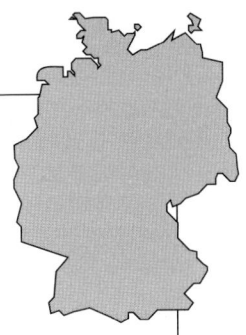

Klima-Steckbrief Deutschland

Bevölkerung:
82 Mio.

Pro-Kopf-Einkommen:
34.400 US-Dollar

Pro-Kopf-CO_2-Ausstoß:
10 Tonnen (Rang 27)

Verantwortung für den Klimaschutz (RCI-Faktor):
5,5 Prozent

Kosten für effektiven Klimaschutz pro Kopf und Jahr:
440 US-Dollar

Besondere Kennzeichen:
selbst ernannter Weltmeister im Klimaschutz;
Subventionen für erneuerbare Energien: etwa 1 Mrd. Euro,
Subventionen für Kohle: 2,5 Mrd. Euro

Quellen: CIA Factbook, SEI/EcoEquity/Böll, EEA, eigene Berechnung

Profiteure

»*Beim Goldrausch in Kalifornien 1849 wurden nur wenige
Goldsucher reich. Das schafften die Kaufleute,
die ihnen Hacken und Schaufeln und Jeans verkaufen.*«

»11 Strategien, um reich zu werden«, Forbes Magazin

Die Nuklearindustrie präsentiert sich als Klimaretter

Ausweg in die Sackgasse

Seit 20 Jahren preist die Atomindustrie ihre Energie als Lösung der Klimakrise. Inzwischen findet sie damit zunehmend Gehör. Frankreich baut deshalb die nächste AKW-Generation und propagiert die »Renaissance der Atomkraft«. Doch zur Lösung des Klimaproblems kann sie nicht viel beitragen.

Sicherheit wird hier groß geschrieben. Nämlich so: »PRIORITE SECU-RITE«. Die Mahnung steht in blutroten Lettern zwei Meter groß an der massiven Betonwand, wo in riesigen Silos der Spezialbaustoff abgemischt wird. »PRIORITE SECURITE« auch über dem Eingangstor zur Baustelle und als Aufkleber an der Baracke der Bauleitung. Der hohe Maschendrahtzaun ist mit Stacheldrahtrollen gesichert, Autos müssen eine Sicherheitsschleuse passieren, Besucher ihren Pass abgeben und sich durch ein elektronisches Sperrgitter pressen. Dann werden sie zu ausgewählten Plattformen eskortiert. Fotos sind nicht erwünscht.

Im Hochsicherheitstrakt »Flamanville 3« an der französischen Atlantikküste darf nichts schief gehen. Denn »Flamanville« ist mehr als eine normale Großbaustelle. 700 Bauarbeiter in neongelben Westen des Stromversorgers Electricité de France (EdF) gießen Spezialbeton, hämmern an Verschalungen aus Holz oder genießen die Mittagspause im Windschatten. Eine kühle normannische Brise weht über den Deich aus tonnenschweren Granitblöcken, der die Baustelle zum offenen Meer abschirmt. In der Mitte des Areals glänzt der frisch gegossene kreisrunde Boden des zukünftigen Reaktorraums in der Sonne. Der Block aus 10.000 Tonnen Beton mit einem Durchmesser von 55 Metern ist das Allerheiligste der französischen Energiewirtschaft – und der Hoffnungsträger der internationalen Atomindustrie.

Denn in Flamanville wird nicht irgendein Atomkraftwerk gebaut. Hier soll nach dem Willen der Nuklearmacht Frankreich die Zukunft dieser Energieform demonstriert werden: Sicherer, effizienter und kostengünstiger als die beiden alten Reaktoren, die sich keine hundert Meter neben der Baustelle in den Schatten der Granitfelsen ducken. »Flamanville 1 und 2« sind die Gegenwart der Nuklearpolitik. Die Atomanlage »La Hague«, deren ausgedehnte weiße Fabriken von jenseits der Bucht über das Meer schimmern, gehört zu einer Vergangenheit, als Frankreich nach der Atombombe griff und die Plutoniumwirtschaft auch für die zivile Nutzung ausbauen wollte. Jetzt, so wünscht sich EdF, soll der Druckwasser-Reaktor (EPR) von Flamanville der wichtigste Beitrag der französischen Industrie zur »internationalen Renaissance der Nuklearenergie werden«.

Morgenluft, mit Treibhausgasen gesättigt

Der Klimawandel hat eine Industrie reanimiert, die sich bereits auf einen Tod auf Raten eingestellt hatte – wenn nicht in Frankreich, dann doch weltweit. Billiges Öl und Gas hatten seit den Achtzigerjahren den Neubau von Reaktoren verhindert; die lange Liste der Beinahe-Katastrophen und der Super-GAU von Tschernobyl hatten den Ruf ruiniert; auch nach 40 Jahren intensiver Forschung weiß noch niemand, wo und wie man den strahlenden Müll über Jahrtausende sicher lagern soll. Schließlich hatten mehr und mehr Länder beschlossen, aus der Atomkraft auszusteigen und die Ingenieure suchten sich andere Arbeitsfelder. Der Atomtod stand vor der Tür – allerdings nicht durch, sondern für das Atom. Dann kam die Klimadebatte.

Seitdem kleben die Atomwerker überall auf der Welt stolz die Plakette »CO$_2$-frei« auf ihre Meiler. Tatsächlich verursacht die Atomenergie deutlich weniger CO$_2$-Emissionen als die meisten anderen Energieformen. EdF rechnet gern vor, französischer Strom, der zu 85 Prozent aus den 58 Reaktoren des Landes kommt, verursache deshalb im Schnitt nur 50 Gramm CO$_2$ pro Kilowattstunde (KwH) – der europäische Durchschnitt liege aber bei 400 Gramm. Deshalb sei »die verantwortungsvolle Nutzung der Nuklearenergie eine wichtige Antwort auf die globale Sorge um die Reduzierung von Kohlendioxid«.

Frankreich, einer der Weltmarktführer in Sachen Nukleartechnologie, bringt die Atomkraft immer wieder bei internationalen und EU-Energieverhandlungen ins Spiel. Präsident Nicolas Sarkozy wirbt in China, Nordafrika und am Persischen Golf leidenschaftlich um Export-

verträge für den staatlichen Atomkonzern AREVA. Der deutsche Stromversorger EnBW, 45-prozentige Tochter von EdF, macht für seine »un-
geliebten Klimaschützer« mit Bildern von AKW-Schornsteinen Rekla-
me, die so verknotet sind, dass sie kein Gramm CO_2 entlassen. Und
kaum ein Wochenende vergeht, an dem nicht ein CDU/CSU-Politiker
den »Ausstieg aus dem Atomausstieg« fordert, damit Deutschland seine
Klimaziele erreicht.

Die Atomindustrie hat früh erkannt, welches Potenzial die globale
Erwärmung für ihre Auftragsbücher haben kann. Schon Ende der Achtzigerjahre warb der Informationskreis Kernenergie in Deutschland mit
Unterstützung des Bundesforschungsministeriums für die »Kernkraft
gegen die Klimakatastrophe«. Und zum dritten Jahrestag der Katastrophe von Tschernobyl titelte die Zeitschrift »atomwirtschaft«: »Die Kernenergie und der Schutz der Erdatmosphäre«.

Vom Modellprojekt zum Image-Alptraum

20 Jahre später ist die atomare Option tatsächlich wieder auf dem Tisch:
Weltweit gibt es 435 Reaktoren, 28 werden gebaut, für weitere 222 laufen die Planungen. In der Industrie herrscht Aufbruchstimmung, Sie-
mens etwa erwartet in den nächsten fünf Jahren eine Verdreifachung der
Aufträge. Die USA haben die Laufzeiten ihrer 104 AKW verlängert und
33 neue in der Planung. Großbritannien will mit ausdrücklichem Ver-
weis auf seine Klimaschutzziele in den nächsten 20 Jahren seine zehn
Reaktoren durch neue ersetzen. Russland, Brasilien, China, Indien, Südafrika und ein Dutzend kleinerer Länder planen einen Ausbau. Und an
der finnischen Ostseeküste bei Olkiluoto wächst der erste Neubau eines
Atomkraftwerks in der EU seit Tschernobyl aus dem Boden – ein EPR,
geliefert von der französischen AREVA.

Doch was zum weltweiten Vorzeigemodell für »Le nucleaire à la fran-
çaise« werden sollte, ist zum PR-Fiasko geraten. Olkiluoto ist inzwischen
zwei Jahre hinter dem Zeitplan zurück; die finnischen Bauherren klagen
über mangelhafte Planung und schlechte Ausführung, die Atomaufsicht
des Landes bemängelt eine fehlende »Sicherheitskultur«. AREVA hat den
Finnen einen Pauschalpreis von drei Milliarden Euro garantiert, aber die
Kosten laufen aus dem Ruder: Der Bau wird mindestens 700 Millionen
Euro teurer. Wie AREVA dieses Geld auftreiben will, ist ungewiss.

Deshalb betont Philippe Leigné auch mehrmals, dass der Bau in Flamanville im Zeitplan ist. Der Chef der Baustelle sitzt am Besprechungs-
tisch in der Baracke der Bauleitung. Von hier oben auf der Klippe sieht

man die Baustelle nicht, nur das weite blaue Meer. Die britischen Kanal-
inseln Jersey und Guernsey sind zum Greifen nahe. »Über die Situation
in Finnland kann ich nichts sagen«, meint Leigné, während zwei Journalisten und zwei Pressesprecher von EdF seine Worte mitschreiben. Der
Zeitplan für »Flamanville« sei »ambitiös, aber nicht unrealistisch«. Dann
führt er die Besucher zu den Schautafeln auf den Klippen, wo man einen
Überblick über die Baustelle hat. »Der EPR ist eine evolutionäre, keine
revolutionäre Technik«, lautet die EdF-Sprachregelung. Soll heißen: Der
Reaktor der sogenannten »dritten Generation« soll 30 Prozent weniger
Atommüll produzieren, wenn er 2012 fertig ist, soll 60 Jahre lang laufen und weniger stillstehen als die alten Meiler. »Wir haben das Beste
aus allen Techniken zusammengebracht«, sagt Leigné: Vier Systeme zur
Notabschaltungen verhindern Störungen. Kommt es doch zur Kern-
schmelze, soll der flüssig-radioaktive Kern in ein neues Auffangbecken
rutschen – »PRIORITE SECURITE«.

Besonders peinlich für EdF ist deshalb, was einen Monat nach unserem Besuch in Flamanville geschah: Am 23. Mai 2008 legte die französische Atomaufsichtsbehörde ASN die Baustelle in Flamanville wegen gravierender Sicherheitsmängel vorläufig still. Die Begründung klingt sehr
nach den Vorwürfen, die auch in Finnland erhoben werden: Der Beton
für die Bodenplatte des Reaktors zeige Risse, es sei falscher Stahl verwen-
det worden und insgesamt zeigten die wiederholten Pannen auf der Baustelle einen »inakzeptablen Mangel an Sorgfalt«, monieren die obersten
französischen Nuklear-Aufseher. Die Umweltschützer von Greenpeace
erinnern daran, dass es seit dem Beginn der Bauarbeiten wiederholte Be-
schwerden an die ASN gegeben habe: Falsches Material, unqualifizierte
Arbeiter, Abweichungen von den Plänen, schlechte Bauausführung. Und
zeitgleich mit der Stilllegung der Baustelle demonstrieren vor dem Tor
von »Flamanville« nicht nur die Umweltschützer, sondern die Angestellten des Sicherheitsdienstes, weil sie sich unterbezahlt fühlen. »Es ist ein
Paradox«, erklärt deren Gewerkschaft CGT, »dass eine Baustelle von so
hoher Wichtigkeit nicht über angemessene Mittel zur Überwachung verfügt. Schließlich bewachen die Sicherheitsleute hier nicht irgendeinen
Supermarkt, sie müssen richtig ausgebildet und ausgerüstet sein.«

Es geht ums Prestige – und um Exportchancen
»Den Reaktor in Flamanville braucht EdF nicht zur Stromerzeugung«,
sagt Didier Anger und lacht bitter. »Flamanville ist doch nur ein Schaufenster für die französische Exportwirtschaft. Wir haben ja sonst nicht

viel zum Exportieren.« Anger sitzt in seinem Wohnzimmer, auf der Bank am wackeligen Tisch stapeln sich die Dossiers über die französische Behörde zur Regelung der Stromleitungen und seine Korrespondenz mit den Tuareg in Niger, die gegen den Uranabbau kämpfen. In seinem kleinen Büro stehen Aktenordner bis unter die Decke, an den Wänden hängen Plakate von Anti-Atom-Demos. Sein gelbes Haus ist neu gestrichen, es steht sechs Kilometer von der Baustelle entfernt. Früher hat er direkt in Flamanville gewohnt, sagt er, aber dann ist er weggezogen: Sein Vermieter, ein Polizist, habe von seinen Vorgesetzten Druck bekommen, ihm den Vertrag zu kündigen. »Der hat das nicht gemacht, er ist ein ehrenwerter republikanischer Polizist. Aber wir sind trotzdem gegangen.«

Anger ist bekannt in Flamanville und in der kleinen französischen Anti-Atom-Gemeinde. Er war 1984 dabei, als sich die französischen Grünen zur Partei formierten, er saß für sie im Europaparlament und hat immer schon gegen die Atomindustrie gekämpft. »EdF wollte den EPR ja gar nicht, die wollten lieber längere Laufzeiten für ihre alten Meiler.« An seinem Briefkasten klebt ein »EPR-non merci«-Schild. »Vor den Atomanlagen war die Mehrheit der Menschen hier kritisch eingestellt«, erinnert er sich. Jetzt sind die meisten dafür: »Heute gibt es ja keine andere Arbeit mehr.« Gegen den EPR haben sich 100 Komitees gebildet, erzählt er – nicht an der Baustelle, sondern entlang der Trasse für die neue Hochspannungsleitung, die den Strom aus Flamanville bis nach Zentralfrankreich führen soll. »Keiner wird sein Land dafür hergeben«, sagt er und grinst: »Und wenn sie es enteignen, werden wir kämpfen. Da gibt es legale und illegale Methoden. Niemand kann 200 Kilometer Stromleitungen kontrollieren.«

Besonders in Rage bringt den 69-jährigen pensionierten Geschichtslehrer das Argument, Frankreich garantiere mit dem Atomstrom seine Unabhängigkeit:»Unabhängig hieß damals, dass Frankreich die Atombombe wollte und bekam. Aus diesem militärischen Anfang wurde dann das zivile Programm geschneidert, aber die militärischen Strukturen sind geblieben.« 2001 schlossen die Franzosen ihre letzte heimische Uranmine und beziehen den Brennstoff jetzt aus Niger, Australien und Kanada. »Zu sagen, wir sind unabhängig, das ist so, als würde man sagen: Wir haben doch Ölraffinerien bei Marseille, also sind wir beim Öl unabhängig.«

Öl, Strom, Atom: Weit weg von Flamanville, im Pariser Geschäftsviertel La Defense blickt Betrand Barré aus dem 28. Stock auf die Dreifaltigkeit der französischen Energiewirtschaft. Gegenüber steht der Wolkenkratzer des Ölkonzerns »Total«, schräg rechts die Zentrale von EdF und Barré selbst sitzt in Zimmer 2806A des AREVA-Towers. Die Häuser sind durch ein Tunnelsystem verbunden. Die Verbindungen in der französischen Energiewirtschaft sind eben kurz, manchmal unterirdisch und unsichtbar.

La Defense bedeutet »Die Verteidigung«. Aber Bertrand Barré ist nicht in der Defensive. Ganz im Gegenteil. »Die Renaissance der Atomkraft ist noch nicht da«, sagt der Atommanager in seinem Englisch mit französischem Akzent, »aber fast«. Der freundliche Herr mit den weißen Haaren, weichen Schuhen, dem bequemen Leinensakko und dem zuvorkommenden Habitus eines Privatgelehrten sieht die Zukunft der globalen Energieversorgung auf zwei Pfeilern: »Clean Coal« und Atomkraft. Für diese strahlende Zukunft nimmt AREVA in Kauf, dass der Reaktor in Flamanville zu einer Zeit gebaut wird, in der Frankreich ohnehin so viel Grundlaststrom hat, dass es zwölf Prozent exportiert. Denn die wirklichen Mängel gibt es bei schnell verfügbarem Strom etwa aus Gaskraftwerken. Barré gibt auch freimütig zu, dass der Strom aus »Flamanville« in den ersten Jahren ins Ausland verkauft werden wird. Wirklich gebraucht wird der EPR aus nationalem Prestige und für den Export. Das sagt Barré nicht, aber er widerspricht der These auch nicht.

Ein günstiger Moment in der Geschichte

»Weg vom Öl« – der heutige Schlachtruf der Umweltschützer stand auch am Beginn des französischen Atomprogramms. »Nach dem Ölschock von 1973 galt bei uns das Motto: Weg vom Öl, mit allen Mitteln und zu fast allen Kosten«, erinnert sich Barré an die Goldgräberzeit der Atomgemeinde. 1974 kamen 68 Prozent der Stromproduktion aus Ölkraftwerken in einem Land, das anders als etwa Deutschland kaum noch über Kohlereserven verfügte. EdF war ein Staatskonzern, bekam billig Geld auf dem Kapitalmarkt und klotzte: Teilweise eröffneten die Stromer jeden zweiten Monat ein neues Atomkraftwerk, bis das Öl aus der Stromproduktion praktisch verdrängt war.

»Nach dem zweiten IPCC-Bericht 1995 wurden wir auf das Klimathema aufmerksam«, sagt Barré, der heute als Pensionär immer noch als »wissenschaftlicher Berater« von AREVA-Chefin Anne Lauvergeon fungiert. »Nach dem dritten Bericht 2001 gab es einen strategischen Wechsel: Wir wollten jetzt Teil der Bewegung sein, um gegen den Klimawandel etwas zu unternehmen.« Das Ziel des Unternehmens ist ein CO_2-

freier Energiekonzern: Atom, Wind, Biomasse. Barré zeigt sich als ausgesprochener Freund der erneuerbaren Energien. »Ich hätte keine Probleme damit, etwa die Solarenergie ähnlich zu subventionieren wie damals die Atomkraft«, sagt er. »Wir hatten einen guten Moment in der Geschichte, es gab einen großen Druck und genügend Geld. Irgendwann könnte dieser Moment wieder kommen, wenn der Druck durch das Klimaproblem so groß wird.« Dann holt er stolz ein Buch aus dem Regal, das er gerade veröffentlicht hat: »Understanding the Future: Nuclear Power« und zeigt auf das Vorwort. »Wir haben eine getestete und sichere Energiequelle: Die Kernenergie« steht da – geschrieben von James Lovelock, dem britischen Vor- und Querdenker der Öko-Bewegung.

Renaissance oder Marketing?

»Das ist doch alles Augenwischerei«, sagt dagegen Mycle Schneider, Energieexperte in Paris, der auch als Gutachter für die deutsche Regierung arbeitet. »AREVA hat weder die Technik noch die Leute, um wirklich die Zukunft der Energieversorgung zu dominieren«, sagt er. »Das Humankapital ist ein Problem, mit dem wir uns beschäftigen«, gibt Barré zu, »vielleicht nicht immer ganz zufriedenstellend.« Die Zeit drängt: Immerhin gehen bis 2015 insgesamt 40 Prozent der EdF-Ingenieure in Rente und es gibt kaum Nachwuchs an den Universitäten. Der Druckbehälter für »Flamanville« muss in Japan gefertigt werden, weil es dafür keine Gießerei gibt in Frankreich? Ja, bestätigt Barré, aber »wenn wir mehr Aufträge bekommen, dann investieren wir natürlich in eine eigene Gießerei hier im Land.« Es gebe Engpässe bei der »Atom-Renaissance«, gesteht Barré zu, aber solche Investment-Entscheidungen fielen eben nicht über Nacht und hätten einen langen Vorlauf. Für Schneider dagegen ist klar: »Das sind alles nur Scheinargumente. Die Atomwirtschaft möchte vor allem möglichst lange Laufzeiten herausschinden, um mit den abgeschriebenen Meilern satte Gewinne zu machen. Und die Umweltbewegung hilft ihnen dabei, indem sie das Gespenst von der Wiederkehr der Atomkraft verbreitet.«

Der SPD-Umweltpolitiker Michael Müller, unter Sigmar Gabriel parlamentarischer Staatssekretär im Umweltministerium, erinnert immer wieder daran, dass bereits in den Neunzigerjahren die Enquete-Kommission des Bundestags zum Klimawandel befunden habe, Atomkraft sei keine Lösung, »und zwar auch mit den Stimmen der CDU-Mitglieder«. Für Müller bringt das Festhalten an der Atomkraft gerade das Gegenteil von Klimaschutz: »Die alten Strukturen der Strom-Monopole, die man für so kapitalintensive Unternehmungen wie Atomkraftwerke braucht, werden so zementiert.« So bekomme man die Energiewende zu klimafreundlicher Energie niemals hin. Und die grüne Euopaabgeordnete und Atomexpertin Rebecca Harms sieht die internationale Atomwirtschaft überhaupt nicht in der Lage, schnell und effektiv zu reagieren. Deren Situation sei geprägt von »Produktionsengpässen, langen Verzögerungen und gravierenden Kostenüberschreitungen«.

Trotz all dieser Entwicklungen setzen einzelne Länder weiter und sogar verstärkt auf die Energie aus dem Atom. Aber gegen die These vom globalen Klimaretter Atomkraft sprechen vor allem ökonomische Gründe. Denn Strom aus Atomkaftwerken verlangt eine entwickelte Technologie, großen Kapitaleinsatz und hohe Betriebssicherheit – Bedingungen, die viele Schwellenländer mit großem Nachholbedarf bei der Stromversorgung nicht haben. Dazu kommen potenzielle Konflikte um ein ziviles/militärisches Atomprogramm wie im Iran und die Gefahr der Verbreitung von Atomtechnik und nuklearen Waffen.

Unrealistisch, aber politisch gewollt

Ottmar Edenhofer, Ökonom am Potsdam Institut für Klimafolgenforschung (PIK) rechnet vor, dass für einen merklichen Einfluss der Atomkraft auf das Klima gigantische Bauprojekte aufgelegt werden müssten. Da sich der Strombedarf in den nächsten 30 Jahren mindestens verdoppeln werde, müssten statt der jetzt 28 Atommeiler im Bau »weitere 400 Reaktoren gebaut werden, um den Anteil von global 17 Prozent an der Stromerzeugung auch nur konstant zu halten«. Solle die Atomkraft etwa die Hauptlast der CO_2-Minderung übernehmen, »müsste die Anzahl der Kernkraftwerke etwa verachtfacht werden«, was den Brennstoff Uran begehrt und teuer mache. Aus ähnlichen Gründen sieht die Internationale Energie-Agentur IEA die Wachstumsraten des Atomstroms nur bei 0,7 Prozent jährlich und deshalb den Anteil der Atomkraft am globalen Strommix bis 2030 sogar auf 14 Prozent sinken. Das IPCC schließlich gesteht mit gleichem Zeithorizont dem Atomstrom einen Anteil von 18 Prozent zu – allerdings nur, wenn der Preis für eine Tonne CO_2 im Emissionshandel bei 50 US-Dollar liegt, also etwa dem Doppelten des Preises von Mai 2008.

Die Atommacht Frankreich will sich von solchen Prognosen allerdings nicht beirren lassen. Wie sehr die Energie aus den Nuklearwerken geschätzt wird, zeigt ein Besuch in Südfrankreich, in der »Ferme aux Crocodiles« bei Pierrelatte in der Provence. Träge liegen 400 der Echsen neben- und übereinander in den Bassins, die Luft ist warm und schwül, Kinder und Erwachsene bestaunen die Reptilien und die Riesenschild- kröten. Gleich neben der Krokodilfarm ragen die Gebäude des Atom- parks »Tricastin« mit vier Reaktorblöcken, einem Forschungsinstitut des Militärs und einer Anlage zur Uran-Anreicherung in die Höhe. Und ein Schild bei den Krokodilen weist extra darauf hin: Die Wärme im Haus kommt aus dem AKW nebenan – als »Beitrag zur nachhaltigen Entwick- lung«.

Klima-Steckbrief Frankreich

Bevölkerung:
64 Mio.

Pro-Kopf-Einkommen:
33.800 US-Dollar

Pro-Kopf-CO_2-Ausstoß:
6,6 Tonnen (Rang 50)

Verantwortung für den Klimaschutz (RCI-Faktor):
3,6 Prozent

Kosten für effektiven Klimaschutz pro Kopf und Jahr:
380 US-Dollar

Besondere Kennzeichen:
85 Prozent des französischen Stroms kommen aus der Atomkraft. Das führt oft zu der Annahme, das Land gewinne seine gesamte Energie CO_2-arm und habe mit dem Klimawandel nichts zu tun. In der Tat beträgt der Anteil der Atomkraft am gesamten Endenergieverbrauch (Heizung, Verkehr etc.) aber nur 17 Prozent.

Quellen: CIA, SEI/EcoEquity/Böll, Le Monde, eigene Berechnung

PROFITEURE

Klimawandel als neueste Investmentstory

Des Widerspenstigen Zähmung

*Der Kapitalismus ist dabei, das Klima zu ruinieren. Doch jetzt haben
Banken und Investoren die »grüne Marktwirtschaft« entdeckt. Der Kampf
gegen die Erderwärmung wird viel Geld kosten und viele Anleger reich
machen. Gleichzeitig zwingt ein Billionenprojekt solche Unternehmen auf
Öko-Kurs, die nicht freiwillig vom grünen Boom profitieren wollen.*

»Warten Sie, ich zeige Ihnen unser Billionometer!« Paul Dickinson kramt
hinter dem Schreibtisch an der Heizung. Dann zieht er ein Stück Pappe
hervor, auf dem ein mit rotem Filzstift handgemalter schmaler Balken in
die Höhe steigt. Die obere Kante des Kartons ist erreicht, der Balken zeigt
49,5 – »das sind die Billionen US-Dollar an Investorenguthaben, für die
wir sprechen«, sagt Dickinson stolz. »Und es kommt noch mehr. Wir
müssen oben was drankleben.«

Paul Dickinson ist Chef des Carbon Disclosure Project(CDP, etwa:
»Projekt zur Offenlegung von Kohlenstoff«). In einer Fabriketage in Lon-
don-Islington sitzen ein Dutzend Mitarbeiter vor Computerbildschir-
men und schreiben E-Mails. Die Nachbarschaft sieht nicht so aus, als
würde hier mit Billionen von Dollar hantiert. Gegenüber findet sich das
Konsortium europäischer Forschungsbibliotheken, den Gang mit den
abgewetzten Türen weiter runter residieren Firmen wie Megabop Re-
cords oder das britische Register der Fitnesstrainer. Die Tische in der Cafeteria sind klebrig, den Dresscode der Banker sucht man vergeblich. Di-
ckinsons Mitarbeiter tragen Jeans und T-Shirt. »Wenn ich gewusst hätte,
dass Sie heute kommen, hätten wir uns so angezogen«, grinst Dickinson
und zeigt auf ein Foto an der Wand: Die Bürobelegschaft in business suit
und Kostümen. »Wir sind eigentlich eine sehr konservative Veranstaltung.«

Das ist Ansichtssache. Denn das CDP will nichts weniger als eine Revolution: Den Kapitalismus auf Öko-Kurs bringen. Dafür haben Dickinson und seine Mitarbeiter einen denkbar großen Hebel. Sie sprechen im Auftrag von Unternehmensanteilen in Höhe von 50 Billionen US-Dollar und fordern die Firmen auf, Kohlenstoffbilanzen vorzulegen und ihre Investments »klimasicher« zu machen. Ein freundlicher Brief des CDP, unterzeichnet von inzwischen 315 Banken oder Pensionsfonds, wurde im Februar 2008 zum sechsten Mal an die 500 größten Unternehmen der Welt verschickt. Darin stellen die Anteilseigner an ihre Unternehmen eigentlich nur vier Fragen: »Welche Geschäftsrisiken bringt der Klimawandel für Ihr Unternehmen? Welche Chancen? Welche Strategien planen Sie, um dem zu begegnen? Wie hoch sind die geplanten CO_2-Reduktionen im Unternehmen?« 77 Prozent der Unternehmen antworteten beim letzten Mal, und alle Antworten werden veröffentlicht.

Eine neue Finanzgröße

Shareholder Value – die ausschließliche Konzentration auf den kurzzeitigen Aktienerfolg eines Unternehmens – gilt als Grundübel für eine Wirtschaftsordnung, die sich von jeder sozialen und ökologischen Verantwortung gelöst hat. Dickinson und sein CDP drehen den Spieß um: Um den Shareholder Value auch in der mittelfristigen Zukunft zu garantieren, sollen die Unternehmen aktiv gegen die Gefahren des Klimawandels arbeiten. Die Bereitschaft sei deutlich gestiegen, den Klimawandel als Finanzgröße zu betrachten, erneuerbare Energien ernst zu nehmen und Kohlenstoffbilanzen zu erstellen, sagt Dickinson. »Die entscheidende Frage für einen Anleger ist doch: Wie ist der Zeithorizont für sein Investment?«, sagt der charismatische CDP-Präsident, der sein Projekt 2000 mit Stiftungsmitteln aus der Taufe hob. »Der Chef des weltweit größten Pensionsfonds Calpers hat mir auf diese Frage gesagt: Unser Zeithorizont ist die Ewigkeit.« Da muss man mit dem Klimawandel also durchaus rechnen.

Aber auch wer etwas kurzfristiger denkt, legt sein Geld immer häufiger in »Clean Tech« an. Investitionen in erneuerbare Energien, Techniken zur Energieeinsparung, Wassersäuberung, Stromspeicherung oder Abfallbehandlung sind in der Finanzwelt momentan kein Geheimtipp mehr. 117 Milliarden US-Dollar flossen 2007 nach einer Studie der Londoner Analysten von New Energy Finance in diesen Bereich. Zum Vergleich: Das ist mehr als ein Drittel der 312 Milliarden, die weltweit in die Öl- und Kohleindustrie gepumpt wurden. Und die Wachstumsraten der »grünen« Investments sind schwindelerregend: Die Summe stieg im letzten Jahr um 35 Prozent, im Vorjahr um 43 Prozent.

Grünes Geld boomt und boomt

Alle glauben daran, dass das Geschäft mit der Nachhaltigkeit nachhaltig sein wird – auch die UNEP. Das Umweltprogramm der Vereinten Nationen hat 2007 ein umfangreiches Gutachten zum grünen Geld veröffentlicht. Darin notiert sie einen Boom auf allen Gebieten des Investments: Es fließt mehr Risikokapital, es kommen mehr private Investitionen, die Firmen investieren immer mehr in Forschung und Entwicklung, zunehmend fusionieren Firmen zu größeren Einheiten, die Nachfrage nach ihren Aktien explodiert. In den ersten neun Monaten 2006 floss knapp eine halbe Milliarde US-Dollar an Wagniskapital in »Clean Tech«-Start-ups im kalifornischen Silicon Valley. Und 2007 wurden weltweit bereits 18 Milliarden US-Dollar in 180 »Clean Tech«-Fonds verwaltet.

Das ist immer noch wenig, verglichen mit konventionellen Investments, die teilweise in einem einzigen Fonds 60 bis 70 Milliarden US-Dollar bündeln. Aber die grüne Wirtschaft verlässt in rasantem Tempo die Nische von Gutmenschentum und Weltveränderung – hinein in den Mainstream, beobachtet die UNEP. Das seien »keine kurzfristigen Schwankungen, sondern ein langfristiger Trend, und auch keine Feinabstimmung des momentanen globalen Energiesystems, sondern eine ausgewachsene wirtschaftliche Entwicklung. Trotz aller Diskussionen um die Energietechniken von morgen«, schreiben die Gutachter, »glaubt die Investorengemeinde bereits, dass die verfügbaren Technologien den Energiemix von der Kohlenstoffwirtschaft wegführen können«.

Der Wandel soll nicht nur dem Klima, sondern auch den Menschen zugute kommen: »Millionen neuer Jobs« weltweit sieht UNEP-Chef Achim Steiner als »Silber-, wenn nicht Goldstreifen am Horizont des Klimawandels«. Nicht nur die Mittelklasse, sondern auch Bauarbeiter, Waldarbeiter, Ingenieure und Bauern würden von einem solchen Umbau der Weltwirtschaft profitieren, schreiben UNEP, die UN-Arbeitsorganisation ILO und der internationale Gewerkschaftsdachverband ITUC in einer Studie, die zum Klimagipfel in Bali im Dezember 2007 erschien. Allein in den USA könnten bis 2030 bei erneuerbaren Energien und Effizienzmaßnahmen bis zu 40 Millionen Jobs entstehen.

»Noch vor zwei Jahren kamen zu unseren Veranstaltungen zu grünem Investment nur die Manager von ethisch-ökolgischen Fonds«, sagt David Hopkins. Er ist Direktor von Carbon International, einer Londoner PR-Firma, die weltweit Konferenzen organisiert, Firmen mit Investoren zusammenbringt und die grüne Werbetrommel rührt. »Heute sitzen die Leute von Goldman-Sachs, UBS und ABM-Amro in der ersten Reihe.« Den Vergleich mit dem »Dot-Com«-Boom und dem folgenden Crash 2002 stehe allen vor Augen, sagt Hopkins, aber die Situation sei grundlegend anders: »Damals haben die Leute für das dümmste Zeug unglaublich viel Geld bekommen – Hundefutter online zu verkaufen, zum Beispiel. Alles war virtuell, alles richtete sich auf den Konsumenten, der aber sehr sprunghaft ist.« Der momentane »Watt-Com«-Boom sei ganz anders: »Er richtet sich auf lebensnotwendige Dinge wie Wasser, Energie, Abfall. Der Markt wird nicht von Konsumenten dominiert, sondern von Gesetzgebern, die Regeln und langfristige Investitionssicherheit schaffen. Außerdem reden wir von echten Maschinen und erprobten Technologien, die sich bewähren, und nicht von Luftschlössern.«

»Clean Tech« ist cooler als »Green Tech«

Die Investmentbanker haben die IPCC-Berichte gelesen. Sie wissen, dass der Klimawandel keine kurzfristige Angelegenheit ist, sondern sich die nächsten Jahrzehnte weiter verschärfen wird. »Klimawandel geht nicht einfach vorbei«, sagt ein Banker, »der bleibt uns die nächsten Jahrhunderte erhalten.« Auch, dass Umwelttechnik nicht mehr »Green Tech«, sondern »Clean Tech« heiße, habe geholfen, heißt es von einer Risikokapital-Firma: Das muffige Öko-Image sei weg, jetzt gehe es ums Geldverdienen. Eine tolle Investmentstory, meinen die Londoner Finanzjongleure: Eine stetige Entwicklung, viel privates und öffentliches Geld, zunehmende Gesetzgebung, riesige Gewinnchancen und dazu auch noch gratis das Bewusstsein, bei der Rettung der Welt mitzuhelfen. Natürlich gebe es auch Irrwege des Marktes: »Von Brennstoffzellen etwa redet keiner mehr«, sagt Hopkins. Andere finden den Solarmarkt im Augenblick völlig überteuert.

Wie auf jedem anderen Markt sind Informationen eine Waffe. Venture-Capital-Firmen sind dauernd auf der Suche nach Tüftlern, die eine gute Idee haben, wie man Solarzellen effektiver macht oder wie man Windenergie speichert. »Wir schauen uns im Jahr ein paar Hundert Erfinderfirmen an«, sagt ein junger Manager aus einem Venture-Capital-Büro. »Wenn die Idee gut ist, haben wir kein Problem, das Geld für die

weitere Entwicklung zusammen zu bringen.« Das hat sich radikal geändert. Noch vor fünf Jahren gab es dafür in Europa kein Geld, sagt er.
Heute fließt das Geld auch von den Großbanken wie Merill Lynch oder
Goldman Sachs, »und trotzdem ist noch nicht genug Kapital im Markt«.
Mindestens 20 Jahre lang werde der »Clean Tech«-Markt expandieren,
glauben sie hier, »wir sehen hier gerade erst den Anfang«. Die Venture-
Capital-Firmen sind dabei die Spürhunde: Die neuen, angesagten Firmen aufzuspüren, Trends im Voraus zu ahnen, das ist ihr Geschäft. »Wir
haben vor sieben Jahren in eine Firma investiert, die freiwillige CO_2-
Kompensationen verkauft. Damals machte das niemand, heute gibt es
davon Dutzende«, sagt der Manager, der lieber anonym bleibt. Diskre-
tion ist für die Investoren oberstes Gesetz.

CO_2-Werte: vom Umweltbericht in die Bilanz

»Klimawandel – eine Investmentstory« wirbt in Deutschland die Com-
merzbank für einen Aktienfonds für erneuerbare Energien, Effizienz
oder neue Treibstoffe. Immerhin verwalten nach Angaben des Sustain-
able Business Instituts allein im deutschsprachigen Raum bislang knapp
170 »nachhaltige« Fonds insgesamt 30 Milliarden Euro. »Das meiste, was
auf Kleinanleger zielt, ist vom Marketing der Banken getrieben«, sagt
dazu allerdings Gerhard Schick. Er ist Finanzexperte der grünen Bun-
destagsfraktion und moniert, diese Angebote hätten »keine Lenkungs-
wirkung«. Das sei schon anders, wenn institutionelle Anleger sich des
Themas annähmen oder Banken ihre Kreditvergaben an die Bedingungen des Klimawandels anpassten. Wichtig sei jetzt der nächste Schritt,
sagt Schick: International vergleichbare Regeln für die »CO_2-Buchhal-
tung« zu formulieren und durchzusetzen: So wie heute Umsatz und Ertrag nach internationalen Standards bilanziert werden, sollte in Zukunft
die Klimaschuld eines Unternehmens klaren Vergleichsmaßstäben unterliegen – etwa: Nach welchen Kriterien wird gerechnet? oder auch: Welchen Anteil an den Emissionen der Zulieferer muss sich die Firma zu-
rechnen lassen? »Die CO_2-Werte müssen aus dem Umweltbericht in die
Bilanz wandern«, fordert Schick.

Das einzige Argument, das Kapitalisten zu Klimaschützern macht,
sind laut Hopkins »solide Returns für ihre Investments«. Wenn der Ertrag stimmt, wird die Rettung der Welt gern als Mehrwert gratis dazu
genommen. Das ist auch die Erfahrung von Jonathan Forster. Er ist In-
vestmentmanager bei Impax, dem größten britischen Fonds, der nur in
»Clean Tech« investiert und dafür rund eine Milliarde Euro gesammelt

hat. Sein größter Fonds IEM stieg von März 2006 bis März 2007 um 5,3 Prozent im Wert, vermeldet Impax, »während der Aktienindex der Morgan Stanley Bank MSCI flach blieb«. Auch über drei Jahre erreichte Impax nach eigenen Zahlen eine dreimal höhere Rendite als der MSCI.

Vor Impax war Forster Investmentbanker für eine große Bank, er betraute Fusionen, zerschlug und verkaufte Firmen auch im deutschen Osten. »Irgendwann hatte ich genug davon, Geld nur von einer Tasche in die nächste zu schaufeln«, sagt er. »Hier gibt es keinen Konflikt dabei, eine Menge Geld zu machen und gleichzeitig den Klimawandel zu bekämpfen.« Der junge Mann mit dem offenen Hemd residiert dezent in der Sackville Street im vornehmen Westminster. Unten im Haus stellen die Edelschneider »Fallan and Harvey« maßgeschneiderte Anzüge, Oberhemden und Morgenmäntel aus, die keine Preisschilder tragen. Gegenüber bei »Killick & Co« sitzen hemdsärmelige Börsen-Trader hinter einem großen Schaufenster und starren mit gerunzelter Stirn auf ihre Flachbildschirme, auf denen rot die Kursverluste blinken. In den »Burlington Arcades« gibt es Herrenschuhe im Schlussverkauf für umgerechnet 300 Euro. Gleich um die Ecke drängeln sich am Picadilly Circus die Touristen und bestaunen die berühmten roten Doppeldeckerbusse.

Im Osten von London findet sich nichts von diesem vornehmen Charme, dem kultivierten Snobismus von Westminster. Hier regiert nur das Geschäft, und das zeigt sich auch: In der »City«, dem Finanzzentrum rund um den U-Bahnhof Canary Wharf, sieht London aus wie Manhattan. Hier drehen sich die Kräne, es hämmert, knattert, zischt und scheppert an allen Ecken – hier brummt die Wirtschaft im wahrsten Sinne des Wortes. Aus den ehemaligen Docks an der Themse sind Türme aus Glas, Stahl und Beton in den Himmel gewachsen, die heute das Finanzzentrum der Welt ausmachen. 43 Prozent der Aktien werden hier gehandelt, nur 31 Prozent an der Wall Street in New York. Jeder fünfte britische Angestellte arbeitet im Finanzsektor, 2006 wurden allein an Bonuszahlungen etwa 20 Milliarden Euro ausgeschüttet.

Profite bisher mit den Klimakillern, jetzt mit dem Klimaschutz

Das Mutterland des Kapitalismus hat sich sein Kind wieder zurückgeholt – größer, stärker und unberechenbarer denn je. Erst sind die Banken, Stahlfirmen und Autobauer auf der ganzen Welt reich geworden, weil sie ihren Abfall kostenlos in die Umwelt entsorgt haben. Jetzt verdienen sie wieder das große Geld, wenn sie ihren eigenen Dreck aufräumen. »Ich verstehe, dass es Leute gibt, denen diese kapitalistische Logik gegen den Strich geht«, gesteht David Hopkins. Aber Paul Dickinson vom CDP hat diese Skrupel nicht: »Wir haben nicht die Zeit für diese theoretischen Betrachtungen«, sagt er und schaut auf die Uhr. Der nächste Termin wartet. »Klimawandel ist ein Krieg gegen die Armen der Welt, jedes Jahr sterben mindestens 150.000 Menschen daran.« Und außerdem: »Es gibt nicht ›die Industrie‹ und ›uns Bürger‹ beim Klimaproblem: Wer sitzt denn in den Flugzeugen und in den Autos? Das sind wir!«

Statt Kritik am Kapitalismus versucht Dickinson sich lieber an des Widerspenstigen Zähmung. Er wehrt sich gegen die Idee, das Carbon Disclosure Project erstelle nur eine Kohlenstoffbilanz der Weltwirtschaft und sammle nur Daten, ohne etwas zu verändern. »Wir haben eine Menge Investoren, die uns drängen, mehr zu tun«, sagt er. Und das hieße: Den Unternehmen Klima-Auflagen zu machen.

Bisher ärgert sich Dickinson über die etwa 20 Prozent der Firmen, die auf seine Briefe nicht reagieren oder die geforderten Zahlen nicht liefern: »Wem gegenüber sind diese Unternehmen verantwortlich, wenn nicht ihren Eigentümern?«, erbost er sich. »Was glauben die, wer sie sind?« Er plant schon die nächste Stufe in seiner Arbeit, zu der ihn Tony Blair und Madeleine Albright genauso ermutigt haben wie Angela Merkel. »Wir überprüfen laufend unsere Strategie«, sagt Dickinson und das klingt nach: Wir können auch anders. »Mal sehen, zu welchen Veränderungen wir die Unternehmen noch einladen.«

Klimazeuge

»Sicher könnten wir auch auf anderen Gebieten oder in andere Umweltthemen investieren, aber wir sehen, dass die Debatte um den Klimawandel und damit die Investmentmöglichkeiten immer mehr zunehmen. Ohne den Klimawandel würden meine Firma und ich selbst deutlich weniger Geld verdienen.«

John Forster, Investmentbanker,
London

Waldwirtschaft in Schweden

Wo die Bäume in den Himmel wachsen

Hoch im Norden wachsen Pflanzen besser, treibt mehr Regen die Wasserkraft an und spart man Energie, wenn es im Winter nicht mehr so kalt ist. Schweden profitiert vom Klimawandel. Aber davon redet niemand so gern.

Die mächtige Eisenklaue packt den Stamm der Kiefer knapp über dem Boden. Kurz heult die Motorsäge auf. Dann kracht der 25 Meter hohe Stamm zwischen seine Artgenossen, die auch nur noch ein paar Minuten zu leben haben. Mit einem metallischen Knurren zieht die Kralle am Greifarm des Harvester-Bulldozers den Baumstamm blitzschnell viereinhalb Meter durch ihre Zähne und schält Äste und Rinde ab. Noch zweimal lässt die Motorsäge kurz die Späne fliegen. Dann liegen die Baumteile säuberlich getrennt nach Verwendungszweck: Bauholz oder Papier. Die Krone des Baums fliegt auf die Erde. In einer Minute ist aus der stattlichen Kiefer fein portionierter Rohstoff geworden.

»Ich liebe diese Maschine«, sagt Bosse Johansson in seiner Plexiglaskanzel. »Per Hand fälle ich nur noch meinen Weihnachtsbaum.« Er dirigiert den »Rohne H 20« mit zwei Joysticks. Vor ihm auf dem Computerdisplay erscheinen Umfang und Länge des Stammes, den seine Erntemaschine jetzt in den Klauen hat. Das Brummen des 200-PS-Motors ist gedämpft, Radio und Klimaanlage sorgen für angenehme Atmosphäre im Cockpit. Johansson ist 63 Jahre alt. Als er 1958 als Waldarbeiter anfing, mit seinem Vater zu arbeiten, wurden die Handsägen gerade von Kettensägen ersetzt. Damals brauchte man Pferde und mindestens 30 Männer, um die Arbeit zu schaffen, die Bosse heute allein macht. Er lässt sein Ungetüm mit seinen sechs mannshohen Rädern und Ketten daran über den steinigen und moosigen Boden kriechen: einen Meter pro Sekunde. Jeden Tag schneidet er einen Hektar Wald kurz und klein. Der Harvester läuft von fünf Uhr früh bis Mitternacht im Schichtbetrieb. Er hat 400.000 Euro gekostet und muss sich rentieren. Außerdem gibt es in den schwedischen Wäldern viel Wald zu fällen.

Åke Granqvist steht auf einem Baumstumpf sicher außerhalb der zehn Meter Reichweite von Johanssons Harvester. Er studiert eine Karte, die das einsame Waldstück bei Korsa Bruk am Hirsen See in der mittelschwedischen Provinz Dalarna zeigen. Granqvist ist zuständig für »Waldbau und Landnutzung« beim Waldkonzern Bergvik Skog und damit der entscheidende Mann für die Arbeiter. Er sagt ihnen, wo sie wann was schlagen dürfen. Ein Computerausdruck zeigt ihm und den Arbeitern, dass sie genau an dieser Stelle auf 42 Hektar hundertjährige Fichten und Kiefern fällen sollen. Peinliche Ordnung tut not: Noch nie gab es so viele Bäume in Schweden, noch nie wurde so viel gefällt, noch nie gab es einen solchen Hunger nach Holz und selten war es so wertvoll. Ein Grund dafür ist der Klimawandel.

Wald im Wandel

Bergvik Skog ist Schwedens zweitgrößter Holzkonzern. Åke Granqvist entscheidet über das Schicksal von 1,9 Millionen Hektar Wald, eine Fläche mehr als halb so groß wie Deutschland – wenn sie denn zusammenhinge. Aber Granqvists Reichs ist in Hunderte von Parzellen zersplittert. Seine Wälder gehörten einmal den Holzkonzernen Stora Enso und Korsnäs. Früher waren das Kupferminen, die die Wälder als Feuerholz brauchten. Heute ist der Wald wertvoller als die alten Minen. So wertvoll, dass die Holzkonzerne 2004 beschlossen, die Ausgangsstoffe für Papier und Karton nur noch von Fachleuten managen zu lassen. Deshalb ist Granqvist jedes Jahr 60.000 Kilometer mit seinem schweren blauen Volvo-Kombi auf Achse.

Klimawandel? Fragt man den ruhigen Mann mit der Brille und dem milden Lächeln danach in seinem Büro in Falun, dem Stammsitz des Unternehmens, ist er erst einmal reserviert. Dann zeigt er im Konferenzsaal eine Powerpoint-Präsentation, die vor allem die Probleme beim Klimawandel im Wald betont: Mehr Schädlinge, unsicheres Wasserangebot, kaum noch Chancen, wie früher die gefrorenen Böden im Winter für den Transport der Bäume zu nutzen. Erst wenn man mit ihm einige Stunden lang im Volvo über die Kiespisten gedonnert ist, sagt er irgendwann: »Irgendetwas passiert mit dem Wald hier draußen.«

Vom Klimawandel profitieren? Davon redet auch Matthias Lundblad nicht gern. Er ist bei der schwedischen Umweltschutzbehörde, dem Naturvardsverket, für Klimapolitik zuständig. Der helle Neubau aus Beton und Glas liegt im grünen Stockholmer Osten, am Valhallavägen, auf dessen 30 Meter breitem Mittelstreifen nicht nur ein Radweg unter den Linden verläuft, sondern auch ein Reitweg. Gleich hinter dem Haus ist ein großes Naturgebiet. »Die meisten Schweden bewegt das Thema Klimawandel«, sagt er. »Die Regierung nimmt das Thema ernst.« Und: »Wir müssen beim Spritverbrauch der Autos noch deutlich besser werden.«

Schweden spürt den Klimawandel bereits jetzt stärker als etwa Mitteleuropa. Um knapp ein Grad hat die durchschnittliche Temperatur zugenommen. Besonders die Winter sind deutlich wärmer als bisher. Es regnet und schneit häufiger. »Natürlich gibt es auch Menschen, die sagen: Was schadet es, wenn die Winter ein bisschen wärmer werden«, berichtet Lundblad. Aber so darf man eigentlich nicht denken. Vor allem nicht, wenn gleich nebenan die Sida residiert. Das ist die schwedische Behörde für Entwicklungszusammenarbeit, die mit Ländern und Menschen zu tun hat, die unter dem Klimawandel leiden. Und vielleicht auch nicht, wenn man laut Kyoto-Protokoll bis 2012 die Emissionen nicht reduzieren muss, sondern um vier Prozent zulegen darf – und man mit einem Prozent bisher gut in diesem Limit bleibt. Und sicher nicht, wenn Schweden von der Umweltorganisation Germanwatch als Weltmeister im Klimaschutz gelobt wird, wie 2007 geschehen. Dennoch: Wenn man die Berichte der internationalen Wissenschaftler und der schwedischen Behörden zu den Folgen des Klimawandels aufmerksam liest, steht unter dem Strich für das skandinavische Neun-Millionenvolk oft ein Plus.

Wohlfühlklima am nördlichen Polarkreis

Was auch logisch ist. »Wenn es wärmer wird und wenn es genug Wasser gibt, dann wachsen auch die Bäume besser«, sagt Åke Granqvist. Der Wald in der Tundra und Taiga rund um den nördlichen Polarkreis profitiert vom geänderten Klima. Hier sitzen auch noch andere Gewinner des Klimawandels: Studien aus Finnland zeigen, dass die Zunahme des Waldes nicht nur durch bessere Forstwirtschaft und Düngung zu erklären ist. Die kanadische Umweltbehörde weist zwar auch auf eine massive Käferplage hin, erwartet aber ebenso positive Effekte für ihre Wälder. Und die russische Wetterbehörde Roshydromet sieht in einem Gutachten voraus, dass der Klimawandel in Russland Milch und Honig fließen lässt: Schon jetzt wächst der Mais an manchen Orten um 30 Prozent besser, im europäischen Teil Russlands, im Ural und in weiten Teilen Sibiriens hat sich die Vegetationsperiode um fünf bis zehn Tage verlängert. Zwar drohe auch Trockenheit, aber das Klima liefere die Chance, die Anbauflächen für Gemüse und für Futterpflanzen in großem Stil auszudehnen und die Produktivität um zehn bis 15 Prozent zu steigern.

Schweden profitiert noch einmal besonders vom Klimawandel. Bereits 1896 hatte das Svante Arrhenius, schwedischer Chemiker und Nobelpreisträger, für seine Heimat gehofft: Verbrenne man deutlich mehr Kohle, könne man das lausig kalte Klima in Skandinavien in angenehmere Lebensumstände überführen. Ein Bericht des Stockholmer Ministeriums für nachhaltige Entwicklung meldete 109 Jahre später, dass Arrhenius' Version Wahrheit wird: So breiten sich zwar Schädlinge wie Zecken aus, das Risiko von Überschwemmungen und Stürmen steigt. Doch die meisten Folgen gelten als beherrschbar. Und die Liste der Vorteile ist deutlich länger: Bereits jetzt blühen die Pflanzen einige Wochen früher im Jahr und können später geerntet werden. Insgesamt soll sich die Vegetationsperiode in Südschweden um drei Monate ausdehnen. Hier wachsen bereits Sonnenblumen auf den Feldern. Auf der Insel Gotland gibt es den ersten trinkbaren schwedischen Wein. Wärmere Winter führen zu geringerem Stromverbrauch, weil Elektrizität in Schweden viele Häuser heizt: Werden die Winter um vier Grad wärmer, »spart das 1.500 Megawatt an Spitzenleistung«, heißt es in dem Bericht an das IPCC: »so viel wie zwei kleine Atomreaktoren«. Mehr Niederschlag wird die Talsperren füllen und auf diese Weise mehr Strom erzeugen. Weniger Eis und Salz auf den Straßen entlastet die Krankenhäuser und verringert die Salzfracht im Abwasser.

Besonders beim Tourismus versprechen sich die Schweden einen deutlichen Profit vom Klimawandel: Wenn erst einmal die Region am Mittelmeer mit Hitzewellen zu kämpfen hat, werden die Urlauber an die kühleren Gestade Schwedens ziehen. Und noch früher wird im Winter die Kasse klingeln: Weil der Skitourismus in den Alpen eher zum Erliegen kommt als am Polarkreis, hoffen die schwedischen Skigebiete, dass viele Mitteleuropäer in Zukunft in Schweden wedeln.

Vor allem aber sollen die Bäume in den Himmel wachsen. Bereits jetzt marschiert die Baumgrenze ständig nach oben. In ein paar Jahrzehnten werden alle schwedischen Berge mit Ausnahme der höchsten

Gipfel in Lappland mit Wald bedeckt sein. Die Produktivität des Waldes wird laut Ministeriumsbericht um zehn bis 15 Prozent zunehmen, auch weil höhere Temperaturen für schnellere Verwesung sorgen und dem Boden mehr Nährstoffe zuführen. Gute Nachrichten für einen Holzkonzern wie Bergvik Skog, der heute bereits seinen Eigentümern, den Holzkonzernen Stora und Korsnäs und schwedischen Versicherungen, eine Umsatzrendite von zehn Prozent beschert und sich bei hohen Preisen und hoher Nachfrage über rosige Zukunftsaussichten freut. Man sollte Bergvik-Aktien kaufen. Aber die werden nicht an der Börse gehandelt.

Kahlschlag mit Ökosiegel

»Das beste Waldmanagement in der Taiga hier ist der Kahlschlag«, erklärt Åke Granqvist und lächelt dabei. Er weiß, dass das für mitteleuropäische Ohren nach Waldfrevel klingt. Der Forstwirt steht 20 Kilometer nordwestlich von Falun an einem sanften Hang, der vor einem Jahr gerodet wurde. Überall gucken noch die Stümpfe aus der Erde, der Boden ist von den Ketten der schweren Erntefahrzeuge aufgerissen. Granqvist kniet in einer solchen Spur und zeigt auf den frischgrünen Sproß einer Kiefer, der sich zwei Zentimeter hoch aus dem Boden kämpft. »Gerade da, wo der Boden am meisten gestört wurde, kommt es am schnellsten wieder hoch. Anders als in Mitteleuropa wachsen die Bäume hier am schnellsten und am besten nach einer vollständigen Rodung.«

Granqvist ist stolz darauf, dass seine Wälder die ersten waren, die sich 1996 mit dem Umweltsiegel FSC schmücken durften, weil sie sich an Umwelt- und Sozialkriterien banden. Er ist auch stolz darauf, dass in seinen Wäldern so viele Bären zuhause sind, dass sie gejagt werden können und dass sich hier die letzten 150 schwedischen Wölfe herumtreiben. Dann zeigt er auf einen Haufen von Ästen, Zweigen und Nadeln, Abfall von der Fällaktion, der aufgeschichtet wurde und langsam verrottet: ein Biberbau, der dem Boden die Nährstoffe aus den Bäumen zurückgeben soll. »Und genau dieses Material wollen sie jetzt aus dem Wald holen, in den Biogasanlagen vergären und zu Strom machen.«

Granqvist muss darum kämpfen, dass sein Holz im Wald bleibt. Denn jetzt, wo fossile Energien ein schlechtes Image haben und teuer werden, richten sich von überall her begehrliche Blicke auf den klimaneutralen Brennstoff. Schon bieten die Biogasanlagen mit 25 Euro genauso viel für einen Kubikmeter Holzabfälle wie die Zellstofffabriken, die daraus Papier und Karton machen wollen. Die Holzindustrie schimpft auf die Politik, die Biogasanlagen fördert und den Wettbewerb verzerre. Und Granqvist ist sauer auf Kommunen, die Biogasanlagen bauen, weil sie meinen, sie hätten doch so viel Wald um sich herum – ohne zu ahnen, dass die Konkurrenz im Wald bereits jetzt groß ist. Einfach mehr Holz schlagen ist auch keine Lösung. Bereits jetzt holen die schwedischen Waldbesitzer aus dem Wald raus, so viel es geht, ohne den Bestand anzugreifen. Jede Ausweitung der Produktion wäre Raubbau.

Verbündete hat Granqvist in Stockholm bei der Umweltschutzbehörde. Beim Thema »Biofuels« gehen auch bei Bosse Johansson die Alarmlichter an. »Der gesamte schwedische Ertrag an Biomasse würde nicht ausreichen, unsere Autos fahren zu lassen«, sagt der Experte. »Solange die Autos so schwer sind und so viel verbrauchen, ist da nichts zu machen.« Ihn hat auch skeptisch gemacht, dass die britische Regierung in ihrer Biofuel-Strategie auf die schwedischen Wälder setzte – ohne darüber mit den Schweden überhaupt geredet zu haben.

Johansson ist deshalb auch nicht ganz so unglücklich, dass ein ehrgeiziges Projekt der vorigen schwedischen Regierung erst einmal in den Schubladen verschwunden ist: die Kommission zur Unabhängigkeit vom Öl hatte 2006 geraten, kein Öl mehr zum Heizen zu verwenden, den Ölverbrauch in der Industrie um 30 und beim Verkehr um bis zu 50 Prozent zu verringern und sich verstärkt auf heimische Biofuels zu konzentrieren. Jetzt sollen die Ideen in der nächsten Energiestrategie aufgegriffen werden. Schließlich haben die Schweden auch ihren Atomausstieg erst einmal auf Eis gelegt. Mit ihrem Mix aus Atomenergie, aus der sie noch nicht aussteigen und Bioenergie, in die sie noch nicht einsteigen, fühlen sie sich gar nicht unwohl.

Der wahre Feind des Waldes

»Um Waldmanagement zu verstehen, muss man eigentlich 500 Jahre alt und 300 Meter hoch sein«, sagt Åke Granqvist, als er über die hügeligen Waldpisten zurück nach Falun braust. »Wir ernten, was unsere Vorgänger geplant haben und pflanzen für die übernächste Generation.« In den Zeitspannen, in denen er denkt, passiert der Klimawandel rasend schnell. Deshalb plant er auch schon den Wald der Zukunft unter Treibhausbedingungen: Die Bäume werden früher geschlagen, damit der Sturm sie nicht wirft. Sie werden dicker sein, weil sie schneller wachsen und das Holz wird deshalb weicher.

Dann muss Granqvist weiter. Zurück in seinen geliebten Wald, wo er auch den Urlaub verbringen würde, wenn seine Frau nicht ab und zu nach Barcelona zum Shopping wollte. Granqvist hat heute noch einen wichtigen Termin. Diesmal geht es um einen konkreten Feind des Waldes. Bei dem Thema kann sich der zugängliche Wissenschaftler in Rage reden: ein Angriff auf sein Lebenswerk und sein Vermächtnis, ein Gegner, der bis zu zwei Drittel der Bäume an einem Stand schädigt und nutzlos zurücklässt, der jedes Jahr einen Schaden von 20 Millionen Euro hinterlässt, von einer mächtigen Lobby geschützt wird und von der Politik ignoriert. Åke Granqvist kämpft gegen 250.000 schwedische Elche.

Klimazeuge

»Mit dem Klimawandel beschäftige ich mich jeden Tag. Wer einen Wald managt, denkt in Perioden von 400 bis 500 Jahren. Da ist Klimawandel ein Faktor, den ich bei jeder Entscheidung berücksichtigen muss: Welche Bäume sind die richtigen, wie ist das Angebot von Wasser und Nährstoffen. Und wenn es mehr regnet und wärmer wird, wachsen natürlich auch unsere Bäume besser.«

Åke Granqvist, Forstwirt, Falun, Schweden

Die Gentechnik verspricht eine zweite »grüne Revolution«

Wachstumsklima für Retortenpflanzen

*Die grüne Gentechnik nimmt erneut Anlauf: Im Labor züchten
Forscher Pflanzen, die gegen Klimastress immun sind. Die Agrarindustrie sieht darin einen Zukunftsmarkt und eine Chance,
ihr Frankenstein-Image abzulegen. Denn weltweit werden die
Lebensmittel knapp.*

Der Brutkasten ist zwei mal drei Meter groß, hat Regale bis unter die
Decke und wird von grellem Neonlicht bestrahlt. Dicht nebeneinander
stehen Dutzende von Einmachgläsern, in jedem einzelnen ein grü-
ner Spross, der sich auf einem weißen Stück Stoff in einer Nährlösung
festklammert. Als Michael Metzlaff die Verriegelung der Kammer öffnet, ist die Luft angenehm warm und feucht. Sie gibt den Pflanzen, was
sie zum Leben brauchen, bis hin zum simulierten Sonnenaufgang.

Aber der Biotechnologe ist nicht immer so nett zu seinen Pflanzen.
Manchmal macht er aus dem kuscheligen Brutkasten eine Folterkam-
mer. Dann dreht er die Temperatur neun Tage lang auf 45 Grad Celsius und lässt die Raps- oder Baumwollsprösslinge danach noch drei
Tage lang dursten. Dabei ist Metzlaff gar kein Pflanzenquäler. Er will
nur wissen, wie sich seine genveränderten Pflanzen unter den Bedingungen des Klimawandels schlagen. »Sie machen das gut«, sagt Metzlaff, der Leiter der Forschungsgruppe »Crop Productivity Research«
bei Bayer BioScience ist. Sein Raps erbrachte in ersten Versuchen bis
zu 40 Prozent mehr Ertrag unter Stress. Stolz zeigt er die Labore im
neuen Gebäude seiner Firma im belgischen Gent. Hier, im Industriegebiet vor den Toren der Stadt, haben sich rings um die Universität die
Gentech-Töchter von Firmen wie Bayer oder BASF angesiedelt, um die
nächste Generation der grünen Gentechnik voranzutreiben. Ihre Auf-

gabe ist klar: Genveränderte Pflanzen für die Landwirtschaft entwickeln, die sich im Klimawandel bewähren. Und die endlich die europäische Öffentlichkeit davon überzeugen, dass Genpflanzen gebraucht werden.

Energiesparpflanzen für die Warmzeit

Metzlaff und seine Kollegen forschen daran, was eine Landwirtschaft unter Klimawandel-Bedingungen dringend brauchen wird: Pflanzen, die höhere Temperaturen, weniger Wasser oder mehr Salz ertragen, ohne einzugehen oder die Leistung zu vermindern. »Sonne, Regen, Salz, Kälte, all das kann ja Stress für die Pflanze sein«, sagt der Wissenschaftler, der in Halle studierte, lehrte und forschte und nach der Wende in die Welt zog. Die Leistung seines Teams in Gent: Aus dem Gensortiment des »Unkrauts« Ackerschmalwand (*Arabidopsis*) wurden die Gene für sogenannte PARP-Proteine isoliert. Sie sind verantwortlich dafür, dass Pflanzen unter Stress viel Energie verbrauchen. Die Auswirkungen dieser Gene wurden »gedämpft« – erst bei der Ackerschmalwand, dann auch bei den Kulturpflanzen Raps und Baumwolle. Das Ergebnis: Bei Stress reagieren die Pflanzen weniger aufgeregt, sie behalten mehr Kraft für ihre eigentlichen Funktionen wie Fotosynthese und Wachstum. Als »Energiesparpflanzen«, wie Metzlaff sagt, überleben sie Trockenheit, starke Temperaturschwankungen oder hohen Salzgehalt im Boden viel besser als Pflanzen mit ungedämpften PARP-Genen. Seit drei Jahren stehen die Setzlinge in Kanada im erfolgreichen Feldversuch, aber bis 2015 wird es wegen der Zulassungsprozedur noch dauern, bis PARP-Raps auf den Markt kommen kann. »Dabei hatten wir letztens Farmer aus Australien hier, die sehr unter der Trockenheit leiden«, sagt Metzlaff, »die würden unsere trockenresistente Baumwolle sofort nehmen.« Kein Wunder: Die Bauern auf der ganzen Welt gehören zu den ersten, die höhere Temperaturen, mehr oder weniger Regen, größere Überschwemmungen oder stärkere Stürme im eigenen Feld erfahren.

Der Klimawandel beschert den Gen-Ingenieuren daher nicht nur ungeahnte technische Herausforderungen. Er liefert ihnen auch neue Begründungen für ihre Arbeit und neue Absatzmärkte für ihre Produkte. Denn global betrachtet wird die Menschheit den Gürtel in Zukunft enger schnallen müssen.

Bereits jetzt hungern 850 Millionen Menschen, und die Weltbevölkerung wird von derzeit sechs auf neun Milliarden Menschen bis 2050 anwachsen. Gleichzeitig liegt die weltweite Ackerfläche seit 30 Jahren konstant bei etwa 1,5 Milliarden Hektar – was dazukommt, geht andernorts verloren, durch neue Straßen und Städte oder Erosion. Allein in China sind in zehn Jahren acht Millionen Hektar Ackerland verschwunden. Aufstrebende Staaten wie Indien und China verändern ihre Essgewohnheiten – je reicher sie werden, desto mehr Fleisch essen sie. Das aber geht auf die Kosten der Ernährungssicherheit, denn für ein Kilo Schweinefleisch braucht man drei Kilo Getreide, bei Rind sind es sieben Kilo. 80 Prozent der weltweiten Fischbestände werden nach einer UNEP-Studie schon heute bis zur Kapazitätsgrenze oder darüber hinaus ausgebeutet – und der Klimawandel bedroht diese Proteinquelle für zwei Drittel der Menschheit zusätzlich.

Denn zu all den Problemen kommen die Schwierigkeiten aus dem beschleunigten Klimawandel noch hinzu: Höhere Temperaturen, mehr Schäden durch Überflutungen und Stürme, mehr Trockenheit, höherer Salzgehalt im Boden – alles Einflüsse, die »gravierenden Einfluss auf die Ernährungssicherheit haben werden«, schreibt die Entwicklungsorganisation Germanwatch in einem aktuellen Gutachten. Besonders die Armen, die Landbevölkerung, die Frauen und die Menschen ohne politischen Einfluss würden leiden, lautet die Analyse. »Wenn wir jetzt nicht handeln, wird der Klimawandel die Zahl der Hungernden vergrößern,« warnte auch Jacques Diouf, Generalsekretär der UN-Ernährungsorganisation FAO (Food and Agriculture Organisation) im Dezember 2007 in einem dramatischen Appell in Rom. »Der Klimawandel ist eine der größten Herausforderungen für die Sicherheit der Ernährung.«

Die Gen-Industrie bestellt eifrig ihr Feld

Trost kommt von den Gentechnikern. »Die Pflanzenwissenschaft bietet Hoffnung bei der Bewältigung von Nahrungsknappheit und Klimawandel«, erklärt CropLife International, der globale Lobbyverein für die Biotech-Unternehmen. »In der Zukunft werden Biotech-Sorten auch in extremen Klimaten überleben und hohe Ernten bringen.« Rüdiger Scheitza vom Bayer Crop Science-Vorstand drängt darauf, man müsse nun auch dort Ernten einbringen, wo es vorher nur eingeschränkt oder gar nicht möglich war. Und für den Chef der australischen Gentech-Firma NemGenix, Sean Hird, ist bereits klar, dass »mit dem Bevölkerungswachstum und dem Klimawandel akzeptiert wird, dass gentechnisch veränderte Sorten eine herausragende Rolle bei der Steigerung der globalen Nahrungsproduktion spielen werden«.

Die Gentech-Industrie arbeitet bereits an ihrem so verstandenen Auftrag zur Rettung der Welt. Der Marktführer Monsanto aus den USA, der weltweit 90 Prozent des Samenhandels beherrscht, gibt im Schnitt jeden Tag zwei Millionen US-Dollar für die Entwicklung neuer Sorten aus. Jetzt forschen seine Wissenschaftler an Mais, der weniger Wasser braucht, denn »fehlendes Wasser ist die größte Beschränkung der Landwirtschaft«, sagt Sara Duncan von Monsanto. Auch für Pioneer, eine Tochter des Chemie-Konzerns DuPont ist die Widerstandsfähigkeit der Pflanze gegen Trockenheit der Schlüssel zum Erfolg. »Wir sehen das Problem, das mit dem Klimawandel auf uns zukommt«, heißt es bei Pioneer. Bis 2012 will die Firma den ersten trockenbeständigen Maissamen auf dem Markt haben. Konkurrent Monsanto plant das gleiche Angebot »irgendwann nach 2010«. Und die Wissenschaftler der Firma Syngenta basteln an einem Mais, der auf Böden wachsen soll, die bisher für die Pflanze zu mager waren. Zeitpunkt der Marktreife: 2011. Die Branche hat das Klimafieber gepackt: Da wird geforscht, kooperiert und fusioniert, um Forschungsergebnisse und Patente an sich zu bringen und als erster auf dem Markt zu sein. »Hier findet die Konkurrenz statt«, sagt Bill Niebur von Pioneer, »hier ist unsere Zukunft.«

Klimaresistenz verkauft sich

Die Industrie weist enorme Zuwachsraten beim Handel mit den »Gen-Crops« aus: Zwischen 1996 und 2006 wuchs das Geschäft von 100 Millionen auf über sieben Milliarden US-Dollar. Auf dem Weltmarkt für Saatgut, der 30 Milliarden US-Dollar schwer ist, machen Gen-Samen bisher 21 Prozent aus. Die Deutsche Industrievereinigung Biotechnologie erwartet bis 2020 eine Verdoppelung dieses Anteils.

Das Geschäft wächst und wuchert auch deswegen, weil die Gentech-Industrie endlich eine »Story« gefunden hat, eine einleuchtende Begründung für ihren Aufwand. Die Klimapflanzen seien »konsumentenfreundlicher als andere Produkte«, heißt es von DuPont. Auch Michael Metzlaff spürt bei seinen Vorträgen, dass »die Menschen jetzt eher zuhören, was wir zu erzählen haben«. Bisher nämlich erlebten die Propagandisten der Gentechnik zumindest in Europa eine PR-Niederlage nach der anderen. Resistenzen gegen Schädlinge oder Pestizide, das sei schwer zu verkaufen gewesen, gesteht Metzlaff. Dazu agierten in den Neunzigerjahren vor allem die US-Firmen wie Monsanto in Europa auch noch so rücksichtslos und geheimnisvoll, dass Umwelt-

und Verbrauchergruppen mit Anti-Gen-Kampagnen einen großen Sieg einfuhren: Inzwischen lehnen etwa in Deutschland und Frankreich die meisten Menschen Gentechnik auf ihrem Teller ab. Offiziell kann die EU zwar aus Angst vor einer WTO-Klage der USA den Einsatz der Gentechnik nicht ablehnen, aber faktisch bewegt sich in Europa im Vergleich etwa zu den USA kaum etwas.

Bayer BioScience in Gent ist deshalb schon rein architektonisch der Gegenentwurf zu Dr. Frankensteins Experimentierkeller: Offen, großzügig, mit viel Luft und Licht liegt das Gebäude aus rotem Backstein und Glas zweistöckig in der Landschaft. Drinnen geht es zu wie in einer Chipfabrik. Eine doppelte elektronische Eingangssperre, blitzsaubere Flure, weiß bekittelte Angestellte, die an langen Labortischen Petrischalen vorbereiten. Neben der Hightech die Handarbeit: In den Laborkammern müssen die Pflanzen dauernd umgesetzt werden, »das schafft keine Maschine, ohne sie zu beschädigen«, sagt Metzlaff. Sind im Labor genügend Samen gezogen worden, kommen sie zur Aussaat 20 Kilometer weiter, in ein überdachtes und streng bewachtes Treibhaus. Versuche in der freien Natur gibt es derzeit nur in Kanada. Anders als in Europa muss man da nicht fürchten, dass »Feldbefreier« die Gensaaten zertrampeln.

Lästige Preiserhöhungen im Norden ...

Der zweite Anlauf der grünen Gentechnik fällt auf fruchtbaren Boden. Denn die Aufmerksamkeit für Klimathemen ist derzeit sehr hoch. Und noch höher sind die Rohstoffpreise für Lebensmittel auf den Weltmärkten: Ein Plus von 40 Prozent hat die Welternährungsorganisation der Vereinten Nationen FAO im Jahr 2007 gezählt und auch 2008 setzte sich der drastische Anstieg fort. Zwar seien die realen Preise Mitte der Siebzigerjahre schon einmal höher gewesen, schreibt das International Food Policy Research Institute (IFPRI) in Washington. Doch seitdem war Essen nie wieder so teuer: Der Reispreis stieg im März 2008 auf ein Rekordniveau, der Weizenpreis hat sich seit 2000 verdreifacht, der Maispreis verdoppelt, Milchprodukte, Fleisch, Geflügel, Palmöl und Maniok sind ebenfalls drastisch teurer geworden. Eine der Folgen: Das Welternährungsprogramm der UNO (WFP) braucht eine halbe Milliarde US-Dollar mehr, um 73 Millionen Menschen in Ländern wie Simbabwe, Eritrea, Haiti oder Kuba zu versorgen. Und in der EU ist die Zeit der billigen Lebensmittel und der teuren Überschüsse endgültig vorbei. Die Gemeinschaft hat ihre Getreide-Interventionsmengen fast vollständig auf den Markt geworfen und Subventionen für die Stilllegung von Agrarflächen gestoppt.

Den Preis für die Lebensmittel treibt nicht nur der Klimawandel, sondern auch der Ölpreis, der auf Rekordhöhen klettert. Also bauen vor allem US-Farmer ihren Mais für Ethanol an, der als Ölersatz Autos fahren lässt. Das geht auf Kosten der Lebensmittel Sojabohnen und Weizen. »Etwa 30 Prozent der US-Mais-Produktion geht 2008 in die Ethanolproduktion anstatt auf die Weltmärkte für Lebensmittel und Futter«, schreibt das IFPRI in einer Analyse.

Kann die Welt überhaupt alle Menschen ernähren? Lester Brown vom Earth Policy Institute in Washington sagt: »Es kommt auf die Ernährung an: Die zwei Milliarden Tonnen Getreide, die wir jährlich ernten, könnten zehn Milliarden Menschen sättigen – wenn sie größtenteils vegetarisch lebten wie in Indien. Mit italienischen Essgewohnheiten reicht es noch für fünf Milliarden – auf dem Steak- und Eier-Niveau der US-Bürger dagegen nur für 2,5 Milliarden Menschen.«

... Hunger-Revolten im Süden

In den Industrieländern geben die Menschen zwischen zehn und 20 Prozent ihres Einkommens für Lebensmittel aus – da erreichen die Turbulenzen an den Weltmärkten die Konsumenten nur als lästige Preiserhöhungen. In den armen Gegenden der Welt dagegen zahlen die Menschen bis zu 80 Prozent ihres Einkommens für ihre Ernährung – und die Erhöhung der Preise führt nicht selten zu sozialen und politischen Konflikten. Deshalb sagt Robert Zoellick, der Chef der Weltbank: »Wir brauchen dringend einen New Deal für die globale Produktion von Lebensmitteln.« Ohne eine neue, gerechtere Verteilung der Lebensmittel, fürchtet Zoellick, stünden 33 Ländern politische und soziale Unruhen bevor. Es ist derselbe Robert Zoellick, der 2001 bis 2005 als Beauftragter der US-Regierung in den WTO-Verhandlungen eine gerechtere Weltwirtschaftsordnung mit allen Mitteln gebremst hat.

Doch die Analyse stimmt. Inzwischen ist die »Tortilla-Krise« überall: 2007 demonstrierten aufgebrachte Mexikaner gegen den Preisanstieg des Grundnahrungsmittels Mais. Seitdem gab es die von FAO-Chef Jacques Diouf befürchteten »Hunger-Unruhen« in Marokko, Ägypten, Burkina Faso, Kamerun, Mauretanien und an der Elfenbeinküste, und sie setzten sich auch 2008 fort. In Thailand werden Reis-Lagerhäuser von Bewaffneten bewacht. Wer Lebensmittel bewacht, erhöht die Ausfuhrzölle oder verbietet gleich den Export, wer Lebensmittel braucht, senkt die Zölle oder schafft sie ab. Die Krise, schreibt die französische Zeitung »Le Monde«, hat ihren Grund aber auch darin, dass »die internationalen Geldgeber die afrikanischen Staaten gedrängt haben, Agrarprodukte für den Export zu produzieren«.

Nur selten hilft Hightech gegen Hunger

Und deshalb wehrt sich Peter Röhrig auch gegen den Eindruck, die Gentechnik könne den Hunger in Zeiten des Klimawandels aus der Welt schaffen. Die alten Argumente gegen die grüne Gentechnik gälten immer noch, sagt Röhrig, Referent beim Bund Ökologische Lebensmittelwirtschaft (BÖLW). Denn Gentech-Pflanzen seien ein Luxus, den sich die armen Bauern gar nicht leisten könnten. »Nach wie vor wird ja kaum an Sorten zur Selbstversorgung geforscht, sondern an ›Cash-Crops‹ wie Baumwolle, Raps, Soja oder Mais, die exportiert werden.« Zur Sicherung der Ernährung vor Ort sei oft angepasster Öko-Landbau effizienter als die Monokulturen mit hohem Pestizid-Einsatz, die schon nach der »ersten grünen Revolution« in den Sechzigerjahren die traditionellen Muster verdrängten. »Auch bei der Schädlingsbekämpfung gibt es oft einfache Alternativen«, sagt Röhrig. »Und was neue Sorten angeht: Durch die lange Entwicklung und Genehmigung sind Gentech-Sorten nicht schneller als konventionelle Züchtungen.«

Auch die FAO ist skeptisch, ob neue Sorten wirklich den Ärmsten der Armen zugute kämen; Immerhin machen bisher nur vier Pflanzen (Baumwolle, Mais, Soja, Raps) und zwei Gentech-Eigenschaften (Resistenz gegen Insekten, Toleranz gegen Pestizide) 99 Prozent aller Gentech-Pflanzen aus. Die sind vor allem für Großbauern interessant, die den Weltmarkt bedienen. Doch die Pflanzen, die die Armen ernähren – Weizen, Reis, Kuhbohnen oder Hirse – stehen nicht auf den Bastelanleitungen der Gen-Ingenieure. Gegenwind kommt auch aus der Wissenschaft. Im Mai 2008 präsentierten 400 internationale Wissenschaftler das Ergebnis einer dreijährigen »Einschätzung landwirtschaftlicher Methoden und Techniken« (IAASTD). Sie kommen zu dem Schluss, industrielle Landwirtschaft und Gentechnik auf dem Acker seien »keine Lösung für Armut, Hunger oder den Klimawandel«. Die Studie, unterstützt von der Weltbank, der FAO und der UNESCO, befand, die industrielle Landwirtschaft sei kein Modell für die Zukunft, weil sie von billigem Öl abhinge und die Ökosysteme schädige.

Die Landwirtschaft ist Opfer und Täter zugleich

Doch die Landwirtschaft leidet nicht nur unter dem Klimawandel –
sie heizt ihn auch kräftig mit an. Immerhin gehen 18 Prozent der globalen Treibhausgasemissionen, mehr als aus dem Verkehr, allein auf
die Rechnung der Viehzucht – rechnet man die Methanrülpser der
Rinder, den fossilen Verbrauch der Düngemittelindustrie, den Diesel
der Traktoren und vor allem die Brandrodung der Regenwälder für
die Fleischproduktion mit ein. 2006 hat die FAO über das Umweltproblem Nutztiere einen umfassenden Bericht vorgelegt: »Der lange
Schatten der Viehhaltung«. Und auch die Pflanzen sind nicht so harm-
los, wie man denkt: Reisfelder gasen große Mengen von Methan aus.
Dieses extrem aggressive Klimagas machen Wissenschaftler für 15 bis
30 Prozent der globalen Erwärmung verantwortlich. Gleichzeitig meldet das Internationale Reis-Forschungs-Institut (IRRI) auf den Phil-
ippinen einen »dringenden Bedarf« an Reis, der den höheren Temperaturen beim Klimawandel widersteht.

Einen seltenen Lichtblick für die Landwirtschaft gibt es im Norden. Denn in Russland, Kasachstan und der Ukraine liegen 23 Millionen Hektar potenzielles Ackerland, die für Lebensmittelproduktion
gewonnen werden könnten – weil der Klimawandel dort die Vegetationsperiode verlängert (vgl. S. 174 ff.). Anders als im Regenwald
würde dafür kein einzigartiger Lebensraum geopfert. Und ganz im
Norden liegt die allerletzte Hoffnung des Ackerbaus: Die Saatgutbank
auf Spitzbergen, wo tief in einem Bergstollen, abgeschirmt von der
Welt, die Samenvarianten aller vom Aussterben bedrohter Pflanzenarten gesammelt und verwahrt werden.

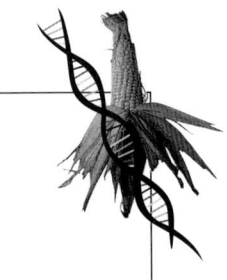

Klima-Steckbrief grüne Gentechnik

Anbaufläche weltweit (2007):
114 Mio. Hektar, 8 Prozent der gesamten Ackerfläche,
12 Mio. Landwirte

Umsatz der Branche (2007):
7,3 Mrd. US-Dollar
(zum Vergleich: »Rote« Gentechnik: 77 Mrd. US-Dollar)

Beitrag zum Klimaproblem:
nur indirekt: Grüne Gentechnik ist Teil der industrialisierten Landwirtschaft,
die mit hohem Einsatz von Dünger, Pestiziden und Maschinen arbeitet. Diese
Form des Agrarbusiness verbraucht große Mengen fossiler Brennstoffe und trägt
erheblich zum Klimaproblem bei.

Besondere Kennzeichen:
Die grüne Gentechnik wird in Deutschland und Europa von einer stabilen
Zweidrittelmehrheit der Bevölkerung abgelehnt – im Gegensatz zur weithin
akzeptierten »roten« Gentechnik in der Medizin. 20 Prozent der EU-Bürger
zeigen sich wegen der grünen Gentechnik sehr besorgt, 57 Prozent dagegen
wegen des Klimawandels.

Quellen: Industrieverband Agrar, Schering, Eurobarometer

Die Bauindustrie schwimmt mit dem Strom

Ein Geschäft mit Auftrieb

Die Niederlande tragen die Angst vor der Überschwemmung im Namen. Doch nach 800 Jahren Kampf gegen das Meer haben sie jetzt entdeckt: Gegen den Klimawandel helfen keine höheren Deiche, sondern nur mehr Platz für das Wasser. Und vielleicht Häuser, die auf den Wellen schwimmen.

Wenn Familie Brouwer auf ihre Terrasse tritt, schwankt der Boden ganz leicht unter ihren Füßen. Vor den drei Metern Holzplanken zieht ein Haubentaucher seine Bahn. Dort liegt die Maas. 300 Meter weiter verstellen zwei kleine Inseln den Blick auf die Fahrrinne des Flusses. Auf der weiten Wasserfläche kreuzt eine Segeljacht, in der Luft kreischen die Möwen. Zwischen den Inseln schiebt sich ein Ausflugsdampfer vor sattgrünen Wiesen vorbei.

Die Adresse von Familie Brouwers Haus ist Programm: »Bovendijk«, Außendeich, wo man sich sonst nasse Füße und einen nassen Keller holt. Denn das Wasser ist bei Brouwers Haus nicht nur vor der Terrasse, sondern auch hinter der Küche, neben dem Eingang und unter dem Fußboden. Wie 15 andere »amphibische Häuser« dümpelt das grün gestrichene Holzhaus mit dem gewölbten Dach auf einer schwimmenden Plattform in einem Überflutungsarm der Maas. Hier in Maasbommel, in der niederländischen Provinz Gelderland, stehen noch einmal 30 »teilweise schwimmende Häuser« mit den Beinen im Wasser. Die 46 bunt gestrichenen, modernen Häuser haben erstklassigen Wasserblick und jeweils einen Bootsanleger statt eines Carports. Ein Boot kann hier praktischer sein als ein Auto. Denn die Häuser liegen nicht wie sonst hinter dem Deich, sondern davor, im Überschwemmungsgebiet. Wenn das Wasser steigt, läuft es nicht in die Keller, sondern hebt die Häuser. Damit sie nicht wegtreiben, sind sie an Pfählen verankert.

Die Häuser von Maasbommel sind modern und schick und nicht billig. Sie liegen in einer idyllischen Landschaft, in der andere Leute Urlaub machen. Sie lösen die zwei drängendsten Probleme des Landes: Zu wenig Raum und zu viel Wasser.

Das Geld schwimmt auf dem Wasser

Die schwimmenden Häuser sind die Antwort Hollands auf den Klimawandel. Das findet jedenfalls Johan van der Pol. Er ist »Manager Business Development« beim Baukonzern Dura Vermeer. Seine Firma hat die Häuser in Maasbommel gebaut, sie preist sie an als »hochwertig und hochwasserbeständig« und sie hat den Uferstreifen am Deich von Maasbommel gleich neben Hafen und Werft in »Goldküste« umbenannt. Van der Pols Abteilung ist klein, nur acht Leute arbeiten hier, nicht viel im Vergleich zu den 3.200 Angestellten von Dura Vermeer. Und auch ihr Umsatz ist kaum der Rede wert, so klein, dass er nicht extra aufgeschlüsselt wird in der Milliarde Umsatz, den der viertgrößte holländische Baukonzern sonst mit dem Bau von Geschäftshäusern, Brücken und Wohnhäusern macht.

Aber van der Pols Geschäftszweig hat Auftrieb. Denn 1998, nach den verheerenden Überschwemmungen von 1995, als in Holland 200.000 Menschen evakuiert werden mussten, erließ die Regierung ein strenges Gesetz: Keine Siedlungen mehr zwischen den Sommerdeichen, die näher an den Flüssen stehen, und den Winterdeichen, die das tiefer gelegene Land schützen. »Maasbommel war das erste Projekt, das wir zwischen den Deichen bauen durften«, sagt van der Pol stolz. Inzwischen hat sich das Prinzip bewährt. 15 weitere Projekte werden ausgeschrieben, van der Pols Team bewirbt sich um die Aufträge. 20 bis 40 Millionen Euro Umsatz wollen sie demnächst damit machen und »es kann noch viel mehr werden«, ist van der Pol optimistisch. Denn auch er kennt die Prognosen, dass in den Niederlanden in den nächsten zwanzig Jahren eine halbe Million Häuser gebaut werden sollen – mitten hinein in die Debatte um den Klimawandel.

Die Strategen bei Dura Vermeer sind nicht die einzigen in der Baubranche, die entdeckt haben, dass das Geld auf dem Wasser schwimmt. Überall basteln Firmen an Konzepten, wie sie in Zukunft nah am Wasser bauen können. Der niederländische Architekt Koen Olthuis plant eine schwimmende Formel-1-Rennstrecke für Libyen, eine Luxusvilla auf der Themse für den Produzenten der Rockgruppe U2 und schwimmende Bungalows für Dubai, die von oben wie arabische Schriftzeichen aussehen. Auf 80 Milliarden Euro jährlich schätzt die holländische Lobby der Wasserbauindustrie, die Netherlands Water Partnership, den Weltmarkt für Deichbau und Wassersicherheit. Mit einer eigenen Initiative »Een Wereld om Water« (»Eine Welt auf dem Wasser«) wollen die Holländer sicherstellen, dass sie in diesem schnell wachsenden Markt nicht untergehen. Eine Möglichkeit: Die niederländische Tradition zu globalisieren. Die Stiftung Delft Hydraulics etwa hilft Singapur dabei, sich mit Deichen vor dem Meer zu schützen. Im Frühjahr 2007 wurde in dem asiatischen Stadtstaat die Singapore Delft Water Alliance (SDWA) aus der Taufe gehoben: 70 Forscher sollen dort erkunden, wie eine Gemeinschaft ihre Wasserreserven sichern und sich selbst vor dem Wasser schützen kann. Die niederländischen Deichexperten haben schon immer ihr Know-how in die Welt verkauft. In den Siebzigerjahren etwa bauten sie im Auftrag der Weltbank riesige Sperrwerke in Bangladesch, um die Überflutung durch die Flüsse zu kanalisieren. Das allerdings war ein Schlag ins Wasser: Die Riesenflüsse aus dem Himalaya schütteten mit ihren Sedimenten die Sperranlagen zu und überfluteten die Äcker trotzdem.

Katastrophen steigern das Bruttosozialprodukt

Nicht nur die holländischen Deichbauer haben gemerkt, dass warme Zeiten gute Zeiten für Ingenieure sind. Denn die Anpassung an den Klimawandel ist gut für alle, die bauen und planen. So erwartet die Deutsche Bank unter dem Strich einen Gewinn für die deutsche Wirtschaft. Orkane und Fluten zögen »Sonderkonjunkturen« nach sich, wenn die Schäden beseitigt werden müssten, Branchen, die die Energieeffizienz an Gebäuden steigern können wie Heizungsbauer, Dachdecker oder Planer profitierten von staatlichen Förderprogrammen zur Wärmedämmung in Altbauten und von der Nachfrage nach neuester Energiespartechnik. Auch die britische Bauindustrie sieht »unzweifelhaft wachsende Märkte« für bestimmte Branchen. Allein für die Verbesserung der Wasserversorgung und die Befestigung von Deichen werde der Staat jährlich umgerechnet 35 Millionen Euro mehr aufbringen als bisher – und das über mindestens 80 Jahre.

Wenn Johan van der Pol vor sein Bürohaus in Hoofddorp tritt, steht er nicht in einer grünen Idylle wie in Maasbommel, sondern in einem gesichtslosen Gewerbegebiet. Die Zweckbauten um ihn herum sind fast so hässlich wie sein eigenes Bürohaus. Der zweistöckige Bau der Abteilung Dura Vermeer Business Development mit den silber verkleideten Fenstern, die sich nach außen lehnen wie auf der Kommandobrücke eines Schiffs, steht eine halbe Stunde südlich von Amsterdam. Im Gewerbegebiet von Hoofddorp mit seinen breiten Verkehrsschneisen hört man den Lärm der Flugzeuge auf dem nahe gelegenen Flughafen Schiphol.

Die historische Angst vor dem Wasser besiegen

Auch Schiphol lag einmal unter Wasser. Das Gebiet für den Flughafen wurde eingedeicht und langsam trockengelegt, und als »Polder« über lange Jahre dem Wasser abgetrotzt. Schiphol ist für die Niederlande ein Beweis dafür, dass sie ein modernes Land sind, dass sie das Meer besiegen können. Es zeigt aber auch ihre Angst vor dem Wasser. Die will Johan van der Pol seinen Landsleuten nehmen. »Wir Holländer haben Wasser immer als Bedrohung gesehen. Aber Wasser ist eine Chance. Die Menschen leben gern am Wasser, wenn es sicher ist.« Und seine Häuser sind sicher, meint der Manager: »Bei einer Überflutung ist es sicherer, in einem schwimmenden Haus zu bleiben, als sich aus einem feststehenden Haus evakuieren zu lassen.«

Eigentlich haben die Ingenieure von Dura Vermeer nichts Neues erfunden. Hausboote liegen zu Hunderten in den Grachten von Amsterdam. Mit Pfahlbauten schützen sich die Menschen seit Jahrtausenden gegen das Wasser. Und Pontonbrücken kennt die Armee auch schon lange. Doch die Kombination dieser Techniken soll nun gleichzeitig gegen das Wasser schützen und Raum schaffen. Auch in Ijburg, dem neuen Stadtteil von Amsterdam werden schwimmende Häuser entstehen, weiter im Norden, in Almere soll eine Stadt mit 12.000 Bewohnern aus den blauen Fluten gestampft werden. In Groningen entwerfen andere Planer eine ganze »Watercity«. »Die Leute bezahlen Geld für ihre Quadratmeter Wasser, auf denen sie dann ihr Haus errichten«, strahlt van der Pol. Er denkt schon weiter: Warum nur einzelne oder Doppelhäuser auf Pontons stellen? Ganze Siedlungen könnten auf der schwimmenden Basis von Beton und dem Kunststoff Polystyren angelegt werden, mit Muttererde für richtige Gärten. Und vor allem Gewächshäuser! In Naaldwijk hat Dura Vermeer bereits bewiesen, dass man auch mit Treibhäusern auf den Treibhauseffekt reagieren kann. Jetzt planen sie auf dem Zuidplaspolder eine schwimmende Fläche von fünf Hektar, zehn Fußballfeldern, auf denen dann Tomaten und Gurken gezogen werden können. »Bisher gibt es eine Konkurrenz zwischen Agrarfläche und

Hochwasserschutz«, sagt Johan van der Pol. »Außerdem versiegeln die riesigen Gewächshäuser eine Menge Fläche. Wir können diese Probleme lösen.«

Und die Probleme werden zunehmen, ist sich der Manager sicher. »Wir bekommen doch das Wasser durch den Klimawandel von allen Seiten: Von oben wird es mehr regnen, von unten drückt das Grundwasser hoch, von vorn kommt der steigende Meeresspiegel und von hinten die steigenden Flüsse.«

Im Norden lernen die Häuser schwimmen, im Süden die Menschen
Dura Vermeer preist im Werbeprospekt seine Häuser als Ausweg bei »Überflutung, Klimawandel, Absinken des Landes und Anstieg des Meeresspiegels«. Das bezieht sich allerdings auf die reichen Niederlande. Hier können Privatleute zwischen 300.000 und 400.000 Euro für ihr treibendes Zuhause aufbringen. Für andere Länder ist das utopisch. Auch fehlt da bisher die Produktion von hochwertigen Schaumstoffen, aus denen die Schwimmpontons gebaut werden, sagt van der Pol. Keine Chance für Bangladesch also: Bisher sind die schwimmenden Häuser eine Insellösung für die Reichen. Die Häuser von Maasbommel haben es sogar in den »Bericht zur menschlichen Entwicklung« 2008 der UN-Entwicklungsorganisation UNDP geschafft – als Beispiel für die krassen Unterschiede zwischen reichen und armen Ländern: Denn in Hoa Than, einem kleinen vietnamesischen Dorf im Delta des Mekong, besuchen die Bewohner jetzt Schwimmkurse und gewöhnen sich an Schwimmwesten. In den Niederlanden, schreibt die UNDP, kaufen die Menschen »Häuser, die es ihnen ermöglichen, auf dem Wasser zu schwimmen. In den Dörfern im Mekong-Delta bedeutet Anpassung an den Klimawandel, im Wasser zu schwimmen«.

Wenn Wino Aarnink vor sein Ministerium tritt, sieht er ein Holland wie aus dem Bilderbuch. Zwei riesige grüne Deiche, zehn Meter hoch, stemmen sich gegen eine gigantische Welle. Auf dem einen Deich trotzt ein rot-weiß-rot geringelter Leuchtturm den Naturgewalten. Und unten steckt der legendäre Hans Brinker seinen Finger in den Deich, um das Wasser am Durchbrechen zu hindern. Aarnink, leitender Beamter im niederländischen Ministerium für Verkehr und Wasserbau, blickt am Plesmanweg in Den Haag auf »Madurodam«, einen Vergnügungspark für Familien, in dem die wichtigsten nationalen Denkmäler auf Puppenstubenformat aufgebaut sind. Deiche, Schleusen, Windmühlen: Holland in Miniatur.

Die Niederlande auf der Karte in Aarninks kleinem Büro sehen anders aus. »Raum für den Fluss« steht auf der großen Karte an der Wand. Sie zeigt den Bruch mit 800 Jahren Tradition beim Kampf gegen das Wasser. »2000 hat die Regierung beschlossen, dass wir uns vor weiteren Fluten am besten schützen, indem wir dem Wasser mehr Raum geben, statt immer nur höhere Deiche zu bauen. Wir führen das aus«, sagt Aarnink. Das heißt: Deiche werden geöffnet, Polder, die über Jahrzehnte dem Wasser abgetrotzt wurden, stehen wieder zur Überflutung bereit. 120 Höfe werden umgesiedelt, 400 Menschen müssen umziehen, manchmal werden die Höfe einfach nur auf Hügeln neu errichtet.

Aarninks Feind ist nicht so sehr das Meer vor seinen Augen – sondern der Rhein und die Maas in seinem Rücken. Weil vor allem im Rhein immer mehr Schmelzwasser der Alpengletscher ankommt und weil es immer schneller kommt, mussten die Holländer reagieren. »Wir hätten wieder die Deiche erhöhen können, das wäre billiger gewesen«, sagt Aarnink. »Aber in 20 oder 30 Jahren ist damit Schluss und wir wollten jetzt handeln, wo wir noch Flächen zur Verfügung haben.« 2,2 Milliarden Euro kosten die Baumaßnahmen und die Entschädigungen, 2010 geht es los, bis 2015 soll das Wasser dann mehr Platz haben, wenn es mit Masse und Gewalt kommt. Dann sind sie für einen Abfluss von 16.000 Kubikmetern Wasser pro Sekunde gewappnet.

Finanziell gefährlich sind Dürren, nicht Fluten

Für die Niederlande war der Schwenk zu einem anderen Konzept des Hochwasserschutzes nicht einfach. Jahrelang wurden die betroffenen Bürger beteiligt, Pläne ausgearbeitet und wieder neu formuliert. »Nach einer Flut ist die Bereitschaft zu Veränderungen sehr groß. Aber die Leute vergessen auch sehr schnell wieder«, erzählt Aarnink von den Niederungen des Beamtenlebens. Doch letztlich gab es keine Alternative für einen Staat, in dem neun von 16 Millionen Einwohnern unter dem Meeresspiegel leben und dort 65 Prozent des Bruttoinlandsprodukts erarbeiten. Und natürlich werden die bestehenden Deiche weiter erhöht und verfestigt, wird weiter Sand ins Meer geschüttet, den die Wellen dann an den Dünen anlanden. Niemand will ein Szenario verwirklicht sehen, dass die Universität Delft vor dem Hintergrund des Klimawandels errechnet hat: Brechen die Deiche an der Nordseeküste in einem heftigen Sturm, rechneten die Forscher mit 71.000 möglichen Toten in den Niederlanden.

Wino Aarnink ist sicher, dass solche Horrorszenarien verhindert werden können. Aber was passiert, wenn in einigen Jahrzehnten die Alpengletscher geschmolzen sind und der Rhein im Sommer kaum noch Wasser führt? »Drei Viertel des Wassers, das wir verbrauchen, stammt aus dem Rhein«, sagt Aarnink und er wirkt nicht ganz so gelassen wie bei der Präsentation des Programms »Raum für den Fluss«. »Wir könnten dann das Ijsselmeer als Reservoir benutzen und das gesamte Wassermanagement im Land umstellen. Aber eines ist klar: Dürren richten bei uns wirtschaftlich größeren Schaden an als Überflutungen.«

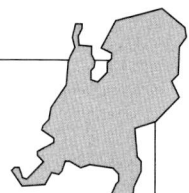

Klima-Steckbrief Niederlande

Bevölkerung:
16,6 Mio.

Pro-Kopf-Einkommen:
38.600 US-Dollar

Pro-Kopf-CO_2-Ausstoß:
11,5 Tonnen (Rang 21)

Verantwortung für den Klimaschutz (RCI-Faktor):
1,4 Prozent

Kosten für effektiven Klimaschutz pro Kopf und Jahr:
570 US-Dollar

Besondere Kennzeichen:
Die relativ hohen Pro-Kopf-Emissionen der Niederlande sind zwar hausgemacht, nützen aber auch anderen Ländern. Denn sie stammen vor allem aus der energieintensiven Landwirtschaft (Treibhäuser) und aus dem Ölhafen von Rotterdam. Hier entstehen fast ein Fünftel aller niederländischen Emissionen, aber 60 Prozent des in Rotterdam raffinierten Öls wird in anderen Ländern verbraucht.

Quellen: CIA, SEI/EcoEquity/Böll, WRI, eigene Berechnung

 PROFITEURE

Hochkonjunktur für Wissenschaftler, Politiker,
Lobbyisten und Journalisten

Die Krise als Karrierechance

*Für die Mitarbeiter der globalen Klima-Community ist der Klima-
wandel eine gewaltige Jobmaschine. Alle stürzen sich auf das neue
Aufgabenfeld. Und die Wissenschaft bekommt plötzlich von allen
Seiten Geld angeboten.*

Phil Jones macht sich große Sorgen. Der Klimawissenschaftler steht an
diesem 2. Februar 2007 auf der Terrasse vor dem riesigen UNESCO-
Gebäude im 15. Arrondissement von Paris. Dort drinnen hat eben der
Klimarat der UNO, das IPCC, den ersten Teil seines vierten Berichts
verkündet. Jetzt werden die wichtigsten Wissenschaftler vor den schnell
aufgebauten Kameras von CNN, ABC oder BBC herumgereicht. Ihre
Prognosen sind so apokalyptisch, wie Wissenschaftler werden können.
Die Stimmung ist gedrückt. Und der graukalte Pariser Winter macht
die Sache auch nicht besser.

Phil Jones trägt ein zerknittertes Hemd und ein Jackett, das ihm zu
groß ist. Er sieht nicht aus, wie man sich den Leiter des Umweltdepart-
ments der University of East Anglia, den IPCC-Leitautoren und anerkannten Spezialisten für globale Temperaturmessungen vorstellt –
oder vielleicht gerade doch. »Das alles hier könnte eine Episode sein«,
sagt er und zeigt auf die Journalisten, die die Forscher umschwärmen
und ihre Warnungen live in die ganze Welt senden. »Ich bin mir nicht
sicher, dass wir zu einem Ergebnis gekommen sind, das der Sache an-
gemessen ist«, fasst er die zähen Verhandlungen der letzten fünf Tage
und Nächte zusammen. Und dann beunruhigt ihn persönlich noch
etwas anderes: »Die EU könnte sagen: Jetzt wissen wir ja alles. Jetzt
müssen wir die Forschungsprogramme nicht mehr finanzieren.«

Zumindest diese letzte Sorge ist unbegründet. Denn wie nie zuvor pumpen seit dem Wendejahr 2007, als Klimapolitik die ganz große Bühne erreichte, staatliche, halbstaatliche und private Geldgeber Finanzmittel in die Klimaforschung. Grundlagenforschung, Anwendungen, neue Technologien, Politikberatung und PR zum Thema Klimawandel: Wer in diesen Bereichen arbeitet, hat plötzlich weniger das Problem, Geld aufzutreiben als es sinnvoll auszugeben. Nicht nur Wissenschaftler profitieren vom warmen Regen, den die Erderwärmung bringt. Auch Journalisten, Öffentlichkeitsberater, Hilfsorganisationen, Politiker, Beamte und Umweltschützer – alle Mitarbeiter der globalen Unternehmung »Klimawandel entdecken und bekämpfen«. Denn die Klimapolitik ist auch eine gewaltige Jobmaschine. Nach Jahrzehnten, in denen die Mittel für Klimaforschung mühsam zusammengestoppelt wurden, fließt inzwischen sehr viel Geld. Und es fließt schnell.

Industriestaaten investieren verstärkt in Klimaforschung

Vor allem die Europäische Union will ihren markigen Worten nun Taten folgen lassen – zumindest, was die Finanzierung von Klimaforschung angeht. Die Gemeinschaft der 27, die sich dazu verpflichtet hat, bis 2020 den CO_2-Austoß um 20 Prozent zu senken, die Energieeffizienz um 20 Prozent zu steigern und 20 Prozent ihres Energiehungers durch Biomasse, Wind, Wasser und Sonnenenergie zu decken, schichtet auch bei der Forschung um: Im »7. Forschungs-Rahmenprogramm« der EU sind für die Jahre 2007 bis 2013 insgesamt 1,3 Milliarden Euro für Umwelt- und Klimaforschung eingeplant. Rechnet man die Posten Energie (Erneuerbare, »Clean Coal«, CO_2-Lagerung) und Verkehr (alternative Antriebe, effizientere Luftfahrt, sauberere Motoren) hinzu, kommt man auf 7,7 Milliarden Euro, die ganz oder vollständig für die Forschung zum Klimawandel bereitstehen. Im sechsten Rahmenprogramm waren – bei einem anderen Zuschnitt und ohne den Schwerpunkt Klima – für die Forschung an »Energiesystemen, nachhaltigen Verkehrsmodellen und globalem Wandel in den Ökosystemen« nur 2,1 Milliarden vorgesehen.

In den USA finanzierte selbst die klimaskeptische Bush-Regierung die Forschung auf diesem Feld mit etwa zwei Milliarden US-Dollar pro Jahr. In den Achtzigerjahren wurden die Forschungsgelder für Atmosphärenforschung massiv von 409 auf 767 Millionen US-Dollar aufgestockt. Zwischen 1990 und 2000, noch unter dem Demokraten Bill

Clinton, legten die Ausgaben der US-Bundesregierung für die Ozeanforschung um 29 Prozent zu, zeigt eine Studie des klimaskeptischen George Marshall Institute. Allerdings gingen zwischen 2000 und 2002 die Gelder privater Stiftungen an Klimaforscher um zehn Prozent zurück. Der neue Trend in den USA ist die Gründung eigener Klima- oder Nachhaltigkeitsinstitute an Universitäten. Renommierte Hochschulen wie Duke, Yale, Phoenix oder Tennessee schaffen Lehrstühle und Stellen in diesem Gebiet. Oft ist die Wirtschaft bei der Finanzierung mit an Bord. An der Elite-Uni Stanford fungieren für das »Global Climate and Energy Project« die Konzerne ExxonMobil, General Electric, Schlumberger und Toyota als Geldgeber, anderswo sind es die Shell Foundation, Dow Chemical oder WalMart.

Privatpersonen werfen teilweise auch ganz selbstständig Geld zur Bekämpfung des Klimawandels in den Ring: Der Boss der britischen Fluglinie Virgin-Air, Sir James Branson, verkündete etwa, er werde über die nächsten zehn Jahre drei Milliarden US-Dollar für die Bekämpfung des Klimawandels stiften. George Polk, ehemals Gründer der Mobilfunkgesellschaft Cloud, sammelt mit seinem »Catalyst Project« Sponsorengelder für den Kampf gegen die Erderwärmung. Ende 2007 hatte er nach eigenen Angaben 50 Millionen US-Dollar zusammen.

Heiß begehrt: Nachwuchswissenschaftler und Ingenieure

Auch in Deutschland wird geklotzt. Mit insgesamt einer Milliarde Euro über zehn Jahre ist der Topf aus dem Bundesforschungsministerium zum Themenbereich Klimawandel gefüllt. Dazu kommen noch einmal zwei Milliarden von Unternehmen, die das Geld in Forschung und Entwicklung investieren wollen, heißt es vom Ministerium. Das zeigt, woher der Wind weht: Klimawandel als Herausforderung für den Technologiestandort Deutschland. Also bekommen nicht nur die Forschungsinstitute Geld, sondern vor allem die Ingenieure, die Anpassungsstrategien und vermarktbare Antworten auf den Klimawandel entwickeln.

Ein Stück von dem Kuchen hat sich auch das Potsdam-Institut für Klimafolgenforschung (PIK) gesichert. Das Institut residiert auf dem Potsdamer Telegrafenberg, nicht weit vom brandenburgischen Landtag auf der einen Seite und dem ehrwürdigen Einstein-Turm auf der anderen. Den Spagat zwischen Politik und Wissenschaft beherrscht das PIK virtuos. Der gute Ruf des Hauses, das zur Hälfte vom Bund und vom Land Brandenburg finanziert wird, lässt sich in frisches Geld umsetzen. Statt sechs hat das PIK nun sieben Millionen Euro in seinem Etat, eine Erhöhung um etwa 15 Prozent. Die Zusage hat der Leiter des Instituts, Hans Joachim Schellnhuber, erreicht, als er darüber verhandelte, ob er demnächst nicht lieber in Arizona forschen sollte. Die Bleibeverhandlungen endeten im August 2007 – just nachdem Schellnhuber als Klimaberater der Bundesregierung dem G8-Gipfel in Heiligendamm zum Erfolg verholfen hatte.

Auch das Max-Planck-Institut für Meteorologie in Hamburg will nicht klagen. »Erst einmal wird in unserem Bereich nicht mehr gekürzt«, sagt der Verwaltungsleiter Reiner Letscher. Zwar gibt es nicht direkt mehr Stellen, aber die Uni Hamburg ist in das »Exzellenzcluster« der Deutschen Forschungsgesellschaft (DFG) aufgenommen worden, auch wegen des herausragenden Rufs der Klimawissenschaften. Und das bedeutet mehr Drittmittel. Für 33 Millionen Euro baut die Stadt den Klimaforschern ein neues Rechenzentrum für ihre Großcomputer. »Man merkt an allen Ecken und Enden die Bereitschaft, mehr Geld für die Klimaforschung auszugeben«, resümiert Letscher.

Mehr Geld für Projekte, schön und gut, sagt Jörg Pietsch, Schellnhubers rechte Hand am PIK. »Aber unser größtes Problem hier ist das Beamtenrecht.« Wissenschaftler würden nach BAT bezahlt, »die bekommen bei einem Forschungsinstitut in den USA leicht das doppelte Nettogehalt«. Inzwischen sind nämlich renommierte Klimaforscher und vielversprechende Nachwuchswissenschaftler heiß umworben. Normalerweise gibt es in Deutschland zwischen 1.000 und 2.000 Klimaforscher an etwa zehn großen und vielen kleinen Forschungszentren. »Wenn es Geld gibt, werden es plötzlich mehr«, hat Wolfgang Seiler vom Institut für Meteorologie und Klimaforschung in Garmisch-Partenkirchen beobachtet. »Früher waren wir Geologen oder Atmosphärenforscher«, höhnt der Klimaskeptiker Richard Lindzen vom MIT in Boston, »heute sind wir alle Klimaforscher.«

Gefeilsche auf dem Klimabasar
Draußen im Vorraum des Charlemagne-Gebäudes der Europäischen Kommission in Brüssel drängeln sich Hunderte von Journalisten. Sie wollen an diesem 6. April 2007 hören, was die Arbeitsgruppe II des IPCC über die Auswirkungen des Klimawandels auf Menschen und Umwelt zu sagen hat. Doch die Experten haben die ganze Nacht durch um Formulierungen gestritten: Wird der Klimawandel »Hunderte von

Millionen Menschen« bedrohen oder nur »viele Menschen«? Soll im Text nur erwähnt werden, dass den Bewohnern der Arktis ihre Lebensgrundlage wegschmilzt – oder soll man sie auch daran erinnern, wie die OPEC meint, dass sie jetzt schließlich weniger heizen müssten? Morgens um neun Uhr sind sie immer noch nicht fertig mit dem Schlussdokument. Mit grauen Gesichtern sitzen die Delegationsmitglieder in dem großen Saal mit den bunten Fahnen der EU. In der Nacht waren sie schichtweise schlafen, die kleinen Delegationen haben irgendwann aufgegeben. Die Zeit drängt, und Verhandlungsleiter Martin Parry drängt auch: »Noch Einwände? Nein, dann ist das beschlossen!« Zack, sein Hammer knallt auf den Tisch. Der russische Delegierte springt auf und läuft nach vorn – er ist nicht einverstanden. Aber Parrys Geduld ist am Ende.

IPCC-Verhandlungen zeigen, wie schwer es ist, wenn sich die ganze Welt einstimmig auf etwas einigen soll – und wenn Wissenschaftler und Politiker dabei zusammentreffen. Man sagt höflich »Danke Herr Vorsitzender«, ehe man die niederträchtigsten Anträge stellt. Und der Vorsitzende sagt brav »Danke China«, auch wenn ihm der Antrag die Zornesröte ins Gesicht treibt. Während der Konferenz stehen die Delegierten aus den kleinen Staaten, vor allem aus Afrika, zusammen und machen ihrem Ärger Luft: Über die Sturheit der USA, die Frechheiten der Chinesen, die Blockade der Russen oder die Bremsversuche der Ölstaaten. Aber nicht zu laut: »Wenn hier einer gegen die USA aufsteht«, sagt ein afrikanischer IPCC-Autor, »kann es ihm doch passieren, dass er nach Hause kommt und gefeuert wird, weil seine Regierung von US-Entwicklungshilfe abhängt.«

Die mediale Aufmerksamkeit gibt es nicht umsonst

Die IPCC-Verhandlungen zeigen aber auch, dass es für Wissenschaftler neben Forschungsgeldern noch eine zweite Währung gibt, die zählt: Öffentliche Aufmerksamkeit und Wirksamkeit. Und die ist in einem Gremium wie dem IPCC garantiert, in dem Politik und Wissenschaft aufeinander treffen. Der Handel geht so: Die Politik verwässert die Aussagen der Wissenschaftler, soweit es geht. Aber die Wissenschaftler bekommen dafür direkten Zugang zu den Entscheidern. Und wenn der Text wie der »Vierte Sachstandsbericht« im Jahr 2007 einmal angenommen ist, werden die Politiker darauf festgelegt. Im besten Fall wird sogar Politik daraus gemacht. Das schafft keine noch so brillante wissenschaftliche Studie.

Der Abschied vom Elfenbeinturm hat seine eigene Dynamik. Rund um die jährlichen UNO-Klimaverhandlungen und die IPCC-Treffen hat sich ein Heer von Tausenden von Bürokraten, Spezialisten, Lobbyisten und Journalisten versammelt, die sich immer wieder treffen, Freund- und Feindschaften pflegen und manche Hinterzimmer-Deals ermöglichen. Der »Wanderzirkus Klimawandel« brachte im Dezember 2007 rund 10.000 Beteiligte zu den Klimaverhandlungen ins indonesische Bali – so viel, dass Touristenmanager befürchteten, die Stadt werde den Ansturm nicht verkraften. Und in den Verwaltungen wie etwa in der EU-Kommission drängen plötzlich Beamte zum Klimaschutz, die sich vorher dafür nicht interessierten. Aber das Thema ist heiß, hier lässt sich Karriere machen.

Die Medien sind beim Klima die große Windmaschine. 2007 waren Zeitungen und Magazine voll davon. Ein TV-Sender nach dem anderen schickte seine Reporter auf die untergehenden Inseln im Pazifik oder zu den schmelzenden Gletschern nach Grönland. In der US-Ausgabe des gehobenen Klatschmagazins »Vanity Fair« outeten sich Prominente als Klimaretter. Je nach Windrichtung werden Geschichten gebastelt: Der »Spiegel« schrieb noch Ende 2006 »Achtung, Weltuntergang!« auf seinen Titel – nur, um sich im Mai 2007 über »Die große Klima-Hysterie« aufzuregen. Die BILD-Zeitung schließlich jammerte: »Unser Planet stirbt!« und zeigte durch ihre Kooperation mit Greenpeace, dass Klima im Mainstream angekommen ist. Eine unvollständige Übersicht über den deutschen Buchmarkt zeigte 2007 über 80 Buchtitel, die sich mit dem Thema beschäftigen – und auch dieses Buch wird nicht das letzte sein, mit dem Verlage Umsatz machen wollen.

Die Medienaufmerksamkeit für die Wissenschaft hat ihren Preis: Den teilweisen Verlust der Autonomie. Das ergab eine Studie der Universität Mainz, die deutsche Klimaforscher zum Einfluss der Medienberichterstattung auf ihre Arbeit befragte. Drei Viertel der Wissenschaftler merkten an, die Berichterstattung habe einen Einfluss auf die Verteilung der Forschungsgelder – begünstigt würden Forschungen zu Klimamodellen und zum menschlichen Einfluss aufs Klima. Nachteile hätte die Forschung zu natürlichen Klimaschwankungen und zur Klimageschichte. Gleichzeitig fanden drei Viertel der Forscher die Darstellung des Klimawandels in den Medien verzerrt und übertrieben. »Die Zuweisung der Forschungsmittel und die Ausrichtung der Forschung«, schreiben die Autoren Senja Post und Hans Mathias Kepplinger, »wird von äußeren Kräften beeinflusst, denen die Forscher wissenschaftliche Qualifikation absprechen«.

Und die Umweltverbände – profitieren sie von der Klimadebatte? »Ja, irgendwie schon«, sagt Gerhard Wallmeyer. Er ist ein Greenpeace-Urgestein und der oberste »Fundraiser« beim deutschen Arm des Umweltmultis. 2007 habe es zu den 40 Millionen Euro, die Greenpeace Deutschland jedes Jahr vor allem von seinen 500.000 Förderern einnimmt, einen Zuwachs »von zwei oder drei Prozent gegeben« – das sei im normalen Rahmen und kein Zeichen für einen Klimafaktor. Die Umweltverbände merken es eher an größerem Interesse, mehr Besuchern bei Veranstaltungen, mehr Abnehmern für ihre Informationen, mehr Besuch auf ihren Internetseiten und einer größeren Bereitschaft, sich zu engagieren, heißt es von verschiedenen Verbänden. Mehr Spenden bringe die Debatte aber bisher kaum – im Gegenteil, meint Wallmeyer. »Klima wird als etwas wahrgenommen, was die Regierungen lösen müssen, da wendet man sich nicht zuerst an die Verbände.« Außerdem fehle für die klassische Kampagnenarbeit der konkrete »böse Bube« als Gegenüber und, so Wallmeyer, »viele Leute sagen auch, da ist ohnehin nichts mehr zu machen«.

IPCC: virtuell und doch im Rampenlicht

Das Nobelpreis-Komitee war anderer Meinung. Und deshalb steht an diesem 12. Dezember 2007 Rajendra Pachauri im alten Rathaus von Oslo. Hinter ihm versinkt die Silhouette der norwegischen Hauptstadt in der Winterfinsternis, vor ihm stehen die Kameras, die seine Rede live auf BBC, CNN und Al Jazeera in die Welt tragen. Die Verleihung des Friedensnobelpreises 2007 ist der krönende Abschluss eines Jahres, das die Wissenschaftler des IPCC aus ihren Laboren und von ihren Supercomputern auf die Bühne der Weltpolitik geführt hat. Pachauri hält sich in seiner Dankesrede vor dem norwegischen Königspaar und dem Rest der Weltöffentlichkeit an die Fakten aus dem vierten IPCC-Report, die gruselig genug sind. Danach passt der Auftritt von Al Gore perfekt in die Inszenierung: Er ist zuständig für die politische Einordnung, für den Schwung, das Pathos und die Aktivierung der Menschen. Nicht umsonst haben die Juroren diesem ungleichen Paar den Preis gemeinsam verliehen. Gore ist einer der größten Profiteure der Klimadebatte, die er selbst angeheizt hat: Er verdankt ihr einen Oscar und einen Grammy für seinen Film »Eine unbequeme Wahrheit«, den Nobelpreis, seine politische Wiedergeburt in den USA und seine neue Rolle als globaler Staatsmann.

Das IPCC verblasst dagegen. Eigentlich gibt es diese Organisation ja auch kaum, sie existiert vor allem virtuell, wenn sich zu einzelnen Themen Hunderte von Wissenschaftlern freiwillig und unbezahlt zusammensetzen, um den allgemein akzeptierten Stand der Forschung darzulegen. Das Gremium hat ein Dutzend Mitarbeiter in ein paar Büros in Genf, die sich auf die Diensträume der Weltorganisation für Meteorologie (WMO) verteilen. Das Budget des »Weltklimarats« beträgt fünf Millionen US-Dollar und finanziert vor allem das Sekretariat und Sitzungsgelder für Experten aus armen Staaten. Und das Nobelpreisgeld wird in einen eigenen Fonds investiert, aus dem Klimaforschung in den Entwicklungsländern bezahlt werden soll. Glamour sieht anders aus.

Das unschlagbare Argument der Wissenschaft

Aber die Klimawissenschaftler müssen auch nicht in den Klatschkolumnen erscheinen, um im Gespräch zu bleiben und ihre Vorhaben zu finanzieren. Sie haben eine weitaus treuere und wirksamere Verbündete: Die Unsicherheit ihrer Ergebnisse. Denn das Klima ist ein sehr komplexes System. Die Erhebung von Daten in weiten Teilen der Welt, etwa in Afrika, entspricht bei Weitem nicht den Anforderungen exakter Wissenschaft. Der Kenntnisstand über die Zusammenhänge zwischen Luft, Ozeanen, Sonneneinstrahlung und Wolkenbildung ist lückenhaft – bei Wissenschaftlern, aber umso mehr bei Politikern oder Stiftungsräten, die über die Verteilung von Finanzmitteln entscheiden. Das war lange ein Grund, mit dem Geld für Klimaforschung knauserig zu sein. Jetzt hat sich der Wind gedreht. Und deshalb kommt mit gutem Grund auch kaum eine wissenschaftliche Arbeit ohne den Zusatz aus: »Further study is required«. Zu deutsch: Weitere Forschung (und Finanzierung) ist notwendig.

Phil Jones muss sich wenig Sorgen machen. Das Geld für die Klimaforschung ist erst einmal gesichert. Vielleicht bringt das aber auch neue Probleme, meint Saleemul Huq, Klimawissenschaftler am Institut für Umwelt und Entwicklung IIED in London: »Die Industrieländer haben sich daran gewöhnt, dass Probleme mit Geld zu lösen sind«, sagt er. »Da könnte es sein, dass man denkt: Das Geld ist ja jetzt bewilligt, damit ist das Problem gelöst.«

HEIßE SPUREN, FALSCHE FÄHRTEN

»Resignation und Pessimismus sind ein Luxus,
den sich die Armen der Welt genauso wenig leisten können
wie zukünftige Generationen.«

UNDP, Bericht über die menschliche Entwicklung 2007/08

CO_2-Lagerung unter dem Meeresgrund

Seebegräbnis erster Klasse

In der Nordsee versenkt der norwegische Ölkonzern Statoil sein überflüssiges Kohlendioxid unter dem Meer. Technisch ist die Lösung inzwischen erprobt. Aber für einen globalen Ausweg ist sie schlicht zu teuer – und zu norwegisch.

Die »Maersk Inspirer« ist ein Triumph der Ingenieurstechnik. Auf 205 Meter hohen Beinen ragt die Bohrinsel aus der Nordsee, sie kann bis zu neun Kilometer tief im Erdinneren nach Gas und Öl suchen. Der Koloss auf filigranen Füßen beherbergt 120 Personen. Er wurde gebaut, um der »ultraharten Umgebung« der Nordsee zu widerstehen und ist eine der größten Bohrinseln der Welt. Aber die Techniker, Journalisten und Politiker, die regelmäßig an die Grenze des norwegisch-britischen Fördergebiets geflogen kommen, nehmen den Riesen nur als Punkt am Horizont wahr.

Sie interessieren sich mehr für seine kleinen Schwestern: Die Plattformen »Sleipner A« und »Sleipner T«, die 250 Kilometer vor der norwegischen Küste im Meer stehen. Auf der T-Plattform, verbunden über eine 100 Meter lange Stahlbrücke mit der Mutterplattform A, ragen zwei weiße Tanks in den diesigen Himmel, die man sonst kaum auf Bohrinseln findet: Sie filtern das Kohlendioxid aus dem Erdgas, das hier gefördert wird. Das CO_2 wird wieder in die Erde gepresst, wo es herkam. Das kostet fünf bis zehn Prozent der Energie, die hier gewonnen wird, aber es lohnt sich. Denn die »Sleipner«-Plattformen des norwegischen Ölkonzerns Statoil produzieren hoch über den blaugrünen Wellen der Nordsee nicht nur Gas, sondern auch Hoffnung: Die Aussicht, dass »Carbon Capture and Storage« (CCS), das Abscheiden und Einlagern von Kohlendioxid, technisch und wirtschaftlich erfolgreich sein kann. Hier, unter 70 Metern Nordseewasser und noch mal 1.000 Metern Gestein, könnten für Jahrzehnte die Klimaprobleme ganz Europas begraben werden. Technisch machbar wäre das wahrscheinlich. Ob das jemand bezahlen kann, ist die nächste Frage.

»Wirklich knapp wird doch nicht das Öl«, sagt Olav Kårstad, eine Helikopter-Flugstunde östlich von »Sleipner«. »Wirklich knapp wird die Atmosphäre.« Der Chemieingenieur mit den grauen Haaren und dem grauen Kinnbart, ein großer Mann, der sich mit seinen Antworten Zeit lässt, ist der »Mister Kohlendioxid« bei Statoil. An der Tür seines Zimmers R 1607 im Statoil-Hauptquartier in Stavanger steht »CO_2 Control Room«. Man weiß nicht so richtig, ob das ein Scherz sein soll bei einem Konzern, der trotz »Sleipner« und allen grünen Projekten immer noch 90 Prozent seines Kohlendioxids in die Luft pustet. In dem Raum kann man Kårstad vor Landkarten fotografieren, die die Nordsee mit ihren Gas- und Ölfeldern zeigen, mit den existierenden und geplanten Pipelines. Die Tafel, auf der Kårstad und seine Mitarbeiter per Hand ein paar Skizzen gezeichnet haben, darf man nicht fotografieren. Da geht es darum, wer die nächsten Projekte bezahlen soll. Oft steht da: EU.

Das grüne Image ist ein Missverständnis

Andere Ölkonzerne stellen ihre Wolkenkratzer in die Geschäftszentren der Hauptstädte. Nicht so Statoil. Die Firma baute auf die grüne Wiese einen dreistöckigen Komplex aus Glas und Beton, mit einer Kantinenterrasse mit Springbrunnen und Wegweiser zum Betriebskindergarten. Statoil ist eben ein bisschen anders. 1972 vom norwegischen Parlament Storting gegründet, um den überraschenden Ölreichtum des Landes auszubeuten, und immer noch zu 70 Prozent in Staatsbesitz. Als Staatskonzern hat Statoil gute Karten in Ländern, die schlechte Erfahrungen mit privaten Konzernen gemacht haben. In den Ländern, wo man für Bohrlizenzen Beamte schmieren muss, ist Statoil allerdings im Nachteil, sagt Kårstad und lacht. Statoil hat auch ein anderes Image als die anderen Ölfirmen: Der irgendwie gute und grüne Ölkonzern. Er verbraucht für die Ölförderung nur ein Drittel der Energie vom Durchschnitt der Branche. Der Konzern ermöglicht den Kunden in Schweden beim Tanken oder Heizölkauf ihre Klimabilanz finanziell auszugleichen. Und er kauft Emissionsrechte, um die Klimaschäden durch Dienstreisen und Heizung auszugleichen. Statoil betreibt mit »Sleipner« die einzige Anlage weltweit, die über relativ lange Zeit (seit 1996) in großem Maßstab (eine Million Tonnen im Jahr) und erfolgreich (bisher keine Lecks) das Treibhausgas CO_2 aus der Gasproduktion abtrennt und wieder sicher unter die Erde bringt. Und es ist Kårstad sogar ein bisschen peinlich, wenn er zugeben muss, das seine Vorzeigeplattform »Sleipner« für ihren Normalbetrieb in einem Jahr fast so viel Kohlendioxid in die Luft bläst, wie sie unter dem Meeresboden verstaut. 2007 nahm Statoil in Hammerfest das nächste Gasfeld in Betrieb, das sein CO_2 wieder brav aufräumt. Die Firma ist an der Anlage »In Salah« (»So Gott will«) in Algerien beteiligt, die ihr CO_2 auch in den Boden verpresst, und baut Gaskraftwerke in Norwegen, die ebenfalls Pilotanlagen für diese saubere Technologie werden. Aber Statoils grünes Image ist eigentlich ein großes Missverständnis. Denn zu all den Maßnahmen wurde der Ölkonzern entweder gezwungen – oder er lässt jemand anderen dafür bezahlen.

Steuerersparnis und Gewinne dank CO₂-Lagerung

Das »Sleipner«-Projekt gibt es nur, weil Statoil keine andere Wahl hatte: Das Gas aus dem »Sleipner«-Feld enthält zuviel Kohlendioxid, um es nach Großbritannien zu verkaufen. Also wird es abgeschieden – ein normaler Vorgang bei der Gasförderung. Normalerweise wird das Treibhausgas dabei in die Atmosphäre entlassen. Aber 1992 erließ die norwegische Regierung eine Steuer auf die Emission von Kohlendioxid auf den Plattformen: Umgerechnet 40 Euro pro Tonne. Die Investitionen in »Sleipner« amortisierten sich innerhalb von zwei Jahren. Seit das CO_2 aus dem Erdgas wieder in den Untergrund gepresst wird, spart der Konzern durch »Sleipner« jedes Jahr 40 Millionen Euro an Steuern. »Das ist ein gutes Geschäft, kein Zweifel«, räumt Kårstad ein.

Das gleiche gilt für das neue »Snovhit«-Feld bei Hammerfest: Weil die Verladestation für das Gas auf einer Insel liegt, gilt es als Offshore-Gebiet. Also finanziert die Steuerersparnis den Umweltschutz. In Algerien stieg Statoil erst in das Projekt ein, als die CO_2-Verpressung schon lief. Und als die norwegische Regierung dachte, auf Statoil könne man beim Thema Klimaschutz zählen, zeigte ihr der Konzern die kalte Schulter: CO_2 vom Kraftwerk »Tjendberggoden« bei Trondheim wollten Statoil und BP vor die Küste schiffen und in ihre Ölfelder pumpen, um so mehr Öl zu fördern. Die Hoffnung: Kohlendioxid würde nicht mehr als Abfall behandelt, sondern wäre ein Wertstoff. Im Sommer 2007 ließen Statoil und Shell das Projekt platzen: Der

Aufwand für den Umbau der Plattformen war größer als der Gewinn durch zusätzliches Öl. Kein guter Sommer für CCS: Zur gleichen Zeit erklärte der Partner BP, sein eigenes Projekt zur Lagerung von CO_2 im schottischen Peterhead sei »endgültig vom Tisch«. Da es keine Subventionen des britischen Staats gebe, rechne sich das Ganze nicht.

Die Zeche zahlt der Steuerzahler

»Am Anfang war CCS ja nur ein Hobby von uns«, sagt Kårstad. »Es war eine Herausforderung, was da technisch alles möglich schien.« Am anderen Ende des weitläufigen Statoil-Gebäudes sieht man, was noch alles möglich schien. Eine Ausstellung zeigt Vitrinen mit Produkten, die Statoil-Techniker aus Erdgas hergestellt haben. In den Schaukästen liegen Farbtuben, Langlaufski, Fußballschuhe und Spritzen und auch ein leicht verstaubter Hamburger: »Bio-Proteins«, gezüchtet aus Bakterien vom Meeresgrund in einer Nährlösung aus Erdgas, sollten Grundlage für Viehfutter, aber theoretisch auch für Lebensmittel sein. »Es schmeckte nach nichts«, erinnert sich Kårstad, und deshalb wurden daraus Hamburger. Die zuständige Genehmigungsbehörde in der EU stand Statoils Bio-Proteinen allerdings so lange kritisch gegenüber, bis das Werk wegen mangelnder Nachfrage geschlossen wurde. Den Bakterien-Burger an Erdgaslösung wollten nicht genügend Menschen in ihren Speiseplan aufnehmen.

Kårstad ist Chef der Abteilung »Neue Energien«, die sich auch mit Windkraft oder Kraft-Wärme-Kopplung beschäftigt, also »mit allem, was ein Ölkonzern normalerweise nicht macht«, wie Kårstad sagt. Was ein Ölkonzern aber vor allem nicht macht, auch nicht wenn er aus Norwegen kommt und überwiegend dem Staat gehört, ist, mehr Geld auszugeben als nötig. Deshalb lassen die Ölscheichs von Stavanger für die teuren CO_2-Anlagen an den Kraftwerken an Land schön den Steuerzahler bezahlen. Wann sich die Kosten für CCS mit dem Preis für CO_2 treffen und damit die Lagerung in der Erde finanzierbar machen? Kårstad hebt die Schultern. »Es kommt darauf an, die Technik so zu unterstützen, dass der Preis dafür massiv sinkt.« Die Subventionen dafür müssen von der öffentlichen Hand kommen, findet der oberste CO_2-Controller. Ähnlich wie der Staat andernorts etwa die Solartechnik unterstützt. Der Gedanke hat seine eigene Logik: Schließlich waren und sind es die Gewinne aus der Ölförderung, die dem norwegischen Staat in seinem Fonds »Oljefondet« ein beruhigendes Polster von inzwischen 361 Milliarden US-Dollar verschafft haben. Die könnte er einsetzen, um die Kollateralschäden seines Reichtums zu lindern. Aber was ist mit dem Geld, das die privaten Aktionäre der anderen Ölfirmen verdient haben? Und was machen andere Staaten, die nicht Norwegens prall gefüllte Kassen haben?

Eine strategische Klemme für die Umweltschützer

»Wir sind glücklich mit ›Sleipner‹«, sagt Marius Holm. »Das Projekt funktioniert und sollte zu einem Vorbild für andere werden.« Mit der Lagerung des Kohlendioxids im Meeresboden könne man die nötige Zeit kaufen für den Übergang in eine Energieversorgung aus erneuerbaren Quellen. »Es gibt dazu keine Alternative«, sagt Holm. »Ich kenne kein anderes Szenario, das es uns erlaubt, so schnell und so viel CO_2 zu vermeiden und in 50 Jahren die fossilen Energien zu ersetzen.«

Holm sitzt an diesem warmen Augusttag auf einer Holzbank in der Sonne. Hinter ihm liegt die Zentrale der norwegischen Umweltstiftung Bellona. In dem renovierten Gutshof hängen an den langen Fluren die Bilder von Umweltschützern in roten Overalls und Rettungswesten, die auf Schiffen gegen Ölbohrungen im Nordmeer und russischen Atommüll protestieren. Bellona hat hier die ökologische Nische besetzt, die andernorts Greenpeace gehört. Im alternativ angehauchten Stadtteil Grünerlokka im Norden Oslos, wo langsam die angesagten Thaifood-Restaurants mit Designer-Ausstattung die verschleierten Mütter mit Kinderwagen verdrängen, liegt die Zentrale der Öko-Kämpfer zwischen einem Fluss und einem Park, gleich hinter der Karaoke-Bar. Über Marius Holm flattern zwei ausgeblichene Bellona-Fahnen im Wind. Der Vizepräsident der Stiftung redet schnell und hastig über Klimapolitik. Er trägt Dreitagebart, Dreiviertelhosen und ein verwaschenes gelbes T-Shirt mit der Aufschrift »Kyoto Tigers – Japanese Business LTD«. Aber das ist bestimmt Zufall.

Holm sitzt nicht nur auf seiner Bank, sondern auch in einer strategischen Klemme: Norwegens Strom kommt bisher zu 99 Prozent aus Wasserkraft. »Sleipner« ist für ihn der richtige Weg. Und genügend Geld für Investitionen gibt es auch. Über eine solche Bilanz ihres Landes würden sich viele Klimaschützer freuen. Natürlich gibt es noch Kritik der Umweltschützer: Die Regierung baut neue Gaskraftwerke und befreit sie erst einmal von der Auflage, das CO_2 abzuscheiden. Und um bis 2050 seine Treibhausgasemissionen auf Null zu bringen, setzt das Land vor allem auf den Emissionshandel, statt stärker zuhause zu reduzieren. Aber auch Holm geht es vor allem darum, wie die Finanzen sinnvoll zu verwenden sind. Gerade weil Norwegen im Ölgeld schwimmt, sagt er, müsste das Land auch Maßnahmen ergreifen, die am Anfang viel Geld kosten: Solarenergie, Wind- und Wasserkraft massiv unterstützen, denn »die Nordsee könnte mehr erneuerbare Energie liefern als Öl und Gas«. Oder eine Agentur gründen, die ihr Geld damit verdient, dass sie Forschung und Export für norwegische Technologie ankurbelt und in den Entwicklungsländern erneuerbare Energien voranbringt – wie wäre es mit dem Namen »Statsun«?

»Sleipner« jedenfalls hat inzwischen den Segen von sehr vielen Seiten. Eine Studie von Bellona kam 2006 zu dem Schluss, das Projekt habe demonstriert, dass es »machbar ist, CO_2 sicher in geologischen Formationen einzuschließen«, der Betrieb sei gut überwacht und das Kohlendioxid werde höchstwahrscheinlich auch dort unten bleiben. Andris Piebalgs, EU-Kommissar für Energie, besuchte 2007 die Plattform und sprach davon, der Klimawandel könne ohne CCS nicht bekämpft werden. Gleichzeitig stellte das internationale »OSPAR-Abkommen« über den Umgang mit der Nordsee fest, CCS gelte nicht als verbotenes Müll-Dumping, wie vorher gefürchtet worden war. Und das IPCC hatte bereits in einem eigenen Sonderbericht zu CCS festgestellt, die unterirdische Speicherung des Gases könne »je nach Szenario 15 bis 55 Prozent zur weltweiten CO_2-Reduzierung bis 2100 beitragen« – auch wenn es noch Unsicherheiten gebe, weil dafür Hunderttausende von CO_2-Sammelstellen an Kraftwerken gebaut werden müssten. Und deshalb sind Kohlekonzerne in den USA, Kanada, Australien, Japan, Großbritannien, aber auch in Deutschland dabei, Pilotprojekte zu finanzieren und nach Lagerstätten zu suchen, die aus ihren Anlagen mit einem Klimaproblem die »Clean Coal« der Zukunft machen. Wirtschaftliche Chancen für die Technik gibt es nach Meinung der IPCC-Experten bereits, wenn der Preis für eine Tonne CO_2 auf 25 bis 30 US-Dollar klettert – also etwa in die Regionen, die im europäischen Emissionshandel seit 2008 gezahlt werden.

Null Emissionen – mit Zertifikaten aus dem Süden

Das klingt nach dem Ausweg für Helden. Aber ausgerechnet Olav Kårstad ist nach seinen langen Erfahrungen deutlich vorsichtiger mit solchen Voraussagen. Immer wieder hat Norwegen große Ideen. Im April 2007 kündigte Ministerpräsident Jens Stoltenberg an, Norwegen werde bis 2050 als erstes Land der Welt vollständig klimaneutral sein. Alle bisherigen Emissionen, etwa 50 Millionen Tonnen CO_2, würden dann entweder vermieden oder ausgeglichen. Das ist der große Plan, den Dag Svarstad jetzt im Detail erläutern muss. Er sitzt in seinem kleinen Büro im Osloer Umweltministerium und präsentiert die Ideen seines Regierungschefs auf vielen Folien. Bisher jedenfalls bewegt sich noch nicht viel in Richtung »Nullemissionsnorwegen«. Der CO_2-Ausstoß liegt zehn Prozent höher als 1990. Und Svarstad sagt, was ein Umweltbeamter in so einem Fall eben sagt: »Ohne unsere Maßnahmen wären sie noch viel höher.« Das Land hat in Kyoto nur eine Reduktion von einem Prozent übernommen, will aber freiwillig bis 2012 minus neun Prozent erreichen.

Auf der anderen Seite steigt der Strombedarf für die Industrie. Dafür baut Norwegen zum ersten Mal fossile Kraftwerke – zwei Gaskraftwerke gingen im Herbst 2007 ans Netz. Eigentlich bräuchte man die nicht, findet Svarstad. Aber über Energiefragen entscheidet das Ölministerium. Die Linkskoalition, die das Land seit 2005 regiert, hat zwar beschlossen, alle neuen Kraftwerke »auf der Basis von CCS« zu bauen – das aber sieht in der Realität so aus, dass man die Kraftwerke erst mal ohne die teuren Maßnahmen in Betrieb nimmt und ein paar Jahre später nachrüstet. Und auch beim Plan, 2050 die Emissionen auf Null zu reduzieren, liest man besser das Kleingedruckte: Ein »beträchtlicher Anteil« dieser Reduktion solle in Norwegen erbracht werden. Was heißt das? Dag Svarstad hebt die Schultern. Die Hälfte? So was in der Art.

Der ölige Beigeschmack bleibt

Die weiße Weste ist vergleichsweise billig zu haben. Für die Reduktion bis 2020 (minus 30 Prozent) würden nach den jetzigen Szenarien noch acht bis elf Millionen Tonnen CO_2 fehlen. Zu den Preisen des europäischen Emissionshandels von 2008 wären das etwa 200 Millionen Euro – also durchaus zu finanzieren. Aber die Idee hat einen öligen Beigeschmack: Jahrzehntelang hat der Verkauf von Öl und Gas in alle Welt die Norweger reich und die Welt zu einem Treibhaus gemacht. Jetzt setzen die Norweger dieses Geld ein, um sich als Öko-Vorbilder darzustellen.

Kann der drittgrößte Ölexporteur der Welt gleichzeitig das klimafreundlichste Land auf dem Globus sein? Auch in Svarstads engem Büro sind die Gegensätze nicht zu übersehen. An der Wand hängen Fotos von startenden Jumbojets. Sein Bildschirmschoner auf dem

Computer zeigt einen startenden »B 52«-Bomber, der eine riesige Abgaswolke hinter sich herzieht. »Die alten Leute können sich noch erinnern, wie arm Norwegen vor dem Ölboom war«, sagt der Beamte, zuständig für die Bekämpfung der Luftverschmutzung. Und Statoil ist beliebt, weil es Arbeitsplätze sichert und die Kommunen auch im hohen Norden finanziert. Da regt sich dann kaum jemand darüber auf, dass auf den Ölplattformen 45 alte und ineffiziente Gaskraftwerke betrieben werden, um den Strom für die Bohrungen zu produzieren. Die scheiden ihr CO_2 natürlich nicht ab, ärgert sich Svarstad, und beziehen auch keinen sauberen Strom vom Festland, was zumindest bei den küstennahen Plattformen kein Problem wäre.

Vom armen Fischerland zur Öl-Weltmacht

Im Ölmuseum am Hafen von Stavanger ist von diesen Fragen nicht die Rede. Silbern schimmert das neue Gebäude in der Sonne. Drei große runde Hallen stehen auf Stelzen im Wasser, wie die riesigen Öltanks der Raffinerien draußen an der Küste. Drinnen erzählen Schautafeln und Vitrinen, warum es Öl in Norwegen gibt und wie glücklich das Land war, als es am 21. August 1969 durch den ersten Ölfund im »Ekofisk«-Feld der Nordsee zu einer Ressourcenweltmacht aufstieg. Seine Vergangenheit als Walfang- und Schiffsbaunation konnte Norwegen damit beruhigt ins Museum entsorgen. Kinder bestaunen Modelle von Bohrplattformen, klettern in Rettungsinseln, bewegen einen Bohrarm per Knopfdruck oder tauchen im 3D-Kino durch die Meere.

Das Wort »Kohlendioxid« kommt im Museum genau einmal vor: Auf einer Erklärungskarte im letzten Absatz, ganz unten: »Es gibt Ängste, dass der Ausstoß von Kohlendioxid das globale Klima verändern könnte.« Von dem Begräbnis erster Klasse, das die Norweger ihrem Kohlendioxid in »Sleipner« und anderswo bereiten, von den technischen Errungenschaften von Olav Kårstadt und seinen Kollegen ist nicht die Rede. Nur draußen, vor der Tür des Museums, steht ein Klotz aus hellem Sandstein, fünf Meter lang, einen Meter breit, einsfünfzig hoch. Ohne Kommentar. Den gibt Kårstad: »Das ist das Gestein unter ›Sleipner‹. In diesen Brocken da würden bestimmt 300 Kilo Kohlendioxid passen.«

Klima-Steckbrief Norwegen

Bevölkerung:
4,6 Mio.

Pro-Kopf-Einkommen:
55.600 US-Dollar

Pro-Kopf-CO_2-Ausstoß:
9 Tonnen (Rang 33)

Verantwortung für den Klimaschutz (RCI-Faktor):
0,4 Prozent

Kosten für effektiven Klimaschutz pro Kopf und Jahr:
590 US-Dollar

Besondere Kennzeichen:
Norwegen ist der weltweit drittgrößte Exporteur von Öl. Würde man dem Land die Emissionen aus der Verbrennung dieses Öls anrechnen, stiege der Pro-Kopf-Ausstoß auf 124 Tonnen.

Quellen: CIA, SEI/EcoEquity/Böll, WRI, norw. Umweltministerium, eigene Berechnung

Der Handel mit Emissionen

Kasino-Kapitalismus fürs Klima

Der Emissionshandel der EU hat dem Kohlendioxid ein Preisschild umgehängt. Drei Jahre lang brachte das bürokratische Regelwerk keinen Klimaschutz, sondern den Unternehmen unverdiente Millionengewinne. Aber inzwischen krempelt der Handel mit den CO_2-Lizenzen die Strukturen in der Wirtschaft um.

1.000 Tonnen Kohlendioxid für 23,05 Euro die Tonne – klick, verkauft. 5.000 Tonnen für 22,60 pro Einheit – klick, verkauft. 3.000 für 23, 1.000 für 23,20, 2.000 für 23,10, klick, klick, klick. Alle paar Augenblicke rückt die Liste mit den Angeboten auf dem Bildschirm weiter nach oben, neue Zahlen erscheinen, alte verschwinden. Im Sekundentakt wechseln die Lizenzen zum Ausstoß von Kohlendioxid den Besitzer. Die kleinen Angebote stehen in dem blauen Fenster rechts. Wer mit dem Klimawandel en gros handelt, trifft sich in der Computermaske auf der linken Seite: Weiß und grün unterlegt warten hier 30 oder auch 50 Zertifikate auf ihren Käufer: Gegenwert für 50.000 Tonnen CO_2. So viel, wie im wirklichen Leben Hamburg jeden Tag in die Luft bläst.

Das ist hier aber nicht das wirkliche Leben. Es ist die virtuelle Welt des Emissionshandels. Dicht an dicht und übereinander stehen die Flatscreens im ersten Stock der RWE-Zentrale in Essen. An langen Tischen sitzen etwa 100 Händlerinnen und Händler des Energiekonzerns in diesem »Trading Room«. Draußen regnet es, aber die Jalousien sind heruntergezogen. Wichtig sind hier nur die Computermonitore. Der Dresscode ist leger: kaum Schlipse, viele T-Shirts und offene Kragen. Durch die elektronisch gesicherte Tür kommen nur die Eingeweihten. Denn wenn die Kraftwerke das Herz von RWE sind, dann sitzt hier das Hirn. Von hier wird das tägliche Geschäft des größten europäischen

Energiekonzerns dirigiert. Laufend kaufen und verkaufen die Händler weltweit und virtuell Strom, Gas, Öl, Metall – und seit ein paar Jahren eben auch Kohlendioxid.

Die Lizenzen zum Verschmutzen gab es umsonst und so reichlich, ...

Denn ob und wie Europa seine Klimaschutzziele erreicht, entscheidet der Kasino-Kapitalismus. Das ist so gewollt. Denn die EU hat eingesehen, dass sie ihre 1997 vereinbarten nationalen Obergrenzen für Emissionen allein mit politischen Maßnahmen niemals erreichen wird. Also installierte die EU den Emissionshandel, Angebot und Nachfrage, Zuckerbrot und Peitsche. Die Peitsche, das ist im »Emission Trading Scheme« (ETS) die Obergrenze für den Ausstoß von Kohlendioxid. Der Zucker ist das Geld, das die Unternehmen mit ihrer heißen Luft verdienen können.

Die Grundidee des ETS ist einfach: Europa hat sich verpflichtet, zwischen 2008 und 2012 im Durchschnitt der vier Jahre acht Prozent weniger CO_2 zu emittieren als noch 1990. Von diesem Ziel ist die EU meilenweit entfernt: Macht sie so weiter wie bisher, landet sie 2010 bei gerade mal 0,6 Prozent Reduktion, hat die EU-Umweltagentur EEA berechnet. Außerdem hat jeder EU-Staat eine eigene Zielquote, die es zu erreichen gilt. Und auf diese Quote sind die Berechtigungen zugeschnitten, wie viel die Industrie eines Landes noch emittieren darf. Insgesamt 12.000 Zement- und Kraftwerke, Stahlfirmen und Chemieanlagen in 25 EU-Staaten haben so ab dem 1. Januar 2005 ihre individuellen »Verschmutzungslizenzen« bekommen. Alle zusammen machen etwa die Hälfte aller europäischen CO_2-Emissionen aus. Der Rest kommt aus diffusen Quellen wie Verkehr, Haushalten und Landwirtschaft und muss politisch reguliert werden. Jedes Jahr müssen die Unternehmen in Brüssel nachweisen, dass sie nicht mehr in die Luft geblasen haben, als sie durften. Haben sie mehr Lizenzen als Emissionen, können sie sie verkaufen. Haben sie weniger, müssen sie sich welche auf dem Markt beschaffen. Und schon blüht der Handel.

... dass erst einmal der CO_2-Markt zusammenbrach.

Auf Peter Kosters Bildschirm blüht der Handel in grün und rot. Sein Bildschirm ähnelt dem in der RWE-Zentrale, aber er steht bei der European Climate Exchange (ECX) in Amsterdam, über die 80 Prozent des europäischen Handels läuft. ECX residiert in drei unscheinbaren

Büros im Amsterdamer World Trade Center, direkt am Bahnhof Amsterdam Zuid in einem gesichtslosen Büroviertel aus Glas und Stahl mit Hunderten von geparkten Fahrrädern unter einbetonierten Bäumchen. Im vierten Stock des WTC, Turm 2, zwischen den Repräsentanzen von Google Benelux, Kobe Steel und Philips, sitzt Koster und starrt unglücklich auf den Bildschirm. Eigentlich verdient seine Börse mit jedem Deal 0,2 Eurocent. Aber es ist April 2007, die EU-Kommission hat gerade bekannt gegeben, wie viele Lizenzen 2006 vergeben wurden: Eindeutig zu viele. Vor Kosters Augen bricht gerade der Markt für das Jahr 2007 zusammen.

Denn die Politik hat sich nicht aus der Klimapolitik für Großverschmutzer verabschiedet, ohne das System zu torpedieren. »Over-Allocation« ist der Fachbegriff, der in Amsterdam und Brüssel für Ärger sorgte und in den Hauptstädten Europas für kurzsichtige Schadenfreude: Da es jedem EU-Land selbst zustand, in der ersten Phase des Emissionshandels von 2005 bis 2007 so viele Zertifikate auszugeben wie nötig, haben die meisten Regierungen ihre Unternehmen großzügig bedacht. Sie bekamen nicht nur, was sie brauchten, sondern deutlich mehr. Nur Großbritannien nötigte seine Firmen, 30 Millionen Tonnen CO_2 einzusparen oder Zertifikate zu kaufen. Am dreistesten »überallokiert« haben die Deutschen, die 20 Millionen mehr Berechtigungen ausgaben als nötig: Ein warmer Regen von etwa 200 Millionen Euro für die deutsche Industrie, völlig umsonst und ohne Gegenleistung.

»Damit ist das System in der ersten Phase gescheitert«, gibt Stefan Moser offen zu. Der Jurist arbeitet als »Policy Officer« in der Generaldirektion Umwelt der EU-Kommission in Brüssel. Die Details des Emissionshandels sind sein Metier. Er beobachtet die Tricks und Kniffe der Regierungen und der Lobbys aus nächster Nähe und wundert sich manchmal. »Es war wie in der klassischen Spieltheorie: Jede Regierung hatte ein Interesse daran, möglichst viel für sich rauszuholen. Das aber klappt nur, wenn der Markt funktioniert. Der aber funktioniert nur, wenn sich die Mehrheit der Beteiligten an die Regeln hält. Wenn das nicht der Fall ist, bricht der Markt zusammen.«

Und genau das passierte zum ersten Mal am »Schwarzen Mittwoch«, dem 26. April 2006. Die EU-Kommission gestand, dass 2005 insgesamt 50 Millionen Tonnen heiße Luft im Markt waren – und der Preis für die Tonne Kohlendioxid an der Börse stürzte ins Bodenlose. 2007, beim Interview mit Peter Koster in Amsterdam, hatte sich der

Preis bei knapp einem Euro eingependelt. Im Frühjahr 2008, beim Besuch bei RWE, läuft der Markt: Emissionslizenzen sind mehr als 20 Euro wert. Sie werden knapper und teurer.

Das alte Zocken unter neuen Vorzeichen

»Die ersten Jahre waren die Lernphase«, sagt der Cheftrader bei RWE. Früher, sagt der junge Mann, der lieber anonym bleibt, habe er als Aktienhändler mit Krisen und Kriegen viel Geld verdient, »der 11. September war wirtschaftlich für mich persönlich ein Riesenerfolg«. Jetzt ist die Arbeit ähnlich, »aber ich sehe, wie sie direkt der Umwelt nützt: Wir fahren Kohlekraftwerke runter und Gaskraftwerke rauf, wenn wir dafür teure Lizenzen verkaufen können«. Für den Strom, den RWE fossil produziert, müssen die Händler rund um die Uhr Emissionszertifikate einkaufen – langfristig und möglichst günstig. Sie rechnen und spekulieren über die Preise der Zukunft, sie beobachten den Markt und die Politik, sie reden sogar übers Wetter, aber dafür blicken sie nicht aus dem Fenster, sondern auf den Bildschirm, wo Computergrafiken der Meteorologen blinken. Denn die Stromversorger handeln inzwischen auch mit Wetterderivaten: Sie sichern ihre Kraftwerke dagegen ab, dass es vielleicht am 17. Juli so heiß wird, dass Kraftwerke wegen Kühlwassermangels die Produktion drosseln müssen – sicherlich findet sich ein Eisfabrikant, der an der Börse dagegen wettet und sich vor Kälte am 17. Juli absichern will.

Ihre Informationen bekommen die Trader aus vielen Quellen – auch aus einer Büroetage in Oslo. Hier residiert Point Carbon, die Info-Maschine für alle, die sich mit Kohlenstoffmärkten befassen. Die Firma sammelt und verkauft Informationen darüber, was eine Tonne Kohlenstoff wo kostet, welche neuen Techniken demnächst auf den Markt kommen, was in Brüssel oder Berlin für Gesetze geplant sind, wann wo wie stark der Wind weht oder eine Trockenheit droht. Point Carbon ist das Zentralorgan der Carbon-Branche, so unentbehrlich für die Trader, Umweltschützer und Lobbyisten wie Google für die Internet-Gemeinde.

Bei Point Carbon geht es betont lässig zu. Auch hier sitzen die Mitarbeiter in Großraumbüros vor ihren Bildschirmen und Telefonen. In T-Shirts und Kapuzenpulli machen die jungen Männer und Frauen eher den Eindruck, für eine Plattenfirma oder ein Internet-Start-up zu arbeiten. Hier geht auch der Chef in Vaterschaftsurlaub, und am stillen Örtchen hängt ein Schild »Vollversammlung«. Im Zeitungsständer stapeln sich »Coal Report«, »International Cement Review« oder »Joint Implementation Quarterly«. Die Glaskästen, in denen die Besprechungen stattfinden, sind nach wichtigen Orten der internationalen Klimaverhandlungen getauft: In »Marrakesch« gibt es eine Computerschulung, in »Johannesburg« ein Interview, »Kyoto« ist für Besucher reserviert.

Ach, Kyoto, seufzt Jørund Buen, Chef und Gründer von Point Carbon. Ungerecht, voller Lücken und längst nicht ausreichend. Buen redet schnell, er hat in einer halben Stunde schon wieder einen Termin. Das Kyoto-Protokoll hat den Weg geebnet zum Handel und zu seiner Firma. Natürlich ist es ungerecht, wenn die Industrienationen an dem Handel mit CO_2-Lizenzen verdienen und die Entwicklungsländer etwa ihre Wälder nicht als Kohlenstofflager anbieten dürfen. »Dabei sieht Kyoto das sogar vor, aber die EU hat es für ihr System ausgeschlossen.« Es stimmt, sagt er, die wirklich Armen wie in Afrika werden vom Emissionshandel auch links liegen gelassen. So ist das mit marktorientierten Maßnahmen – von denen kann nur profitieren, wer am Markt teilnimmt.

Aber, sagt Buen, der Handel mit den Emissionen und ihren Vermeidungen ist längst international. Die Leute, die Reduktionsprojekte anbieten, sitzen heute auch in China, in Indien und in Brasilien. Das muss dann alles nach bürokratischen Regeln abgeklopft werden, ehe ein »Clean Development Mechanism«-Projekt daraus werden kann, mit dem etwa ein deutscher Energiekonzern seine Emissionen klein rechnet. Natürlich gebe es auf dem Markt schwarze Schafe, die unseriös arbeiten. Schätzungen sprechen von zehn Prozent der Projekte, die nicht seriös sind. »Aber dann sehen sie sich mal die Länder an, in denen die stattfinden«, sagt Buen. Korruption ist da allgegenwärtig, Bestechung beim Emissionshandel sei deren geringstes Problem.

Der Markt aus dem Nichts mit seiner kalten Logik
Dieser neue Markt der Emissionszertifikate fasziniert Jørund Buen. »Man hat diesen Markt erfunden, aus dem Nichts. Wir haben entschieden, dass es jetzt für Kohlendioxid einen Preis gibt und da war der Markt. Wann kann man schon mal so zur Dynamik eines Marktes beitragen, wie das bei uns war.« 130 Mitarbeiter hat Point Carbon inzwischen, Büros auf dem ganzen Globus, 15.000 Kunden und Reports, die in alle Weltsprachen übersetzt werden. Warum er das macht? Buen sucht in seinem Notizblock nach dem Zitat, das seine Firma lobt, weil

sie unentbehrlich für den Emissionshandel sei. »Deshalb mache ich das. Geld verdienen kann man in jedem Markt. Aber hier kann ich Geld verdienen und auch noch zufrieden ins Bett gehen, weil ich was verändert habe.«

Die Veränderungen haben auch den EU-Beamten Moser zum Emissionshandel gebracht. Seine Abteilung richtet sich auf viel Arbeit ein: Die Zahl der Mitarbeiter wurde verdreifacht, viele Kollegen wechseln, weil es »plötzlich in ist, beim Klimaschutz zu arbeiten.« Als EU-Kommissionschef Manuel Barroso, der eigentlich immer nur von Wirtschaft und Wachstum geredet hatte, den Klimaschutz entdeckte, kam auch Moser von der Generaldirektion Wettbewerb zum Emissionshandel.

Es sind Bürokraten wie Moser, die politische Entscheidungen zum Klimaschutz unerbittlich in den Emissionshandel umsetzen. Ähnlich wie andere Leitlinien und Entscheidungen der EU wurden auch die Lizenzen zum Verschmutzen lange als Brüsseler Hirngespinst abgetan. Brüssels Mühlen mahlen langsam, aber eindeutig. Öko-Hysterie ist Moser und seinen Kollegen wesensfremd. Empörung über ökologische Ungerechtigkeiten hört man von ihnen nicht. Umweltverbände bemängeln, dass die Lizenzen bisher umsonst vergeben und nicht versteigert werden – Moser kann daran keinen Fehler entdecken: »Der Kommission ist es wichtig, die Kyoto-Ziele zu erreichen, und nicht, die Firmen zu belasten.« Der Emissionshandel bestraft nicht die Emissionen als solche, sondern treibt zur Reduzierung. Die kalte Logik des Kapitalismus im Klimaschutz lautet: Es ist weiterhin legal und umsonst, seinen Müll in die Atmosphäre zu blasen. Nur, wenn dieser Müll nicht reduziert wird, dann wird es teuer. Doch die Pläne, mehr Lizenzen zu versteigern, liegen schon in den Brüsseler Schubladen.

Die neue Währung heißt CO$_2$

Aus der Logik des Systems erklärt sich auch ein anderer Widerspruch: Während der Preis einer Tonne CO$_2$ an der Emissionsbörse in der ersten Phase lächerlich gering war, kostet es etwa 20-mal so viel, seine Kohlendioxidbilanz über »CO$_2$-Kompensation« auszugleichen. Denn während man dieses Geld ausgibt, um tatsächlich etwas zu tun, richtet sich der Preis für die Tonne CO$_2$ allein nach Angebot und Nachfrage.

Das aber reicht schon, um die Wirtschaft grundlegend zu verändern, meint Albert de Haan, Handelsdirektor der ECX in Amsterdam. Dem rundlichen Mann merkt man seine Begeisterung für seinen Job deutlich an. »In den Unternehmen gibt es eine neue Währung: Das

Kohlendioxid«, sagt er. »Bei jeder Aktion überlegten die Firmen inzwischen: Was bedeutet das für mein CO_2-Budget? Klimaschutz hat sich als Kostenfaktor wie Rohstoffe oder Abfallentsorgung in den Bilanzen etabliert und wird dort auch bleiben«, sagt de Haan. »Wer früher mit Vorschlägen zur Energieeinsparung kam, war oft der Depp der Firma. Heute werden solche Leute gebraucht.«

Gerade die großen Konzerne nehmen deshalb ihre Emissionen inzwischen sehr ernst, bestätigt Joachim Löchte, Leiter der Umweltpolitik bei RWE. »CO_2 ist von einer Umwelt- zu einer Finanzgröße geworden.« Für die Strategen und Manager der Kraftwerke im Konzern sei CO_2 ein sehr wichtiges Thema, denn »im Zuge der Risikovorsorge versuchen wir, offene Positionen zu vermeiden«, meint Löchte. Das bedeutet: Weil jeden Tag CO_2 erzeugt wird, müssen auch jeden Tag Lizenzen zurückgelegt werden, damit nicht am Ende des Jahres in der Bilanz plötzlich ein Loch gähnt – »diese Forderung wird auch von den Finanzmärkten an uns herangetragen«. Die Energieversorger sind auf diesem Gebiet inzwischen anfällig: Gibt es Zweifel an ihrer CO_2-Bilanz, können auch die Aktienkurse rutschen.

Heiße Luft als Geschäftsmodell der Zukunft

RWE betreibt in Deutschland 52 »Feuerungsanlagen«, die dem Emissionshandel unterliegen, nochmal 30 in der übrigen EU. Der Energiekonzern mit einem Anteil von 70 Prozent von Stein- und Braunkohle im Energiemix bekam schon während der Versuchsphase knapp bemessene Lizenzen: 149 Millionen Tonnen Kohlendioxid-Emissionen standen 2006 nur 141 Millionen Lizenzen gegenüber – RWE musste einkaufen, hatte aber »keinen gewaltigen Schaden«, sagt Löchte. Ab 2008 ändert sich das dramatisch: Der RWE-Umweltmanager rechnet mit »einer Unterdeckung von 40 Prozent« bei den Emissionslizenzen. Das bedeutet, dass RWE zwischen 2008 und 2012 vor einer großen Veränderung steht: Entweder der Konzern kauft jedes Jahr für 60 Millionen Tonnen CO_2 Lizenzen – bei einem Marktpreis von knapp 20 Euro pro Tonne wären das Ausgaben von 1,2 Milliarden Euro. Oder RWE vermindert verstärkt im Ausland, wie bisher bereits in Ägypten, durch Joint Ventures Emissionen, die es sich zuhause anrechnen lässt. Oder aber es verändert seine Produktion – weg von der CO_2-intensiven Stein- und Braunkohle, hin zu Gaskraftwerken. »Wir haben jeden Tag die Wahl«, sagt Joachim Löchte, »ob wir unsere Lizenzen verfeuern oder verkaufen sollen.«

Weil alle Beteiligten vor dieser Frage stehen, sieht Peter Koster einen riesigen Markt vor sich: Von den weltweit emittierten 25 Milliarden Tonnen Kohlendioxid werden derzeit nicht einmal zehn Prozent gehandelt. »Das Potenzial ist enorm«, sagt der Emissionshändler. »Wir rechnen mit einem Marktvolumen von 2,5 Billionen Euro. In zehn Jahren wird der Emissionshandel den Finanzmarkt überrunden.« – Und das alles durch eine Direktive der EU-Kommission, die aus heißer Luft ein handelbares Gut machte.

Koster blickt weit über Europa hinaus. »China und Indien werden in den nächsten zehn Jahren im Boot sein«, ist er sicher. Und die USA noch viel schneller. Bereits jetzt bereiten sich US-Firmen auf den Markt vor. »Der US-Finanzminister hat gesagt, es sei ein ökonomischer Fehler ersten Ranges, dass sich die USA nicht an Kyoto und damit am Emissionshandel beteiligen«, berichtet Koster. »Europäische Firmen können sich ihre Investitionen in den Klimaschutz im Ausland anrechnen lassen und mit den Zertifikaten handeln«, sagt Koster. »Die amerikanischen Konkurrenten können das nicht. Der Emissionshandel ist ein Standortvorteil.«

Offiziell sehen das allerdings viele europäische Firmen anders. Der französisch-luxemburgisch-indische Stahlkonzern Arcelor/Mittal etwa klagt gegen den Emissionshandel, weil er das Unternehmen zu sehr belaste. »Geht das so weiter, werden wir in Frankreich zwei Werke schließen müssen«, drohte im Februar 2007 der Frankreich-Chef des Unternehmens, Michel Wurth. Was er nicht sagte, war, wie viel Gewinn Arcelor durch die »überallokierten« Lizenzen 2005 bis 2007 gemacht hat. Die Trader sprechen von mehreren Hundert Millionen Euro. Und auch die Stromerzeuger beklagen sich gern über die Kosten des Emissionshandels. Dabei werden sie nach einer Studie von WWF und Point Carbon allein in Deutschland im Zeitraum 2008 bis 2012 zwischen 14 und 34 Milliarden Euro verdienen – und zwar nur durch die Verschmutzungslizenzen.

Klima-Steckbrief Europäische Union*

Bevölkerung:
460 Mio.

Pro-Kopf-Einkommen:
31.000 US-Dollar

Pro-Kopf-CO$_2$-Ausstoß:
8,8 Tonnen (Rang 34)

Verantwortung für den Klimaschutz (RCI-Faktor):
25 Prozent

Kosten für effektiven Klimaschutz pro Kopf und Jahr:
412 US-Dollar

Besondere Kennzeichen:
international Vorreiter bei Beschlüssen zum Klimaschutz; Zuhause weit hinter den eigenen Vorgaben zurück. Vor allem die Emissionen aus dem Verkehr gefährden alle Erfolge beim Klimaschutz.

Quellen: Eurostat, EEA, SEI/EcoEquity/Böll, eigene Berechnung
* Daten beziehen sich auf die EU der 25 Mitgliesstaaten
  vor der Erweiterung 2007

Klimawandel vor Gericht

In den Windmühlen der Justiz

Beim Climate Justice Program kämpfen Juristen gegen
die fossilen Industrien und für Schadensersatz für die Folgen
des Klimawandels – mit erstaunlichem Erfolg. Doch der
juristische Durchbruch lässt auf sich warten.

Nigeria war bislang der größte Triumph. Am 14. November 2005 erklärte Richter C.V. Nwokorie vom Obersten Gerichtshof in Benin City, das Abfackeln von Erdgas bei der Ölförderung durch den Ölkonzern Shell sei eine »schwerwiegende Verletzung« des Rechts auf Leben und Menschenwürde der Anwohner, ein Verstoß gegen die Verfassung und seine Erlaubnis daher »null und nichtig«. Zehn Jahre zuvor hatte die Militärregierung den Menschenrechtsaktivisten Ken Saro-Wiwa und acht weitere Führer des Ogoni-Volkes noch hinrichten lassen, weil sie gegen die Ölförderung im Nigerdelta protestiert hatten. Nun hatte zum ersten Mal die Gemeinde Iwherekan im Nigerdelta gegen die multinationalen Konzerne und die Regierung Nigerias Recht bekommen, die ihr Land seit Jahrzehnten plündern und ihre Umwelt verseuchen. Und zum ersten Mal war ein Ölkonzern auch deshalb verurteilt worden, weil seine Aktivitäten das Klima aufheizen.

Denn so hatten die nigerianischen Anwälte argumentiert – finanziell unterstützt und wissenschaftlich munitioniert von der Umweltgruppe Friends of the Earth International und den Anwälten des Climate Justice Program (CJP): Das »Flaring« genannte nutzlose Verbrennen des Erdgases, das bei der Ölproduktion anfällt, belaste die Umgebung der Ölquellen mit einem giftigen Gemisch aus Schadstoffen; es vernichte jährlich Ressourcen im Wert von 2,5 Milliarden US-

Dollar, die dem nigerianischen Staat an Einnahmen verloren gehen; und es verursache mehr Treibhausgase als alle anderen afrikanischen Staaten südlich der Sahara zusammen, Südafrika ausgenommen. Für die Umwelt- und Menschenrechtsgruppen war das Abfackeln eine »Monstrosität in Sachen Menschenrechte, Umwelt und Wirtschaft«. Entsprechend groß war ihre Freude über den juristischen Sieg: »Erstmals hat ein nigerianisches Gericht unverhohlen erklärt, dass Shell, Chevron und die übrigen Ölkonzerne seit Jahrzehnten ungesetzliche Praktiken verfolgen«, erklärte Reverend Nnimmo Bassey, der Direktor der Environmental Rights Action (ERA). »Dies ist ein bahnbrechendes Urteil«, freute sich auch Peter Roderick vom CJP.

Justitia als Klimaschützerin

Der Casus Nigeria zeigt, dass der Kampf ums Klima auch in einer weiteren Arena eröffnet ist: in den Gerichtssälen. Immer erfolgreicher nutzen Anwältinnen und Anwälte überall auf der Welt die Rechtsprechung, um Kraftwerke zu verhindern, neue Gesetze durchzusetzen oder Entschädigungen für Klimaopfer zu erstreiten. Häufig wählen die grünen Juristen Umwege, weil es Verurteilungen wegen »Klimafrevels« (noch) nicht gibt. Vor allem bringen die Prozesse gegen Klimasünder ins öffentliche Bewusstsein, dass der Klimawandel mehr ist als eine Naturkatastrophe: Eine grandiose Ungerechtigkeit, für die jemand verantwortlich sein muss.

Das neue Interesse an Klimaprozessen zeige »die Frustration von Rechtswissenschaftlern und Aktivisten über den langsamen Fortschritt in der Klimapolitik«, schreibt die Juraprofessorin Joyeeta Gupta von der Freien Universität Amsterdam. Zumindest beim Climate Justice Program stimmt diese Analyse. Entstanden ist das Netzwerk von Juristinnen und Juristen 2002 aus der Erfahrung, dass die Klimapolitik zu langsam und NGOs auf ihre traditionelle Weise zu machtlos sind, um effektiv gegen den Klimawandel vorzugehen. Roda Verheyen hatte bei Friends of the Earth in London die Klimakampagne geleitet und ihre juristische Doktorarbeit über Klimaschutz und Völkerrecht geschrieben. Der Frust über den Stillstand in den Verhandlungen – die USA hatten sich gerade aus dem Kyoto-Prozess verabschiedet – saß tief. Man müsste die Staaten und Firmen vor Gericht zerren, beschlossen Roda Verheyen und Peter Roderick. Dafür bräuchte man juristisches Fachwissen, Geld und streitlustige Anwälte. Die Idee zum Climate Justice Program war geboren.

»Als wir anfingen, war ich nicht sicher, ob wir das schaffen würden«, sagt Peter Roderick. Der quirlige Endvierziger mit grauem Haarkranz lacht. »Inzwischen ist das anders.« Es sei »alles nur eine Frage der Zeit«, bis Richter sich für zuständig erklärten und die Verbindung zwischen Rechtsbrecher, Tat und Entschädigung sähen.

Schon 2003 etwa schrieb der US-Jurist David Grossman in einem langen Beitrag im »Columbia Journal of Environmental Law«, vor allem Inselstaaten oder US-Bundesstaaten wie Alaska hätten gute Aussichten, Energiekonzerne, Ölfirmen oder Autohersteller auf Schadensersatz zu verklagen. »Hier zeigt sich ein neues Gebiet, den Klimawandel zu betrachten«, schrieb Grossman, »solche Prozesse könnten schon bald den Sprung von der Theorie zur Wirklichkeit machen.«

Juristische Guerilla-Taktiken zeigen Wirkung

Dieser Sprung folgte sehr schnell. Inzwischen häufen sich überall auf der Welt die Verfahren, in denen Klimasünder am Pranger stehen. Und die Klimajuristen haben bisher eine Menge Teilerfolge erzielt. Im Juli 2004 versuchten acht US-Bundesstaaten zusammen mit Gemeinden und Umweltgruppen fünf Energiekonzerne wie American Electric Power oder Southern Company zu zwingen, die Emissionen aus ihren insgesamt 175 Kraftwerken (650 Millionen Tonnen Treibhausgase) zu senken, ein Urteil steht noch aus. Der US-Bundesstaat Kalifornien scheiterte 2007 vorerst mit einer Klage gegen sechs große Autobauer wie General Motors, Ford und Toyota, die zum Schadensersatz für Klimaschäden in Kalifornien verpflichtet werden sollten. Die US-Umweltbehörde EPA wurde im April 2007 vom obersten Gerichtshof der USA, dem Supreme Court, dazu verdonnert, gegen ihren Willen CO_2 als Schadstoff anzusehen und zu regulieren; die Exportkreditbanken der USA und Deutschlands mussten auf juristischen Druck offen legen, mit welchen Geldern sie den Export von fossilen Kraftwerken unterstützen (in den letzten zehn Jahren gaben die OECD-Länder dafür 17 Milliarden US-Dollar aus, gegen 0,8 Milliarden für Hilfen für den Export von erneuerbaren Energien). US-Behörden wurden verpflichtet, Tiere wie den Eisbären auf die Liste der wegen des Klimawandels gefährdeten Arten zu setzen; in Australien wollte ein Richter, dass bei der Genehmigung einer Kohlegrube die Klimawirkungen berücksichtigt würden.

»Noch vor ein paar Jahren wurde man aus dem Gerichtssaal gelacht, wenn man mit Klimaargumenten kam«, sagt Roderick. »Das hat sich radikal geändert. Die großen Kanzleien, die die fossile Wirtschaft vertreten, nehmen das Thema inzwischen sehr ernst.« Auch deshalb, weil die grünen Anwälte nicht immer gleich mit dem Weltuntergang argumentieren, sondern sich auf Schleichwege verlegt haben: Hier wird ein Verstoß gegen die Konvention zum Fischereirecht moniert, wenn ein Staat zum Klimawandel beiträgt, dort wird das UNESCO-Welterbe durch den Klimawandel bedroht und muss geschützt werden, dann wieder wird kritisiert, die USA gewährten ihren Unternehmen verbotene Subventionen, weil sie das Kyoto-Protokoll nicht unterzeichneten. Die Guerilla-Taktik beginnt zu wirken, meint Roda Verheyen, die inzwischen als Anwältin bei einer Hamburger Kanzlei unter anderem gegen geplante deutsche Kohlekraftwerke kämpft. Die Medien berichteten über Klimaklagen, Gemeinden, Anwälte und Umweltgruppen in der »Dritten Welt« würden hellhörig. »Wir bemerken auch, dass die Wissenschaftler sich immer bewusster werden, welche Auswirkungen ihre Arbeit im Gerichtssaal haben kann«, sagt Verheyen – das sehe man bei den Diskussionen um den vierten IPCC-Bericht ganz deutlich.

Die Anwältin fasst die Ziele des CJP so zusammen: »Im internationalen Recht ist es verboten, dass ein Staat einem anderen Schaden zufügt. Im nationalen Recht ist es illegal, die Umwelt zu vergiften. Menschenrechtsverletzungen sind überall verboten und Aktieninhaber werden in ihren Rechten geschützt. Falls diese Gesetze auf der ganzen Welt zur Anwendung kämen, könnten sie beim Kampf gegen den Klimawandel helfen.«

Mithilfe der Justiz zu mehr Gerechtigkeit im Treibhaus

Die Prozesse um den Klimaschutz öffnen aber noch eine weitere Tür: zur Debatte über die Ungerechtigkeit, die der Klimawandel zementiert und verstärkt. Denn gerade die Industrienationen, die durch die Verbrennung von Kohle, Öl und Gas in den letzten 150 Jahren das Problem geschaffen haben, leiden am wenigsten an seinen Folgen. Selbst wenn sie die Konsequenzen spüren, sind sie gerade wegen ihrer energieintensiven Volkswirtschaft reich genug, sie finanziell abzufedern. Länder wie der Tschad oder Bangladesch dagegen, die jeweils nur 0,1 Prozent zu den Emissionen beitragen, sind dem Klimawandel, dieser »Aggression des Nordens«, wie der Ex-UNEP-Chef Klaus Töpfer ihn nennt, hilflos ausgeliefert.

Der deutsche Philosoph und Naturschützer Klaus-Michael Meyer-Abich geht sogar noch einen Schritt weiter. Der Klimawandel bringe den Ländern im Norden Vorteile wie längere Sommer, bessere Ernten und leichteren Zugang zu den Gas- und Ölreserven in der Arktis. »Beim Klimaschutz wird nichts geschehen, weil die Industrienationen kein Interesse daran haben«, sagt Meyer-Abich, einer der Vordenker der Öko-Bewegung. »Wir sind nämlich nicht nur Verursacher, sondern zum großen Teil auch Gewinner der Klimaveränderung.« So wird die Kluft zwischen den Reichen und den Habenichtsen dieser Welt durch den Klimawandel noch vergrößert. Die Reichen der Welt haben das Klima verändert; sie haben die Armen ausgebeutet und beim Reichwerden die Atmosphäre mit ihrem Müll belastet; sie haben ihren eigenen »Umweltraum« und gleich noch den der Armen dazu massiv überbelastet; sie verschlimmern nun jeden Tag deren Notlagen und weigern sich, ihnen effektiv zu helfen – wenn die Justiz Gerechtigkeit schaffen soll, ist ihre Aufgabe selten so klar wie beim Klimawandel.

Schwierige juristische Fragen

Doch die rechtlichen Hürden vor der Gerechtigkeit sind hoch. Schließlich müssen sich Richter und Anwälte weltweit erst für diese neue Fragestellung erwärmen. Und dann die wichtigsten Fragen beantworten: Wer darf überhaupt im Namen des Klimaschutzes klagen – kann ein einzelner Mensch klagen, wenn der Schaden die Allgemeinheit betrifft? Wie sicher muss die Verbindung zwischen dem Rauch aus dem Schornstein einer Fabrik und dem akuten Klimawandel sein? Wie klar kann ein Anteil am Klimawandel einem einzelnen Beklagten, einer speziellen Firma, zugerechnet werden?

Auf alle diese Fragen haben die Klimaanwälte ihre Antworten. Sie argumentieren: Dass ein Schaden alle betrifft, kann nicht bedeuten, dass niemand klagen kann. Oder sie erinnern daran, dass im Zivilprozess eine 51-prozentige Wahrscheinlichkeit, dass jemand für den Schaden zuständig ist, für eine Verurteilung ausreicht – die IPCC-Berichte sprechen inzwischen von einer über 90-prozentigen Wahrscheinlichkeit. Sie sagen: Nach angelsächsischem Recht ist jeder schuldig, der an einem Delikt mitwirkt, egal, wie groß sein Anteil ist. Und das UN-Entwicklungsprogramm UNDP erklärt, wenn die Klimaschäden nicht global, sondern national wirkten, wäre all das keine Frage: »Wenn die Umweltschäden durch den Klimawandel unter die Rechtsprechung eines einzigen Landes fielen, wären diejenigen, die den Schaden verursachen, mit der rechtlichen Verpflichtung konfrontiert, die Opfer zu entschädigen. Daraus ergäbe sich die Verpflichtung der reichen Länder, nicht nur die schädigende Praxis zu unterlassen, sondern auch eine Entschädigung für die verursachten Schäden zu zahlen.«

Warten auf den Präzedenzfall

Die Frage ist aber nicht, wie klug die Antworten der Klimaadvokaten ausfallen. Die Frage ist, ob oder wann die Gerichte sie akzeptieren. Denn bisher warten die Juristen des CJP immer noch auf einen klaren Fall, der die Richtlinien setzt.

Peter Roderick muss sich also gedulden bis »irgendein Gericht irgendwo auf der Welt die Verbindung zwischen dem globalen Klimawandel und einem Verschmutzer akzeptiert«. Obwohl er eigentlich keine Zeit hat. Er weiß, dass sich der Klimawandel beschleunigt, und dass die Zeit zum Handeln knapp wird. Aber der erfahrene Anwalt weiß auch, dass die Mühlen der Justiz langsam mahlen. Deshalb (und weil er kein repräsentatives Büro besitzt, sondern von zuhause arbeitet) sitzt er in einem vegetarischen Restaurant in Londons Norden und spricht über seine Arbeit. Auf seinem T-Shirt trägt er ein Zitat von Noam Chomsky, in dem es um die Visionen geht, mit denen man sein Ziel verfolgt. Roderick hat eine klare Vision: »Die Firmen haftbar zu machen für ihren Beitrag zum Klimawandel ist die nächste große Aufgabe der Justiz«, sagt er und grinst. »Und die Idee ist nicht so durchgeknallt, wie sie klingt.« Zu Shell, dem Gegner aus dem Fall Nigeria, hat Roderick eine ganz besondere Beziehung. In den Achtzigerjahren machte er dort Karriere und beriet die Firma in allen juristischen Fragen. Er brachte es bis zum »North Sea Legal Adviser« beim britisch-niederländischen Multi – bis Roderick den Klimawandel entdeckte und seinem Arbeitgeber riet, sich ein neues Betätigungsfeld zu suchen. Das tat dann nicht Shell, sondern Roderick, der bei Friends of the Earth landete. Das war ganz gut so, meint er heute, »denn ich wäre derjenige gewesen, der die Greenpeace-Aktivisten von der ›Brent Spar‹ hätte vertreiben müssen«.

Roderick, Verheyen und Partnern geht es auch um Öffentlichkeit für ihr Anliegen. Aber sie wollen mehr als das: einen echten juristischen Hebel, um die Verursacher des Klimawandels unter Druck zu setzen. »Wer Kohlenstoff freisetzt, der muss für die Folgen dieser Handlung haften«, sagt Roderick. »Damit klar ist, dass man aus dieser Technik aussteigen muss und das Zeug im Boden lässt.« Der Emissionshandel hat dem CO_2-Ausstoß einen Preis gegeben. Das Climate Justice Program will erreichen, dass Klimasünder zu Gesetzesbrechern werden.

Die Risiken für Unternehmen nehmen zu

Wie schwer sich die betroffenen Unternehmen mit dieser ungewohnten Front tun, zeigt eine Anfrage bei Shell. Wie denkt der Ölkonzern grundsätzlich über das Prozessrisiko, das ihm da möglicherweise droht? Anfragen per Mail und Telefon produzieren erst einmal Ratlosigkeit: »Dafür ist hier eigentlich niemand zuständig.« Nach Wochen dann eine knappe Antwort: Die Lösung für ein globales Problem wie den Klimawandel könne »doch wohl nicht in vereinzelten Rechtsstreitigkeiten liegen«. Vielmehr müsse aller Einfallsreichtum mobilisiert werden. Aber »natürlich bleibt es jedem unbenommen, gegen industrielle Projekte zu klagen – aus welchen Gründen auch immer«.

Die Verbindung von Klimawandel und dem Handeln einer Firma – unmöglich zu belegen? Schon häufiger fühlten sich große Konzerne sicher, für die Folgen ihrer Produkte nicht belangt werden zu können – und hatten das Nachsehen. Am Ende langer Prozesse und eines großen Skandals in der Öffentlichkeit zahlten etwa die Tabakkonzerne in den USA über 200 Milliarden US-Dollar Schadensersatz und änderten radikal ihre Marketing-Praxis. John Banzhaf, Rechtsprofessor von der George Washington University, hat damals geholfen, die Tabak- und Lebensmittelkonzerne vor Gericht zu besiegen. Warum dann nicht auch die Energieunternehmen? Banzhaf ist optimistisch. Schon die Drohung mit Prozessen führe dazu, dass die Unternehmen ihre CO_2-Emissionen senken. Auch er wartet auf den entscheidenden Fall, der die Wende bringt, einen »Casus Phillip Morris« für den Klimaschutz.

Nigeria ist dieser Fall nicht. Denn der größte Triumph des CJP ist gleichzeitig seine größte Niederlage. Der Fall zeigt den Unterschied zwischen »Recht haben« und »Recht bekommen«. Trotz des Urteils gegen Shell geht das »Flaring« weiter: Shell hat Berufung eingelegt, die nigerianische Regierung ist träge, die anderen Ölfirmen wie Total, ExxonMobil oder ChevronTexaco, die die gleiche Praxis verfolgen, fühlen sich ohnehin nicht angesprochen. Jeden Tag wird das überflüssige Gas weiter verbrannt und gefährdet Menschen und Umwelt. Jetzt eben ohne Rechtsgrundlage.

»*Ich steige kaum noch ins Flugzeug. Privat fliege ich schon lange nicht mehr. Aber auch beruflich habe ich 2006 meinen letzten Flug gemacht, nach Nigeria. Ich wollte ausprobieren, ob es Ohne Fliegen geht: Es funktioniert bisher wunderbar. Wenn ich jetzt eine Anfrage bekomme, zu fliegen, frage ich mich: Ist es wirklich notwendig oder nur angenehm? Und bisher hat es immer funktioniert, nicht zu fliegen. Ich habe per Videotechnik Reden gehalten und an Konferenzen teilgenommen. Manche Leute finden das seltsam, aber die meisten verstehen es.*«

Peter Roderick, Rechtsanwalt und
Gründer des Climate Justice
Program

Das Geschäft mit dem schlechten Gewissen

Treppensteigen und andere Luftbuchungen

»Klimaneutral« war 2006 das »Oxford-Wort des Jahres«. Die Idee ist gut. Warum soll nicht jeder kleine Klimasünder seine Schuld begleichen und seine Emissionen ausgleichen können? In der Praxis hat das aber mehr mit Umsatz und Image zu tun als mit Klimaschutz.

Das gute Gewissen gibt es bei der Lufthansa zum Schnäppchenpreis. Passagieren, die sich mit der Klimaschuld ihres Fluges herumquälen, bietet die deutsche Airline seit dem 17. September 2007 einen Ablass ihrer Sünden: Mit einer »Klimaschutzspende« auf der Lufthansa-Homepage kann der Fluggast »aktiv zum Klimaschutz und unmittelbar zur Reduktion von Treibhausgasen beitragen«. Ein Emissionsrechner der renommierten Schweizer Agentur myclimate »dient Ihnen dabei als Orientierung für die Höhe der Spende«, schreibt die Lufthansa.

Für den Flug Frankfurt–Los Angeles–Frankfurt kommt der Rechner auf einen CO_2-Ausstoß von 1,875 Tonnen pro Kopf. Diese kann man für 38 Euro kompensieren, wenn mit dem Geld in Indien Strom aus Biomasse erzeugt wird, bietet myclimate an. Ein Supersonderangebot für Airline-Kunden: Denn wer sich seine Klimaschuld für den Kalifornien-Flug nicht über die Lufthansa, sondern ganz normal bei myclimate errechnen lässt, bekommt eine ganz andere Rechnung präsentiert: 4,384 Tonnen CO_2 und umgerechnet 108 Euro kostet dann das grüne Gewissen – wenn die Kompensation zur Hälfte in der Schweiz stattfinden soll sogar 323 Euro. Der Grund: Der Lufthansa-Rechner kalkuliert nur den CO_2-Ausstoß – der myclimate-Rechner aber die Klimawirkung des Fluges, die laut IPCC etwa dreimal so hoch ist. Das »Greenwashing« bei Lufthansa, Swiss, TUI, easyjet, Air France und vielen anderen Airlines ist nicht die Ausnahme, sondern die Regel auf dem Markt der Gutmenschen und Gutfirmen, die ihren CO_2-Ausstoß teilweise oder völlig »ausgleichen« wollen.

Moderner Ablasshandel erleichtert das Gewissen

Die Idee ist einfach und verlockend: Weil sich das Klimagas Kohlendioxid weltweit verbreitet, ist es auch egal, wo es eingespart wird: Die hohen Emissionen der Industrieländer können also auch in den armen Ländern reduziert werden. Das ist auch der Gedanke der »Clean Development«- (CDM) und »Joint Implementation«-Maßnahmen, die das Kyoto-Protokoll vorsieht. Verpflichtet zu solchen Reduktionen haben sich aber nur die Industriestaaten. Unternehmen und Einzelpersonen, die das Klimagewissen drückt oder die das Image des Klimaschützers schätzen, suchen und schaffen sich daher ihren eigenen Markt: Sie investieren in Baumpflanzungen, schützen den Regenwald, errichten Windkraftanlagen in Madagaskar oder finanzieren Solarkocher in Indien – alles, was CO_2 einspart, das Gewissen beruhigt und Gewinn bringt. »Von seriös bis zur Scharlatanerie ist alles dabei«, stöhnen die Mitarbeiter beim Umweltbundesamt in Berlin. Und auch die US-Federal-Trade-Commission, die über den Wettbewerb in der Wirtschaft wacht, nahm das Geschäftsfeld Anfang 2008 kritisch unter die Lupe. Bilanz: »Es gibt ein erhöhtes Potenzial für Betrug.«

Dabei ist myclimate noch seriös. Der Geschäftsführer René Estermann und die Lufthansa berufen sich darauf, der Faktor drei sei wissenschaftlich umstritten. Das stimmt nur zur Hälfte: Unumstritten ist, dass der Flugverkehr auf diese Weise zur Erderwärmung beiträgt. Umstritten ist aber, ob er beim Emissionshandel auch mit diesem Faktor belegt werden soll. Die Airlines haben verständlicherweise keine Lust, dreimal so viele Emissionszertifikate kaufen zu müssen und beharren auf dem Faktor eins. Bis das Tauziehen hinter den Kulissen der EU-Politik entschieden ist, wird es auf dem Markt für freiwillige Kompensationen ausgetragen.

Schon am Anfang der Idee von der Klimasünde mit dem guten Gewissen steht ein Scheitern: 1989 wollte die US-Firma Applied Energy Services (AES) ein neues Kohlekraftwerk im Bundesstaat Connecticut bauen. Acht Jahre vor dem Kyoto-Protokoll, 17 Jahre vor dem Beginn des Europäischen Emissionshandels, war den AES-Managern bereits klar, dass sich ein grünes Image in »Greenbacks« umsetzen lässt. Um den Behörden den Antrag schmackhafter zu machen, versprach

AES, im Hochland von Guatemala 50 Millionen Bäume zu pflanzen. AES bekam die Baugenehmigung, aber das Projekt geriet von einer Panne in die nächste. Auch zehn Jahre nach dem Start hatte es sein Ziel immer noch nicht erreicht.

Ein umfassender Überblick über den globalen Markt mit den »Voluntary Emission Reductions« (freiwillige Emissionsreduzierungen) ist kaum möglich. Es gibt keine Meldestelle, keine Zertifizierung, keine Standards, keine Abmahnungen der Verbraucherschützer. Die französische Bank Caisse des Depots, seit 2006 selbst »klimaneutral«, zählt in einer Studie von 2007 insgesamt 88 Anbieter von Klimakompensationen weltweit, bis auf einen in Brasilien alle in den Industrieländern. Der durchschnittliche Preis für eine Tonne CO_2 schwankt je nach Anbieter zwischen zehn Eurocents und 52 Euro.

Die Öko-Unternehmensberatung Ecosystems Marketplace taxiert den Wert der gehandelten CO_2-Zertifikate für 2006 mit 91 Millionen US-Dollar weltweit und gibt an, 24 Millionen Tonnen CO_2 seien damit »gehandelt« worden – etwa so viel wie die 28 Millionen Einwohner von Peru im Jahr ausstoßen. Damit ist der freiwillige Markt zwar ein Zwerg im Vergleich zu den 1,1 Milliarden Tonnen CO_2, die das Europäische Emissionshandelssystem 2006 umsetzte – aber deutlich größer als alle »Joint Implementation«-Projekte zusammen, mit denen Industriestaaten im ehemaligen Ostblock Treibhausgase reduzieren. Zwei Drittel der Kunden kommen aus Nordamerika, knapp 30 Prozent aus der EU, fand die Studie heraus. Der Handel mit Klimawandel und schlechtem Gewissen ist ein Boom-Markt: Seit 2005 ist er um 300 Prozent gewachsen, und manche erwarten, dass schon 2010 insgesamt 450 Millionen Euro auf ihm umgesetzt werden. Der Markt, so Ecosystems Marketplace sei wichtig, weil er »eine aktive Nachfrage von Unternehmen und Privatpersonen repräsentiert, irgendetwas gegen den Klimawandel zu tun«.

Fehlende Standards helfen schwarzen Schafen

Auch die Weltbank hat eine Erklärung dafür, wie sich heiße Luft in »good vibrations« umsetzt: »Es liegt etwas extrem Attraktives in einem Geschäftsmodell, das sich an die höheren Instinkte der Menschheit richtet, die Welt zu verbessern«, schreiben die Weltökonomen im Kapitel »Freiwillige Märkte« in ihrem Bericht über den globalen Kohlenstoffmarkt 2007. Das größte Problem dieses Handels mit Kohlendioxid und gutem Gewissen seien fehlende Standards, wie denn Emissionsreduzierungen zu berechnen seien. Ein glaubwürdiger Standard werde »mehr tun als alle anderen Maßnahmen, diesem Segment mehr Wert zuzuführen«. Bisher sei es aber wohl unvermeidlich, dass »weit offene Räume wie dieser einige schwarze Schafe anziehen, die dann Probleme für die anderen schaffen«.

Einige schwarze Schafe kennt Rolf Pfeifer gut – und zwar mitten in seiner Herde. Wütend knallt der Geschäftsführer des forums anders reisen einen Reisekatalog auf den Schreibtisch seines Freiburger Büros. Im Angebot von avenTOURa findet sich das Angebot, mit dem der Anbieter für jeden Flug zehn Euro in Projekte zur Wiederaufforstung in Peru oder zur solaren Warmwasserbereitung in Chile und Kuba investieren will. »Warm duschen auf Kuba?«, ruft Pfeifer. »Bei den Temperaturen da?« Aber noch mehr ärgert ihn, dass avenTOURa keine nachprüfbaren Standards angibt, wo und wie das Geld investiert wird.

Dabei ist avenTOURa doch Mitglied im forum anders reisen – einem Dachverband der kleinen Tourenplaner, die Tourismus so verstehen, dass er in den Urlaubsländern einen ökologischen und sozialen Nutzen haben soll. Das Forum residiert in der deutschen Öko-Kapitale Freiburg, an der Merzhausener Straße, wo es selbst für Freiburger Verhältnisse überall nach »Öko« riecht. Der schmucklose zweistöckige Bau beherbergt nebenan die Büros vom »Freiburger Bio-Taxi – Fahren mit Salatöl« und das »Desert Team«, Spezialisten für Kameltrekking. Aus seinem Büro hat Pfeifer einen guten Blick auf die preisgekrönte »Solarsiedlung« des Architekten Rolf Disch, der schicke bunte Reihenhäuser baut, die mehr Energie erzeugen, als sie verbrauchen, und auch ein Büro des Öko-Instituts beherbergen. Und gleich über die Straße von Pfeifers Büro liegt das »Vauban«-Quartier – eine ehemalige Kaserne, die die Stadt zur Vorzeige-Öko-Siedlung umgebaut hat.

atmosfair: erfolgreich, aber unglücklich

Was Pfeifer so auf die Palme bringt: Es war das forum anders reisen mit der Umwelt- und Entwicklungsorganisation Germanwatch, die 2003 atmosfair aus der Taufe hoben: Ein Internetportal, das den Kunden ihre Klimaschuld vor allem für ihre Flüge ausrechnet und anbietet, diese Schuld auszugleichen – das allerdings den Kunden auch klarmacht, dass jeder vermiedene Flug besser ist als der noch so toll kompensierte, und das Firmen Tipps gibt, wie sie Telekonferenzen statt

Dienstreisen organisieren. Die Vorreiter bei der Kompensation der Treibhausgase bekamen eine Förderung vom Bundesumweltministerium und bastelten ein Vorzeigeprojekt: Für die Berechnung der Flüge gelten die Standards des IPCC, für die Investitionen kommen nur Projekte mit dem »Gold-Standard« des WWF in Frage, der soziale und ökologische Verbesserungen fordert. Die ersten Jahre dümpelte atmosfair vor sich hin. Dann kam das Jahr 2007.

Da hatte atmosfair Einnahmen von über einer Million Euro, sagt Geschäftsführer Dietrich Brockhagen. Das Geld fließt in Solarkocher in Indien oder kleine Wasserkraftwerke in Honduras. Brockhagens Firma ist erfolgreich, aber er ist nicht zufrieden. Denn »atmosfair ist eine GmbH mit Gewissensbissen«, schreibt die »tageszeitung«, »der Werbeflyer liest sich fast wie der Beipackzettel eines Medikaments«. Ein relativ wirkungsloses noch dazu: Denn trotz aller Spendenbereitschaft wächst allein der Luftverkehr um fünf Prozent pro Jahr, weiß auch Brockhagen. Bei einer Befragung gaben die atmosfair-Kunden allerdings an, sie würden trotz eines besseren Gewissens durch den Ablass nicht häufiger ins Flugzeug steigen. Immerhin. atmosfair schadet also nicht.

Die Nachfrage sucht sich ihr Angebot

Das ist schon viel auf diesem Gebiet. Denn der Erfolg der Kompensatoren bedroht seine eigenen Grundlagen. Seit 2007 ist eine gewaltige Nachfrage gewachsen, die mit vernünftigen Projekten nicht zu bewältigen ist. Inzwischen ist es auch bei großen Firmen schick, »CO_2-neutral« zu sein: Dell Computers, Delta Airlines, Google und Yahoo mit ihren stromfressenden Monsterrechnern, Nike oder Pacific Gas&Electric zählt Ecosystems Marketplace zu den Global Players auf der Suche nach einem grünen Image. Auch myclimate kann über fehlende Nachfrage nicht klagen: BP, terre des hommes, das UN-Umweltprogramm UNEP, Greenpeace energy, das World Economic Forum in Davos oder EnBW gehören zu den Kunden. Und alle drängeln sich um die besten und prestigeträchtigsten Projekte.

Dieser Ansturm kann durchaus sinnvoll sein, heißt es auch von den Kritikern. Freiwillige Projekte sind schneller und unbürokratischer als die Riesenprojekte, die offiziell nach CDM-Standard von der UN-Bürokratie überwacht werden müssen. Die freiwilligen Spenden gehen zu einem Drittel in Waldprojekte, die Abholzung verhindern, was CDM-Projekte nicht dürfen. Sie unterstützen eher kleine Initiativen, das Geld fließt vermehrt nach Afrika, um das die CDM einen Bogen machen. Es gebe »vielfältige Möglichkeiten, dass die freiwilligen Märkte zur nachhaltigen Entwicklung in kleineren Gemeinden beitragen«, schreibt Ecosystems Management.

Harmloser Placebo oder gefährliches Greenwashing?

Es gibt aber auch vielfältige Möglichkeiten, nur dem Umsatz und nicht dem Klima zu helfen. So ist es bei den Kunden sehr beliebt, für die Klimaschulden Bäume zu pflanzen, was Umweltschützer gar nicht gern sehen. Denn Bäume sind zwar Sympathieträger und binden auch CO_2 – aber wie viel, das weiß niemand genau. In den ersten Jahren nach der Pflanzung emittieren sie netto sogar Kohlendioxid, weil der Boden umgegraben wurde. Niemand kann garantieren, wie lange die Bäume stehen bleiben, ehe sie fallen und das CO_2 vielleicht wieder freigeben. Und die Nadelbäume auf der Nordhalbkugel der Erde bringen dem Weltklima unter dem Strich ohnehin eher eine Erwärmung als eine Abkühlung, haben Forscher herausgefunden – weil sie im Winter verhindern, dass die schneebedeckten Gegenden Wärme zurückstrahlen. »Bäume zu pflanzen gegen die Erwärmung ist jenseits der Tropen einfach Zeitverschwendung«, sagt einer der Autoren der Studie (vgl. S. 47 ff.). Mit Baumpflanzungen in Mitteleuropa kann man also keine Klimaschuld ausgleichen.

Einen Generalangriff auf den »Kohlenstoffmythos« führt die niederländische Umweltgruppe Carbontradewatch. In einem umfangreichen Gutachten legt sie dar, dass CO_2-Kompensationen ein »grundsätzlich falscher Ansatz« für den Klimaschutz sind. »Sie sind gefährlich, weil sie unsere Bereitschaft zum Handeln bremsen«, zitiert die Studie den Wissenschaftler Kevin Anderson vom britischen Hadley Center für Klimaforschung. »Sie lassen uns nachts ruhig schlafen, wenn wir nicht schlafen sollten.«

Die Probleme des Marktes überwiegen für Kevin Smith, den Autor der Studie, bei Weitem seine möglichen Vorteile: CO_2-Kompensationen brächten keine Änderung in den Konsummustern, die für eine Lösung der Klimaproblematik dringend nötig seien. Sie verlagerten die Lösung des Problems weg von der politischen Ebene hin zu den privaten Haushalten – so werde eine umfassende, politische Lösung verhindert. »Das ist Greenwash, für den der Verbraucher auch noch zahlt«, ärgert sich Smith. Schließlich garantiere die Kompensation gerade den Unternehmen ein grünes Image, die durch ihre Aktivitäten dem Klima besonders zusetzten: Fluggesellschaften und Mineralöl-konzerne etwa. Die US-Firma Terrapass beispielsweise werbe damit, dass durch die Kompensationen »Sie und Ihr Auto etwas Gutes für den Planeten tun«.

Kompensation auf den Sankt Nimmerleinstag verschoben

Das Ganze funktioniert laut Smith nur mit einem ökologischen Buch-haltertrick: Dem falschen Ausweisen von zukünftigen Werten als ge-genwärtigen Einnahmen. Denn bei einem Flug sei das CO_2 unwieder-bringlich in der Luft. Pflanze man zur Kompensation aber Bäume, dau-ere es 100 Jahre, bis die entsprechende Menge CO_2 eingelagert werde. Weil man aber immer weiter fliege und Auto fahre, steige die momen-tane Klimaschuld immer weiter, die Kompensation aber werde weit in die Zukunft verlagert. Für wirkliche Nullemissionen, rechnet die Stu-die, »müssten die Kompensationen 15.000-mal schneller vor sich gehen.« Um alle diese Einwände scheren sich viele Anbieter von CO_2-Kompensationen nicht. Im Gegenteil: Schaut man sich ihre Projekte an, sieht man eher eine Herde schwarzer Schafe, mit ein paar weißen darunter. Ein Skigebiet verspricht seinen Besuchern, ihre Anreise per Auto auszugleichen; ein Autovermieter bietet Gewissenserleichterung bei der Fahrt von spritschluckenden Vierradmonstern an; ein Aufstel-ler von Heizpilzen will Bäume pflanzen oder ein Vermittler von Spritz-touren in »MiG«-Kampfjets das gute Gewissen wiederherstellen. Wohl das dreisteste Beispiel für die Klima-Abzocke war ein Anbieter in einer Online-Versteigerung von Emissionsrechten, den die Weltbank zitiert: Für einen Emissionsschein, so schwor er, würde er jeden Tag auf dem Weg ins Büro die Treppe nehmen und auf den stromverbrauchenden Fahrstuhl verzichten.

Bei solchen Meldungen stehen Wolfgang Seidel die Haare zu Berge. Der Jurist arbeitet bei der Deutschen Emissionshandelsstelle im Um-weltbundesamt und hat sich tief in die Materie eingearbeitet. »Es ist sehr schwer, an gute Projekte zu kommen«, sagt er. Das muss er aber. Auf seinem Schreibtisch liegen nämlich 170.000 Tonnen Kohlendi-oxid, die deutsche Minister, Staatsekretäre und Bundesbeamte im Jahr 2007 in die Luft geblasen haben, wenn sie geflogen oder Auto gefah-ren sind. Diese Klimaschuld will die Bundesregierung tilgen, und sie ist bereit, dafür 3,4 Millionen Euro auszugeben. Die Regierung Mer-kel will etwas Ordentliches, keine windigen Projekte, etwas Neues muss es sein, das sich erklären und vermarkten lässt – da unterliegt die Regierung den gleichen Zwängen wie Nike oder Dell Computers. Seidel ist ein bisschen verzweifelt. »Im Zweifel müssen wir die Projekte selber durchführen«, sagt er. Den leichten Ausweg hat ihm die Politik verbaut: Einfach Emissionszertifikate vom Europäischen Emissionshandelssystem zu kaufen – und dann stillzulegen. Die UBA-Mitarbeiter machen so etwas zwar ab und zu, aber nur als Gag zum Dienstjubiläum oder zum 50. Geburtstag eines Kollegen. »Eine Urkunde muss man dann aber selbst basteln«, witzeln sie.

Es geht auch anders

Hannah Förster hat solche Probleme nicht. Die Wissenschaftlerin vom Potsdam-Institut für Klimafolgenforschung (PIK) hat mit ein paar Kollegen die Initiative The Compensators gegründet. Und was Seidel nicht darf, ist das Credo von Förster und Kollegen: Möglichst viele der Zertifikate auf dem europäischen Markt kaufen und dann nicht benutzen. »Wir wollen also den Markt verknappen und den Preis hochtreiben« – der in den Jahren 2006/07 teilweise bei 50 Eurocent pro Tonne lag. Seit Beginn seines Wirkens hat der gemeinnützige Verein etwa 1.700 Tonnen CO_2 stillgelegt, sagt Förster, also etwa die Jahresemissionen von 170 Deutschen. Ein Drittel der Spender sind Private, die »eben mal für 20 Euro Kohlendioxid aus dem Verkehr ziehen wollen«, zwei Drittel Organisationen mit politischen Motiven. »Als wir angefangen haben, dachten wir, wir bekommen Ärger mit den großen Stromversorgern, weil wir deren Preise hochtreiben«, sagt Förster. Aber dafür war die Menge dann wohl doch zu gering.

Immerhin: Anders als bei den freiwilligen Anbietern können sich The Compensators sicher sein, keine Luftbuchungen zu tätigen: Ihre Zertifikate stehen für reale Emissionen, die deshalb nicht realisiert werden können, überwacht von Beamten, reglementiert von Gesetzen, ermöglicht durch das Kyoto-Protokoll.

Aber das ist auch keine Garantie für eine sinnvolle Verwendung des Geldes: Erst 2007 flog ein völlig legaler Schwindel mit Emissionsrechten auf: Unternehmen in China hatten ein Schlupfloch im Kyoto-Protokoll entdeckt. Sie verkauften für teures Geld Zertifikate dafür, dass sie ihre Bestände am extrem klimaschädlichen Industriegas HFC-23 reduzierten. Insgesamt kassierten sie dafür 3,4 Milliarden Euro an Emissionsrechten. Die Entlastung für das Klima, errechneten Wissenschaftler im Fachblatt »Nature« hätte auch ein Gesetz oder ein internationales Abkommen erreicht – zum Schnäppchenpreis von 100 Millionen Euro.

Klima-Steckbrief Vatikanstadt

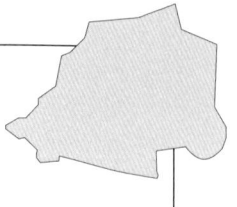

Bevölkerung:
900

Pro-Kopf-Einkommen:
keine Angaben

Pro-Kopf-CO$_2$-Ausstoß (analog Italien):
8,3 Tonnen (Rang 42)

Verantwortung für den Klimaschutz (RCI-Faktor):
keine Angaben, Kyoto-Protokoll nicht unterzeichnet

Kosten für effektiven Klimaschutz pro Kopf und Jahr
(analog Italien):
375 US-Dollar

Besondere Kennzeichen:
Der Vatikan bezeichnet sich als den ersten klimaneutralen Staat der Welt. Die Spezialisten in Sachen Ablasshandel lassen sich von einer Firma die Pflanzung eines Waldes in Ungarn schenken, dessen Bäume die CO$_2$-Emissionen des Gottesstaates ausgleichen sollen. Wissenschaftler bezweifeln, dass solche Maßnahmen überhaupt einen positiven Effekt auf das Klima haben.

Quellen: dpa, Spiegelonline, WRI, eigene Berechnung

Das Ozonloch und seine Entschärfung

Haarscharf vorbei am Weltuntergang

Schon einmal stand die Erde kurz vor einer globalen, menschengemachten Katastrophe: Das Ozonloch bedrohte noch schneller und direkter als der Klimawandel die Grundlagen des Lebens. Mit viel Glück und entschlossenem politischen Handeln wurde damals schnell eine Lösung gefunden. Das lässt für das Klimaproblem hoffen.

Wenn es die Vereinten Nationen einmal richtig krachen lassen, dann sieht das so aus: Am 16. September 2007 veranstaltet das UN-Umweltprogramm UNEP im bunten und architektonisch durchgestylten Kongresszentrum von Montreal ein »spezielles Seminar« über Geschichte und Entwicklung des Montreal-Protokolls. Dann werden Preise verliehen für die besten wissenschaftlichen Poster und Papers, anschließend noch die »Best-of-the-best Stratospheric Ozone Protection Awards« vergeben. Ein Brettspiel für Kinder wird enthüllt und dann erscheinen Ozzy und Zoe Ozone, die Ozonschicht-Maskottchen, die es bisher nur als Cartoons gab, tatsächlich in voller Lebensgröße im Kongresszentrum. So feiert die UNO ihren bislang größten Erfolg.

Kurz vor dem geselligen Teil der Veranstaltung hatten die Delegierten aus 191 Staaten noch beschlossen, der Ozonschicht und dem Klima eine weitere Belastung zu ersparen: Hydrochlorfluorkohlenstoffe (HCFCs) werden bereits zehn Jahre früher als geplant aus dem Verkehr gezogen. Sie waren die Ersatzstoffe für die Ozonkiller Fluorchlorkohlenwasserstoff (FCKW), heizten aber das Klima auf. »Mehrere Milliarden Tonnen« Treibhausgase würden damit nicht emittiert, sagte UNEP-Chef Achim Steiner. Das sei eine »historische Entscheidung« und gebe Hoffnung für die Klimaverhandlungen.

Montreal ist ein gutes Pflaster für historische Entscheidungen im Umweltschutz. 20 Jahre zuvor war hier das erfolgreichste Umweltabkommen der Welt unterzeichnet worden: Das Montreal-Protokoll. Es bewahrte die Erde vor einem Verlust der Ozonschicht, der katastrophale Folgen für das Leben auf der Erde gehabt hätte. Und es zeigt einen Weg, wie auch beim Klimawandel allgemein akzeptierte Lösungen aussehen könnten. Ohne Montreal kein Kyoto – und erst recht kein wirkliches Abkommen zur Begrenzung des Klimawandels.

Dabei wäre damals die Rettung der Welt beinahe am sowjetischen Fünfjahresplan gescheitert. Denn als sich die Unterhändler der 67 Staaten im September 1987 fast einig waren, weltweit den Ausstoß der ozonzerstörenden Chemikalien zu halbieren, sperrte sich plötzlich der Delegierte aus Moskau. Erst in einer Kaffeepause abseits des offiziellen Programms erklärte er einem kleinen Kreis verblüffter Kollegen, er könne keiner Reduktion zustimmen, weil die sowjetischen Produktionsziffern bis 1990 festgelegt seien – und der Fünfjahresplan laut sowjetischer Verfassung nicht geändert werden dürfe. Das Problem lösten der Leiter der US-Delegation, Richard Benndedick, und der Leiter der Konferenz, Winfried Lang aus Österreich, beim Mittagessen: Auf einer Serviette des Tagungsrestaurants formulierten sie einen Absatz, der Ausnahmeregeln für die UdSSR vorsah. Am 16. September 1987 wurde das Montreal-Protokoll angenommen.

Der russische Einspruch gegen das Protokoll ist nicht nur eine Episode. Er zeigt exemplarisch, gegen wie viele Widerstände und Unwahrscheinlichkeiten das Protokoll zustande kam. Denn die Regeln der politischen Trägheit und der wissenschaftlichen Arbeit hätten die Entdeckung des Ozonlochs und seine Bekämpfung um ein Haar verhindert – oder soweit verzögert, dass eine globale Katastrophe nicht mehr zu verhindern gewesen wäre.

Die Glücksserie im Ozon-Krimi begann schon lange vorher

Die Geschichte des Montreal-Protokolls widerlegt den Glauben an »Murphy's Law«: Keineswegs geht immer alles schief, was schief gehen kann. Ganz im Gegenteil: Beim Ozonloch ging alles glatt, auch wenn ein Scheitern viel wahrscheinlicher gewesen wäre. »Es war«, sagt heute der Chemiker Paul Crutzen, der für seine grundlegenden Arbeiten zum Ozonloch 1995 den Chemie-Nobelpreis bekam, »einfach unglaubliches Glück.«

Glücklich sind 1930 erst einmal die Chemiker. Thomas Midgley, ein Chemiker in Diensten des amerikanischen Unternehmens General Motors, hat Kohlenstoffverbindungen hergestellt, bei denen Wasserstoffatome durch Chlor oder Fluor ersetzt werden – Fluorchlorkohlenwasserstoffe. Das »Wundermittel« wird breit eingesetzt: Als Kältemittel in Kühlschränken, als Treibgas für Sprühdosen, als Treibmittel bei der Herstellung von Schaumstoffen, als Reinigungs- und Lösungsmittel. FCKW sind Stoffe, von denen Chemiker träumen: Geruchlos, ungiftig, nicht entzündlich, dazu noch vielseitig, leicht zu handhaben und langlebig. Und: Sie reagieren nicht mit anderen Stoffen. Jedenfalls nicht auf der Erde.

Aus dieser Zeit datiert auch der erste große Glücksfall im FCKW-Krimi: Die Verwendung von Chlor statt Brom. Brom hätte den gleichen Zweck erfüllt, den damals aber unbekannten Ozonabbau in der Stratosphäre weitaus aggressiver vorangetrieben. Wäre damals die Entscheidung für Brom gefallen, ist sich Paul Crutzen heute sicher, wäre schon in den Siebzigerjahren von der Ozonschicht nichts mehr zu retten gewesen. So misst seit 1957 die britische Forschungsstation »Halley Bay« in der Antarktis neben anderen Werten eine zuerst geringe, dann aber immer kräftigere Abnahme des Ozons in den Luftschichten in etwa 40 Kilometern Höhe. Niemand beachtet die Werte, bis es fast zu spät ist.

Glücksfall Nummer zwei für die Ozonschicht ist ein junger britischer Chemiker namens James Lovelock und sein Privatvermögen. Der Urheber der »Gaia-Hypothese«, wonach die Erde eine Einheit darstellt, die ihre eigenen Lebensbedingungen regelt, und Vordenker der Umweltbewegung baut ein Gerät, mit dem auch kleinste Spurengase in der Atmosphäre nachgewiesen werden konnten. Damit will er 1971 an einer Forschungsfahrt des britischen Polarforschungsschiffes »Shackleton« zur Antarktis teilnehmen. Sein Antrag aber wird vom Natural Environmental Research Council einstimmig abgewiesen, weil er unter den Wissenschaftlern als »Aufschneider« gilt. Gnädig gewährt man Lovelock schließlich die Möglichkeit, mitzufahren und seine grundlegenden Messungen zu machen – allerdings auf eigene Kosten.

»Das etablierte Qualitätssicherungswesen der Wissenschaft wurde nur knapp davon abgehalten zu verhindern, dass der erste Stein ins Rollen gebracht wurde, der zur Entdeckung eines Jahrhundertereignisses führte«, schreibt der Soziologe und Klimaforscher Hans-Jochen Luhmann vom Wuppertal Institut für Klima, Umwelt, Energie. In seinem Buch »Die Blindheit der Gesellschaft – Filter der Risikowahrnehmung« führt er das Ozonloch als ein Beispiel dafür an, wie wenig vorbereitet die moderne Gesellschaft auf von ihr selbst geschaffene Bedrohungen ist. Luhmann hat der Wissenschaftsgeschichte des Ozonlochs akribisch hinterher recherchiert. Für ihn ist es ein »Beispiel für die glücklich gelungene Wahrnehmung einer völlig unerwarteten Bedrohung des Lebens« – aber leider nicht die Regel. Denn die Wahrnehmung eines Umweltproblems falle nicht »ohne unser Zutun vom Himmel«, sondern sei ein »gesellschaftlicher Akt, das heißt, etwas, das nach Regeln und unter Einsatz von Ressourcen produziert wird«.

Im Falle des Ozonlochs allerdings werden diese Regeln durch den Zufall ersetzt. James Lovelock sieht in seinen Messungen kein Umweltproblem: Denn die FCKW-Moleküle bleiben konstant und reagieren nicht mit ihrer Umwelt. Auch beim Forschungschef des US-Chemiekonzerns DuPont, Ray McCarthy, klingeln keine Alarmglocken, als er von Lovelocks Messungen erfährt – und anhand seines Insiderwissens ausrechnet, dass der FCKW-Bestand in der Atmosphäre ziemlich genau der kumulierten weltweiten Produktion entspricht. DuPont richtet im November 1972 sogar eine eigene wissenschaftliche Konferenz zur »Ecology of fluorocarbons« aus. Die Forscher sprechen über die mögliche Giftigkeit der Stoffe, über den Treibhauseffekt, den sie verstärken – von chemischen Reaktionen in der Atmosphäre wissen sie nichts.

Die etablierte Wissenschaft hätte die Entdeckung fast verhindert

Ebenfalls 1972 erfährt Sherwood Rowland, Chemiker an der University of California in Irvine, von Ray McCarthys unveröffentlichter Rechnung zum FCKW-Gehalt in der Atmosphäre. Rowland fragt sich als Einziger, was eigentlich mit den Molekülen passiert, wenn sie in die Stratosphäre aufsteigen – doch auch er denkt nicht an ein wirkliches Problem. Dafür sind die Mengen, um die es geht, nach damaliger Sicht einfach zu klein. Erst später wird von ihm berichtet, dass er nach Hause kommt und zu seiner Frau sagt: »Die Arbeit kommt gut voran, aber es sieht nach dem Ende der Welt aus.« Da hat er zusammen mit seinem Kollegen Mario Molina entdeckt, dass in großer Höhe und in großer Kälte über dem Südpol die vom Sonnenlicht aufgeknackten FCKW-Moleküle die Ozonschicht schädigen. Die beiden veröffentlichen nach Rücksprache mit Paul Crutzen 1974 ihre bahnbrechende Hypothese.

Doch alle Hypothesen wären beinahe Hypothesen geblieben – denn die Messergebnisse, die sie stützen, werden konsequent fehlgedeutet. Inzwischen zeigen die Messreihen aus »Halley Bay« einen dramatischen Schwund des Ozons über dem Südpol. Aber der zuständige Wissenschaftler Joe Farman zögert mit einer Veröffentlichung, weil sie allen wissenschaftlichen Erwartungen widersprechen und er den Spott seiner Kollegen fürchtet. Zu Recht: Als Farman die Daten schließlich am Heiligen Abend 1984 bei der Zeitschrift »Nature« zur Veröffentlichung einreicht, reagiert die Fachwelt ungläubig. Luhmann zitiert einen Vermerk in der Beurteilung des Artikels im sogenannten »Peer Review«: »Man kann mit gleichem Recht eine Korrelation zwischen dem Dow Jones Industrial Index und dem Ozonloch aufzeigen. Da ist nichts wissenschaftlich daran. Es ist völlig ausgeschlossen, aber falls es wahr sein sollte, ist es wirklich ziemlich wichtig, lieber veröffentlichen!« Wie wichtig die Veröffentlichung 1985 ist, zeigt sich daran, dass daraufhin die NASA ihre Satellitendaten veröffentlicht – die Farmans dramatische Werte bestätigen. Jahrelang haben die Techniker die Werte gesehen – aber von ihren Computern als »Fehlermeldungen« aussortieren lassen: Weil sie viel zu hoch lagen.

Mit der Computeraufbereitung der Nasa-Daten kann man das Ozonloch auch zum ersten Mal sehen. Außerdem wird 1985 auch über dem Nordpol ein Rückgang der Werte gemessen – plötzlich haben auch die Industriestaaten ein Problem. Die Bedrohung durch ungefilterte UV-B-Strahlen wird schnell zum Thema. Umweltschützer klettern den Fabriken aufs Dach, die die »Ozonkiller« produzieren, Wissenschaftler zeigen sich bestürzt, Politiker reagieren hektisch. Sie zwingen eine zunächst unwillige Industrie zum Ausstieg aus der Produktion der Fluorchlorkohlenwasserstoffe und Halone sowie zur Suche nach Ersatzstoffen.

»Die meisten Menschen haben nie begriffen, wie knapp das damals war.«

Wie groß war das Risiko? Das US-Militär ist frühzeitig im Bilde. 1987 stuft das Pentagon das Ozonloch als »environmental security concern«, als »ökologischen Aspekt von Sicherheitsstrategie« ein: Rückgang der Agrarproduktion und Gesundheitsschäden würden zu »Armut, Migration und anderen sozialen Verwerfungen« führen, Umweltkrisen würden Demokratien destabilisieren und Konflikte schaffen und den Bedarf an militärischen Interventionen erhöhen. Konsequent entwirft es dann auch ein ehrgeiziges Programm, um die Chemikalien in den eigenen Flugzeugen, Raketen und Feuerlöschern zu ersetzen. Die Wissenschaftler-Gemeinschaft legt immer genauere Schätzungen über die Schäden vor: Verstärkte UV-Strahlung greife Plankton, Krabben und junge Fische an und schwäche so die gesamte Nahrungskette im Meer. Jede zweite der untersuchten Pflanzenarten zeige sich empfindlich auf höhere Strahlung, stellen die UN-Wissenschaftler in einem ersten Bericht 1989 fest: »Auch kleine Rückgänge bei der Nahrungsproduktion durch UV-B-Strahlung würden Menschen in Gegenden hart treffen, die bereits jetzt unter Nahrungsmangel leiden.« Zwei Jahre später lautet die Rechnung: Ein Verlust von zehn Prozent des Ozons würde zu 300.000 zusätzlichen Fällen von Hautkrebserkrankungen führen. Schon die Reduktion um ein Prozent führe jährlich zu 150.000 Menschen, die aufgrund der aggressiveren Strahlung erblindeten. Im Mittelwert erreicht der Abbau der Ozonschicht etwa vier Prozent – in manchen Bereichen allerdings auch bis zu 40 Prozent. 1987 verordnet das Montreal-Protokoll den teilweisen Ausstieg aus der FCKW-Produktion, 1990 das vollständige Verbot. Das Ozonloch erreicht Mitte der Neunzigerjahre seine größte Ausdehnung und schließt sich inzwischen langsam wieder. 2050, so rechnen die Wissenschaftler, wird die Ozonschicht wieder einigermaßen intakt sein.

Für die breite Öffentlichkeit ist damit das Thema vergessen. Doch Wissenschaftler, die an dem Prozess beteiligt waren, bekommen noch im Nachhinein eine Gänsehaut. »Das wirkliche Erschrecken war etwas für die Forscher«, sagt Paul Crutzen im Rückblick. »Die meisten Menschen haben nie begriffen, wie knapp das damals war.« Die schwedische Akademie der Wissenschaften schon: Als sie Crutzen, Rowland und Molina 1995 den Nobelpreis zuerkennt, preist sie die Arbeit der Wissenschaftler, die »dazu beigetragen haben, uns vor einem globalen Umweltproblem zu retten, das katastrophale Ausmaße hätte annehmen können«. Die Juroren stellen vor allem heraus, dass die Wissenschaftler ihre Thesen entwickelten, obwohl sie es selbst erst nicht glauben wollten und die Scientific Community lange skeptisch war: »Heute wissen wir, dass sie in allen grundlegenden Fragen Recht hatten«, lobt die Akademie. »Es stellte sich heraus, dass sie das Risiko sogar unterschätzt hatten.«

Die Geburtsstunde der globalen Ökologie

Paul Crutzen ist ein freundlicher alter Mann mit einer leisen Stimme. Sein Büro im Max-Planck-Institut für Chemie an der Uni Mainz findet man nur schwer in einem zweistöckigen gesichtslosen Zweckbau. An den Wänden Bücher, vergebens sucht man die Urkunde für den Nobelpreis. »Die hängt zuhause«, sagt Crutzen, »das wäre viel zu gefährlich hier.« Auf dem Gang ein schmuckloses Poster, das erklärt, wie das Ozonloch entsteht. Der ganze Campus der Universität Mainz atmet noch den Betoncharme der Bundeswehrkaserne, der er lange war. Auch der Nobelpreisträger macht nicht viel Aufhebens, höchstens durch seine Wortmeldungen. Man könnte doch, als Notlösung gegen die globale Erwärmung, Schwefelpartikel in die Stratosphäre pusten, um die Sonne auszusperren, hat er vorgeschlagen. Das Urteil seiner Fachkollegen war vorsichtig gesagt zurückhaltend. Wäre Crutzen kein Nobelpreisträger, wären sie wohl deutlicher geworden: Dass das zu teuer sei. Dass es Ozeane und Luft weiter versauere. Dass solche Vorschläge nicht wirklich hilfreich seien.

Crutzen kümmert das nicht groß. Er kann sich einen eigenen Kopf leisten. Für ihn ist die Entdeckung des Ozonlochs ein entscheidender Wendepunkt in der Geschichte der globalen Ökologie. »In den Sechziger- und Siebzigerjahren haben wir uns um globale Umweltfragen überhaupt nicht gekümmert. Wir Wissenschaftler dachten, dass der Mensch zu klein und die Stoffe, die er emittiert, viel zu gering seien, um die Natur global zu schädigen. Dass so ein bisschen FCKW in der Atmosphäre die Welt wirklich verändern konnte, das war ein Schock für die Wissenschaft.« Und noch etwas habe man gelernt, meint Crutzen: »Bei der Chemie der Atmosphäre ist man vor Überraschungen nie sicher. Das ist wie jetzt beim Klimawandel. Auch da ist es wahrscheinlich, dass wir noch böse Überraschungen erleben werden.«

Die Verbindungen zwischen Ozonloch und Klimawandel sind enger, als der erste Blick glauben macht. Denn viele der Substanzen, die das Ozonloch verursachten, trugen auch zur Aufheizung der Atmosphäre bei: Die Rettung der Ozonschicht wirkte also auch als Bremse auf den menschengemachten Klimawandel, fand eine Studie der niederländischen Agentur für Umweltfolgen MNP in Bilthoven im Frühjahr 2007 heraus: Allein das Montreal-Protokoll gewähre beim Kampf gegen die verstärkte Erwärmung einen Aufschub von zehn Jahren, schrieben die Forscher.

Erstaunliche Parallelen zur Debatte um den Klimawandel

Auch die Rettung der Ozonschicht wurde gegen anfangs massive Widerstände in der Politik und Wirtschaft durchgesetzt. Schon damals gab es »Skeptiker«, teilweise sogar in den gleichen Instituten, so das Cato Institute in Washington, oder gleichen Personen, so der Umweltwissenschaftler Fred Singer, die heute versuchen, das Klimaproblem klein zu reden. Auch ihre Argumente klangen ähnlich – nichts sei bewiesen, andere Probleme drängender und alles sei eine internationale Verschwörung, um den armen Ländern Zugang zu moderner Technik zu verweigern und so in Abhängigkeit zu halten. Der damalige US-Innenminister Donald Hodel machte noch im Mai 1987 den Vorschlag, statt staatlicher Regulierung der Ozonkiller-Substanzen lieber ein alternatives Programm für »persönlichen Schutz« zu starten, in dem der Gebrauch von größeren Hüten, Sonnenbrillen und Sonnencreme propagiert würde. Außenminister George Shultz legte die Sache Präsident Ronald Reagan vor. Und der – wieder so ein Glücksfall – entschied sich gegen seine eigene generelle Ablehnung staatlicher Kontrolle und gegen den Rat einiger seiner ältesten Freunde dafür, das Abkommen zu unterstützen.

Das war mutiger, als es heute klingt. Denn bei der entscheidenden Sitzung der Verhandlungsgruppe im April 1987 in Genf, die dem Montreal-Protokoll den Weg ebnete, als auch in Montreal selbst war der wissenschaftliche Beweis für die These noch gar nicht erbracht, dass die FCKW am Ozonabbau in der Atmosphäre schuld waren. Diese »smoking gun«, die direkte Verbindung, erbrachte erst eine NASA-Expedition in die Antarktis, deren Ergebnisse zwei Wochen nach der Unterzeichnung des Protokolls im Goddard Space Flight Center in Greenbelt, Maryland vorgestellt wurden. John Gille vom Center for Atmospheric Research sagte: »Wir haben mehr als die Tatwaffe gefunden. Wir haben die Leiche gefunden.« Die jahrelangen Verhandlungen und das Protokoll selbst aber wurden unterzeichnet, bevor Leiche, Waffe oder Mörder dingfest gemacht waren – ein großer Sieg für das »Vorsorgeprinzip«, das erst 1992 auf der UN-Umweltkonferenz in Rio de Janeiro offiziell in die internationale Politik eingeführt wurde, als George Bush US-Präsident war. Demnach soll gehandelt werden, wenn ein Schaden wahrscheinlich ist, auch wenn der letzte Beweis nicht erbracht ist – eine Haltung, die der Nach-Nachfolger von Bush, sein Sohn George W. Bush, beim Klimaschutz immer bestritten hat. Und ein Detail in der Konstruktion des Montrealer Abkommens wäre beim Klimaschutz heiß umstritten: Es kann geändert werden, wenn zwei Drittel der Vertragsstaaten zustimmen – widerspenstige Länder können also im Zweifel auch gegen ihren Willen zur Reduktion von Emissionen verpflichtet werden.

Ein Vorbild für die politische Einigung?

Vor allem aber beim politischen Prozess, der zum Abkommen führte, könnte sich das Montreal-Protokoll als Vorbild für eine Einigung beim Klimawandel erweisen. Wie beim UN-Klimarat IPCC übernahmen auch beim Ozonproblem die UN-Behörden für Meteorologie (WMO) und Umwelt (UNEP) die Rolle der wissenschaftlichen Expertise und der Organisation. Wegweisend war das Montreal-Protokoll auch in der offiziellen Anerkennung, dass die reichen Nationen ihre historischen Schulden an der Atmosphäre bezahlen müssen, indem sie den armen Ländern helfen. Ähnlich wie aktuell in der Klimadebatte sträubten sich die Industriestaaten und ihre Industrie gegen den Einsatz ihrer Technik in den Schwellenländern ohne die Entrichtung von Lizenzgebühren. Rettung der Welt? Ja gern, aber bitte als gutes Geschäft für uns, so lautete damals wie heute die Devise von Unternehmen und Regierungen im Norden.

Beim Treffen der Vertragsstaaten des Montreal-Protokolls in London 1990 kam es zum Showdown zwischen den Industriestaaten und den Schwellenländern. Deren Wortführerin, Indiens Außenministerin Maneka Gandhi, forderte nicht nur Geld, sondern auch die Technologien der entwickelten Länder, wenn sich Indien auf ein Auslaufen der eigenen FCKW-Produktion festlegen solle: »Wir haben die Ozonschicht schließlich nicht zerstört«, sagte die Politikerin, »das habt Ihr bereits getan. Verlangt nicht von uns, dass wir dafür den Preis bezahlen.« Mit ähnlichen Argumenten erinnerte Ende Mai 2007 der chinesische Außenminister Yang Jiechi an die Verantwortung der Industrieländer: »Gestatten Sie mir darauf hinzuweisen, dass der gegenwärtige Stand des Klimawandels nicht zurückzuführen ist auf die Entwicklungsländer.«

Gandhi fügte 1990 in London hinzu: »Wenn Sie sich weiterhin so an Ihre Patente klammern, werden Sie vielleicht keine Welt mehr haben, in der Sie Ihre Patente gebrauchen können.« Zähneknirschend willigten die Industriestaaten schließlich ein und schufen den »Multilateralen Fonds«, aus dem Anpassungsmaßnahmen der Schwellenländer finanziert wurden. Über eine ähnliche Konstruktion debattieren die Unterhändler aktuell auch beim Klimaschutz – allerdings mit einem entscheidenden Unterschied. In den »Multilateralen Fonds« zur Rettung der Ozonschicht zahlten die Industrieländer und Unternehmen über zehn Jahre insgesamt etwa zwei Milliarden US-Dollar ein.

Bei der Bekämpfung des Klimawandels wäre diese Summe höchstens ein bescheidener Anfang. Der britische »Stern-Report« rechnet vor, dass 20 bis 30 Milliarden Euro in saubere Technologien in den Entwicklungs- und Schwellenländern investiert werden müssten – und zwar jedes Jahr.

»*Die Arbeit ist hektischer, seit den Menschen klar ist, wie drängend das Klimaproblem wird. Ich bekomme viele Anfragen von Politikern, Journalisten und interessierten Laien, und das geht alles von der Zeit zum wissenschaftlichen Arbeiten ab. Das ist anders als beim Ozonloch, da haben wir lange in Ruhe vor uns hingearbeitet, und dann war das Problem bald gelöst. Aber der Klimawandel wird noch ein paar Überraschungen bringen. Persönlich hat das Klimathema dazu geführt, dass wir vor 15 Jahren unser Auto abgeschafft haben. Wir wollten es mal versuchen und das hat uns so gefallen, dass wir nicht wieder eingestiegen sind.*«

Paul Crutzen, em. Prof. für Atmosphären-
chemie am Max-Planck-Institut Mainz,
Nobelpreisträger für Chemie (1995),
Deutschland

Der Autor empfiehlt zum Thema Klimawandel

Literatur

Stephen Andersen, K. Madhva Sarma. **Protecting the Ozone Layer. The United Nations History.** Earthscan Publications, Sterling VA, London 2002.

Zwei Insider aus der US- und der UN-Umweltbehörde beschreiben die Entdeckung des Ozonlochs und die Lösung des Problems. Detailliert und voller Zitate aus Originaldokumenten zeichnen sie die Wechselwirkungen zwischen Wissenschaft, Politik und Wirtschaft nach. Etwas sehr Seltenes: Behördenabläufe und Konferenzmarathons als spannende Zeitgeschichte.

Paul Baer, Tom Athanasiou, Sivian Kartha. **The Right to Development in a Climate Constrained World.** Stockholm Environment Institute, EcoEquity, Heinrich-Böll-Stiftung, Berlin 2007.

Wie soll das gehen mit dem globalen Klimaschutz? Wer zahlt, wer bekommt was? Die umfassende Studie legt Kriterien an, welche Länder welchen Beitrag zum Klimaschutz leisten müssten, um Gerechtigkeit durchzusetzen. Gern würde man einen solchen Bericht nicht nur über Staaten, sondern auch über transnationale Konzerne lesen.

Michael Crichton. **State of Fear** (dt.: Welt in Angst). HarperCollins, London 2005.

Packend geschriebener Thriller für Klimaskeptiker. Öko-Terroristen benutzen und betreiben den Klimawandel für eine globale Verschwörung, um Geld zu sammeln. Der Roman von Erfolgsautor Crichton (»Jurassic Park«) strotzt vor Fußnoten (!), die eine schwache These der Klimaskeptiker nach der anderen zu belegen suchen. Einflussreiches Buch für die Debatte in den USA mit dramatischen Schluss: Der oberböse Ökoschurke wird von Menschenfressern verspeist.

Jarred Diamond. **Kollaps. Warum Gesellschaften überleben oder untergehen.** Fischer Taschenbuch Verlag, Frankfurt a.M. 2006.

Kaum jemand kann sich heute trotz aller Warnungen vorstellen, dass unsere politische und wirtschaftliche Ordnung wegen ökologischer Probleme unter-

gehen kann. Das dachten die Maya, Anasazi und Bewohner der Osterinseln auch. Ein Buch, das daran erinnert, wie zerbrechlich Hochkulturen sind und wie schnell der Zusammenbruch kommen kann.

Kirstin Dow, Thomas Downing. **Weltatlas des Klimawandels.** Europäische Verlagsanstalt, Hamburg 2007.
Kurze, knappe Texte, viele Grafiken, Bilder und Tabellen. Wer zu vielen Facetten des Klimawandels schnell verständlich aufbereitete Informationen sucht, findet sich hier gut zurecht.

Tim Flannery. **Wir Wettermacher.** S. Fischer Verlag, Frankfurt a.M. 2006.
Das Klima und wie alles wurde, wie es ist. Spannend erzählt und voller Details schreibt ein Geologe und Klimawissenschaftler über die Hintergründe für Fortgeschrittene. Mehr Stoff als bei Al Gore, weniger Daten als beim IPCC.

Ross Gelbspan. **The Heat is on.** Addison-Wesley, Reading, Massachusetts, 1997 und Boiling Point. Basic Books, New York 2005.
Das Urgestein der US-Umweltjournalisten schreibt über die Verschwörungen zwischen Teilen der US-Politik und Wirtschaft, um den Klimawandel zu leugnen. Saubere Recherche mit langem Atem und langem Gedächtnis, die die Hinterzimmer-Deals in Washington in Bezug setzt zu den Folgen in den armen Ländern. Wer über Klimaskeptiker reden will, sollte Gelbspan lesen.

Al Gore. **Eine unbequeme Wahrheit. Die drohende Klimakatastrophe und was wir dagegen tun können.** Riemann, München 2006 (Übersetzt von Richard Barth und Thomas Pfeiffer).
Das Buch zum Film: Reich bebildert, gut zu lesen. Wer die Fakten zum Klimawandel leicht verdaulich und anschaulich präsentiert haben will, erfährt hier das Wichtigste. Größtes Manko neben ein paar kleinen Ungenauigkeiten: Gore thematisiert kaum, was er als US-Vizepräsident zum Klimaschutz erreichen wollte und woran er damals gescheitert ist.

IPCC 4. Assessment Report (vgl. Internetadressen).
Die Klimabibel: Alle Fakten, alle Fußnoten, alle Quellen. Wer wissen will, was der kleinste gemeinsame globale Nenner zum Klimawandel ist, findet ihn hier: Solide Wissenschaft, durch den Filter der Politik gepresst. Trotzdem oder deswegen gut lesbar und eine Fundgrube von Informationen. Leichter Zugang zu einzelnen Kapiteln und Berichten der verschiedenen Arbeitsgruppen.

»Klimawandel. Gerechtigkeit im Treibhaus«. politische ökologie 106–107. oekom verlag, München 2007.
Das Themenheft liefert einen guten Überblick für Einsteiger mit kurzen, lesbaren Texten: Von den klimapolitischen Grundlagen über Debatten zu Post-Kyoto, politischer Verantwortung, Gender-Fragen, Biosprit, neue Ethik oder den Emissionshandel. Wer mitdenken will zum Thema Klimawandel bekommt hier seine Grundausbildung.

James Lovelock. **Gaias Rache. Warum die Erde sich wehrt.** List Verlag, Berlin 2007.

Der Klassiker für Pessimisten, geschrieben vom großen alten Mann der britischen Umweltforschung. Lovelocks These: Die Schwelle zum katastropha-len Klimawandel wird gerade überschritten, für sanfte Lösungen oder »nach-haltige Entwicklung« ist es bereits zu spät. Einzige Lösung zur Rettung der Zivilisation: Massiver Ausbau der Atomkraft. Mit den technischen und wirt-schaftlichen Gegenargumenten dazu beschäftigt sich Lovelock allerdings kaum.

Hans-Jochen Luhmann. **Die Blindheit der Gesellschaft.** Gerling Akademie Ver-lag, München 2001.

Warum besitzen wir viele Fakten, sehen aber nicht das Risiko? Warum wird auf frühe Warnhinweise bei BSE, Contergan oder dem Crash der Barings-Bank nicht reagiert? Luhmann beschreibt »Filter der Risikowahrnehmung« und was dagegen zu tun wäre. Mit zwei besonders spannenden Kapiteln zum Klimawandel und zum Ozonloch.

Mark Lynas. **Six Degrees.** Fourth Estate, London 2007.

Ein Journalist macht sich die Mühe und schreibt zusammen, was in Hunderten von wissenschaftlichen Papers über den Klimawandel erforscht wurde. Dann folgt die Klimavorhersage mit einer Einteilung in ein bis sechs Grad Celsius Erwärmung und was das bedeutet – und die genaue Darstellung, wie schnell Teufelskreise beginnen können, die uns in die lebensfeindliche fünf- und sechs-Grad-Welt katapultieren. Je weiter man liest, desto gruseliger wird es.

George Monbiot. **Heat – How to Stop the Planet Burning.** Penguin Books, London 2006.

Der britische Umweltjournalist forscht nach einem Ausweg aus der Klimakri-se: Wie machbar ist eine Wende hin zu erneuerbaren Energien, wo sind Lösun-gen für die großen Klimaprobleme. Fazit seiner pingeligen Recherche: Für fast alles gibt es technische Lösungen. Man muss nur wollen.

Michael Müller, Ursula Fuentes, Harald Kohl (Hrsg.). **Der UN-Weltklimareport. Bericht über eine aufhaltsame Katastrophe«.** KiWi Paperback, Köln 2007.

SPD-Umweltstaatssekretär Müller und seine Mitarbeiter legen ein Buch vor, das den IPCC-Bericht zusammenfasst, kommentiert und einordnet. Die Beiträge der Fachleute aus BMU und Behörden garantieren Seriosität. Leider liefert das Buch nur sehr selten einen Blick hinter die Kulissen der aktuellen nationalen und internationalen Klima-Machtpolitik und geizt mit Insider-wissen zum Tauziehen in den Hinterzimmern von UNFCCC-, G8- oder IPCC-Konferenzen.

Hermann Ott, Heinrich Böll-Stiftung (Hrsg.). **Wege aus der Klimafalle.** oekom verlag, München 2008.

Was kommt nach Kyoto? Welche Klimapolitik braucht es nach 2012? Die ver-schiedenen Autoren zeichnen Szenarien und machen Vorschläge, wie man der

Falle aus immer weiter steigenden Emissionen und immer größeren Problemen daraus entkommen kann. Ein gute Grundlage, um weiter zu denken als bis zur nächsten Klimakonferenz.

Stefan Rahmstorf, Hans Joachim Schellnhuber. **Der Klimawandel.** C.H. Beck, München 2006.

Kleines Büchlein, in dem aber alles steht, was man als eiliger Leser zum wissenschaftlichen (und politischen) Problem Klimawandel wissen muss. Zwei deutsche Koryphäen schreiben so, dass es jeder versteht und man nach der Lektüre noch genügend Wut und Hoffnung hat, um etwas zu verändern.

Henning Steinfeld u.a. **Livestock's Long Shadow.** Food and Agriculture Organization (FAO), Rom 2006.

Detaillierter Bericht darüber, was globale Fleischeslust und Viehzucht in der (Um)Welt anrichten. Die Stärke des Reports liegt in den Fakten und in der zurückhaltenden Präsentation, dem Verzicht auf Tierschutzargumente und den Faktor Ekel. Wer nach der Lektüre nicht Vegetarier wird, braucht starke Nerven.

UNDP: **Bericht über die menschliche Entwicklung 2007/2008. »Den Klimawandel bekämpfen«.** UNO-Verlag, Bonn 2007.

Umfassende und engagierte Bewertung der Folgen des Klimawandels für das Überleben der Armen in der Welt. Für ein UN-Papier mit teilweise überraschend undiplomatischen und deutlichen Worten zur Verantwortung der Industrieländer und den Folgen für den Rest der Welt. Umfangreicher statistischer Anhang.

Peter Unfried. **Öko – Al Gore, der neue Kühlschrank und ich.** DuMont, Köln 2008.

Ein erklärter Hedonist kommt nach dem Gore-Film (in Kalifornien) aus dem Kino und beschließt, sein Leben zu ändern. Kühlschrank, Auto, Stromverbrauch, alles öko. Amüsant zu lesen, was die uncoolen Alt-Ökos davon halten und was die coole Umgebung dazu sagt.

Harald Welzer. **Klimakriege – Wofür im 21.Jahrhundert getötet wird.** S. Fischer Verlag, Frankfurt a.M. 2008.

Kulturwissenschaftler und Holocaust-Experte Welzer stellt eine sehr berechtigte Frage: Warum gibt es zum Klimawandel bisher nur naturwissenschaftliche, keine soziologischen Debatten? Wer kümmert sich um Flucht, Vertreibung und Krieg aus Klimagründen? Viele interessante Themen und Ansätze – auch wenn man Welzers Pessimismus nicht teilen muss, der Klimawandel laufe unweigerlich auf Konflikte und Massaker hinaus.

Wissenschaftlicher Beirat Globale Umweltveränderungen (WBGU). **Sicherheitsrisiko Klimawandel.** Mercedes-Druck, Berlin 2007.

Ders. **Die Zukunft der Meere – zu hoch, zu warm, zu sauer.**
WBGU, Berlin 2006.

Das Beratergremium der Bundesregierung veröffentlicht immer wieder international beachtete Gutachten: Die Studien zu Sicherheitspolitik und Ozeanerwärmung zählen zu den besten, die frei zugänglich sind. Klare, einfache Sprache, Grafiken, klare Gliederung und Handlungsempfehlungen an die Politik. Wer sich in eines der Themen vertiefen will, ohne sich darin zu verlieren, wird vom WBGU gut bedient.

Wuppertal Institut für Klima, Umwelt, Energie. **Fair Future. Begrenzte Ressourcen und soziale Gerechtigkeit.** C. Beck, München 2005.

Kluges und sehr lesbares Buch über die politischen und wirtschaftlichen Verflechtungen auf dem Globus: Wer von wem wie abhängig ist, warum das ein wachsendes Problem ist, wie das mit dem Klima zusammenhängt und wie man einen Ausweg finden könnte: Nämlich mit dem Vorreiter Europa. 100 Prozent Vision plus 100 Prozent Realismus.

Internet

www.exxonsecrets.org

Das immer gut informierte Greenpeace-Spotlight auf seinen gefährlichsten Gegner.

http://cait.wri.org

Wer ist der größte Sünder? Emissionsdaten und -tabellen im Überblick.

http://unfccc.int/2860.php

Alle offiziellen Daten und jährliche Emissionsberichte, dazu alles Technische zum Klimaprozess.

www.ipcc.ch

Alle Daten der Berichte und der neueste Stand der Debatte in der Wissenschaft.

www.climatewitness.org

WWF-Aktion: Augenzeugen aus aller Welt berichten kurz und bunt von Klimaveränderungen im Alltag.

www.wir-klimaretter.de

Infos und Kampagnen in Deutschland zum Klimaschutz, Fortsetzung des »Klimaretter«-Aktivisten-Buchs.

Über den Autor

Bernhard Pötter, Jahrgang 1965, befasst sich seit über zehn Jahren mit dem Thema Klimawandel und internationale Umweltpolitik. Doch noch nie zuvor hatte er die Gelegenheit, sich damit so lange und intensiv zu beschäftigen wie in der Vorbereitung auf dieses Buch. Hunderte von Interviews, zwei Jahre der Ermittlungen und weite Recherchereisen bilden die Grundlagen seiner Berichte.

Pötter studierte Amerikanistik, Politik und Jura in Berlin und den USA. Von 1993 bis 2005 arbeitete er als Redakteur bei der »tageszeitung« in Bremen und Berlin zu den Themenbereichen Wirtschaft und Umwelt. Für seine Berichterstattung zum UN-Nachhaltigkeitsgipfel 2002 in Johannesburg und seine Artikel zur grünen Gentechnik wurde er 2003 und 2005 mit dem Journalistenpreis der Gregor-Louisoder-Umweltstiftung ausgezeichnet. 2006 veröffentlichte er – ebenfalls im oekom verlag – eine kritische Abrechnung mit der Verbraucherpolitik in Deutschland seit dem BSE-Skandal: »König Kunde ruiniert sein Land«.

Über Klimawandel, Verbraucherpolitik und andere Umweltthemen schreibt er regelmäßig unter anderem für DIE ZEIT, GEO, die tageszeitung, Die Wochenzeitung (Zürich), Der Standard (Wien) und onearth Magazine (New York). Bernhard Pötter lebt als freier Autor und festangestellter Vater in Paris.

Danke

Als ich im Sommer 2006 mit der Arbeit an diesem Buch begann, dachte ich, dass das Klimathema frühestens in ein paar Jahren breites Interesse finden würde. So kann man sich irren. Und als ich mit den konkreten Planungen begann, dachte ich, dass so ein paar Reisen im normalen Alltag unserer Familie nicht weiter ins Gewicht fallen würden. So naiv kann man sein.

Selbstverständlich war alles ganz anders. Daher gilt mein besonderer Dank den Menschen, die mir den Rücken freigehalten haben, indem sie zwischendurch unsere Familie am Leben hielten: Eva-Maria und Klemens Pötter, Gudrun und Godehard Ulrich, Gerda Wunschel, Maxi Diekmann, Carola und Frank Rausch, Julie Polla-Rynders und Claudio Polla.

Dieses Projekt wäre nicht möglich gewesen ohne die Hilfe von Hunderten von Menschen, die mit mir im Verlauf dieser zwei Jahre ihr Wissen und ihr Unwissen über den Klimawandel und seine Folgen geteilt und sich mit grenzenloser Geduld meinen Fragen gestellt haben. Das gilt für die Umweltministerinnen, Wildhüter, Nobelpreisträger, Beamtinnen, Investmentbanker, Umweltschützerinnen, Fischer und Forscher, Abgeordnete und Untergeordnete und alle anderen, die im Buch erwähnt sind. Es gilt noch viel mehr für diejenigen, die nicht erwähnt werden konnten und durften. Ganz besonders bin ich folgenden Personen und Institutionen für ihre Unterstützung zu Dank verpflichtet:

Tommy Schweiger in Manaus für sein Gästezimmer und sein enzyklopädisches Wissen über den Regenwald; Jens Wagner und Erwin Ganzer von den Deutschen Botschaften in Brasilia bzw. Abu Dhabi für logistische Hilfe und Kontaktvermittlung, Paul Horsman von Greenpeace International für seine wertvollen Informationen über die Golfregion; Pamela Metschar von Brot für die Welt, Ferdausur Rahman und Delowar Hossain von Prodipan für Hilfe in Bangladesch, Bill Dawson für seine Insiderkenntnisse von Texas, Houston und anderen öligen Verbindungen; Manfred Lang und Michael Rosen von RWE, die mir die Türen geöffnet haben, auch wenn sie ahnten, dass ihr Konzern nicht im besten Licht erscheinen würde; Alexander und Frédéric Odermatt für die ewig inspirierende Postkarte vom schwindenden Aletsch-Gletscher; Daniela und Tom Weingärtner, die »alles für das Klima tun« und mir in Brüssel ein Basislager einrichteten, und allen Freunden, Bekannten und Verwandten, bei denen ich während der Recherchen auf dem Sofa schlafen durfte.

Eine große Hilfe waren die Experten aus dem deutschen Bundesumweltministerium und dem Umweltbundesamt, stellvertretend für Viele: Ursula Fuentes, Hans-Jürgen Nantke und Klaus Müschen für geduldige Erklärungen von IPCC-Verhandlungen bis Emissionshandel; Manfred Treber von Germanwatch danke ich für meine Zeit als IPCC-Delegierter, Stefan Rahmstorf und seinen Kollegen vom Potsdam-Institut für Klimafolgenforschung für die Darstellung von wissenschaftlichen und politischen Zusammenhängen beim Klimawandel. Wolfgang Sachs und Hans-Jochen Luhmann vom Wuppertal Institut für Klima, Umwelt, Energie haben mir mit Kritik und Interesse Mut gemacht.

Der Mut des oekom verlags hat dieses Buch möglich gemacht. Jacob Radloff und Sebastian Hofmann danke ich für ihre Arbeit und Unterstützung. Großen Dank schulde ich vor allem meiner Lektorin Anke Oxenfarth, die das Manuskript durch ihre Ideen bereichert und aus dem Text unbarmherzig Fehler und Widersprüche getilgt hat und Miara Oxenfarth Gonzalez, dass sie das nicht verhindert hat, Andrea Schmitt verdanke ich wieder einmal freien Zugriff auf das gesammelte deutsche Bibliothekswissen und die liberale Handhabung der Ausleihfristen und Gunter Schmidt unschätzbaren moralischen und IT-Support. Daniel Mittler bin ich verbunden für sein allzeit offenes Ohr, seine scharfsinnigen Analysen zur internationalen Klimapolitik und für alles andere.

Ohne die Hilfe vieler Kollegen wäre dieses Buch so nicht entstanden. Uwe Jean Heuser und Fritz Vorholz von der ZEIT, Petra Aldenrath im ARD-Hörfunkstudio Peking, George Black vom »onearth«-Magazin in New York, das Team des ARD-Fernsehstudios Paris, Gaelle Dupont von »Le Monde« und vor allem Claudia Deeg und Sebastian Bösel vom

SWR- bzw. NORA-Studio Paris halfen mit professioneller Rückmeldung, logistischer Hilfe oder mal mit einem Bier nach Redaktionsschluss. Hanne Tügel von der GEO-Redaktion verdanke ich den Anstoß, die Hoffnungszeichen nicht ganz unter den Tisch fallen zu lassen. Und meine ehemaligen Kollegen von der »tageszeitung« in Berlin, vor allem aus dem Ressort »Wirtschaft und Umwelt« und aus der Chefredaktion Peter Unfried und Reiner Metzger, sind ohnehin unbezahlbar: Sie drucken meine Texte, haben immer ein offenes Ohr und besorgen mir im Zweifel alle nötigen Akkreditierungen.

Bei der Angela Ulrich-Stiftung für alleinerziehende Väter im Ausland stehe ich für die Vorfinanzierung dieses Buchprojekts und für unschätzbare Anregungen tief in der Kreide. Am meisten danke ich Josua, Tessa, Sammy und Angela aber für ihre Geduld und ihre Nachsicht mit meinen körperlichen und geistigen Abwesenheiten. Und am allermeisten dafür, dass es bei uns trotz dieses »komplett wahnsinnigen« Vorhabens zwar ab und an zu Unwettern gekommen ist, aber nicht zur Klimakatastrophe.

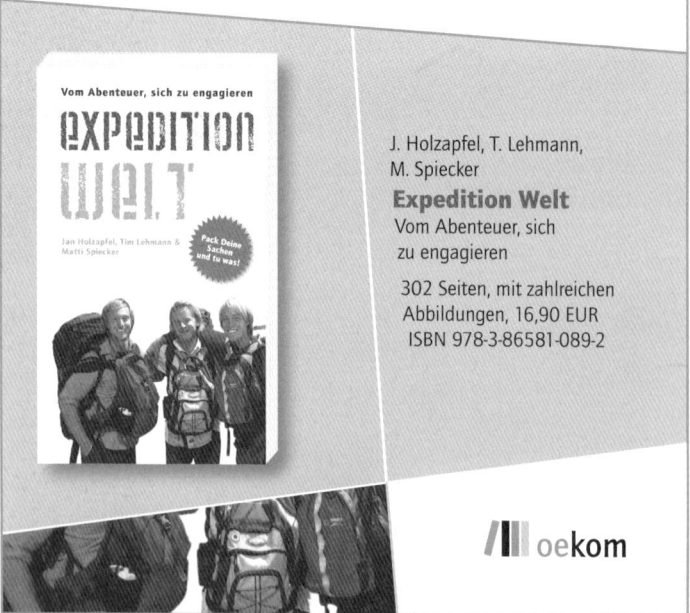